DIE KULTUR DER MEXIKANISCHEN KÜCHE

DIE KULTUR DER MEXIKANISCHEN KÜCHE

Patricia Quintana

Fotos von Ignacio Urquiza
Texte von William A. Orme jr.

DuMont Buchverlag Köln

CIP-Titelaufnahme der Deutschen Bibliothek

Quintana, Patricia:
Die Kultur der mexikanischen Küche / Patricia Quintana. Fotos
von Ignacio Urquiza. Texte von William A. Orme jr. [Aus d.
Amerikan. von Annette Roellenbleck]. – Köln: DuMont, 1989
   (Kultur der internationalen Küche)
   Einheitssacht.: The Taste of Mexico
   ISBN 3-7701-2265-8
NE: Urquiza, Ignacio:

Aus dem Amerikanischen von Annette Roellenbleck
© 1986 der Rezepte: Patricia Quintana
© 1986 der Einführungstexte: William A. Orme jr.
© 1986 der Fotos: Ignacio Urquiza

© 1986 der amerikanischen Ausgabe:
Stewart, Tabori & Chang, Inc., New York
Alle Rechte vorbehalten

© 1989 der deutschen Ausgabe:
DuMont Buchverlag, Köln
Titel der Originalausgabe: The Taste of Mexico
Satz der deutschen Ausgabe:
Fotosatz Froitzheim GmbH, Bonn
Printed in Japan   ISBN 3-7701-2265-8

*Frontispiz: In einem typischen Keramikgeschirr aus Guanajuato
wird hier Karamelpudding serviert. Früher wurde der Zucker auf
dem Pudding mit einem erhitzten (Bügel-)Eisen geschmolzen und
karamelisiert.*
Rechts: Yucatán ist für sein schmackhaftes Backwerk bekannt.

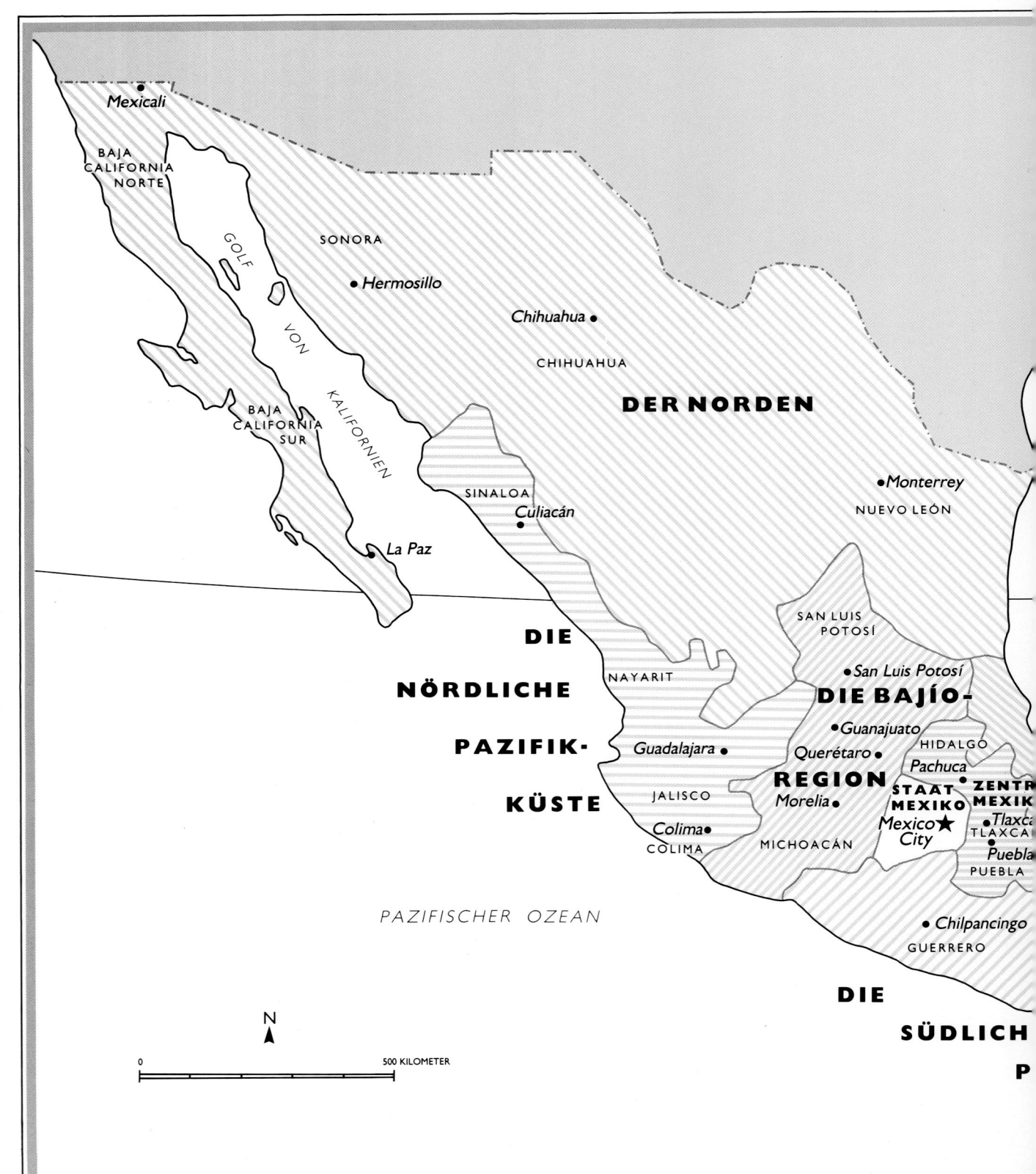

Mexicali

BAJA
CALIFORNIA
NORTE

GOLF

VON

KALIFORNIEN

SONORA

Hermosillo

Chihuahua

CHIHUAHUA

DER NORDEN

BAJA
CALIFORNIA
SUR

SINALOA
Culiacán

Monterrey

NUEVO LEÓN

La Paz

DIE

NÖRDLICHE

PAZIFIK-

KÜSTE

SAN LUIS
POTOSÍ

San Luis Potosí

DIE BAJÍO-

NAYARIT

Guadalajara

Guanajuato

Querétaro

HIDALGO

Pachuca

REGION

STAAT
MEXIKO

ZENTR
MEXIK

JALISCO

Morelia

Mexico
City

Tlaxca
TLAXCA

Colima
COLIMA

MICHOACÁN

Puebla
PUEBLA

PAZIFISCHER OZEAN

Chilpancingo

GUERRERO

DIE

SÜDLICH

P

N

0   500 KILOMETER

INHALT

DIE GRUNDLAGEN

Schon zu Zeiten der alten mexikanischen Hochkulturen bildeten Mais und Chilis (Pfeffer- und Paprikaschoten) die Grundlagen der Ernährung; und obwohl heute in der Neuen Welt viele verschiedene Gemüsesorten gedeihen, haben diese beiden Grundnahrungsmittel nichts von ihrer Bedeutung verloren.

Mais: Ein Geschenk der Götter

Archäologische Funde bestätigen, daß bereits um 5000 v. Chr. im Tal von Mexiko Mais angebaut wurde. Mexikanische Indianer nannten die Frucht *toconayo*, ›unser Fleisch‹, denn ihrer Überlieferung zufolge hatten die Götter die ersten Menschen aus Mais geformt. Auf diesen Mythos geht auch die alte Bezeichnung der Mexikaner als ›Menschen, die aus Mais gemacht sind‹ zurück.

Mais hat zwar in unserer Zeit seine religiöse Bedeutung verloren, ist aber ein wichtiger Bestandteil der mexikanischen Küche geblieben, seine Verwendungsmöglichkeiten haben sogar aufgrund neuer Technologien in der landwirtschaftlichen Produktion und der Entwicklung in der Industrie um ein

Chiles poblanos, Kürbisblüten, Maiskolben, Avocados und Korianderblätter – in einer molcajete, einer Art Mörser aus Vulkangestein, – Schokolade und ein molinillo, ein Holzquirl zum Schokoladerühren, gehören zu den Hauptbestandteilen der mexikanischen Küche.

Vielfaches zugenommen. Mais wird grob oder fein gemahlen, geschrotet, zu Öl, Grieß, Stärkemehl oder Glukose verarbeitet und ist so unverzichtbare Zutat in vielen mexikanischen Gerichten und Getränken.

Masa

Mais wird traditionell zu *masa* verarbeitet, jenem Teig, der für Tortillas und ihre vielen Abwandlungen sowie für Tamales verwendet wird. Seit Jahrhunderten ist für Mexikaner ein Tisch ohne Tortillas ein leerer Tisch. Wie in alten Zeiten werden daher getrocknete Maiskörner mit Wasser und Kalkstein gekocht, bis die dünnen Schalen der einzelnen Körner weich sind. Man läßt den gekochten Mais einen Tag lang stehen, entfernt anschließend die Häute und zerstampft das Innere zu *masa*. Benutzte man früher dazu Mörser und Stößel, so wird heute diese Arbeit häufig schon durch mechanische Handmühlen erleichtert.

Tortillas

Es gibt sie in Mexiko in vielen Varianten. Tortillas werden aus weißem, gelbem, blauem und rotem Mais hergestellt. Manche sind nur handtellergroß, andere, wie die auf den Märkten von Oaxaca verkauften, haben einen Durchmesser von bis zu 25 cm.

Besonders in den nördlichen Regionen Mexikos werden Tortillas vorwiegend aus Weizenmehl hergestellt, aber auch in anderen Teilen des Landes werden sie alternativ zu Mais-Tortillas zubereitet. Im Gegensatz zu diesen enthalten sie Fett und werden meist ausgerollt statt in einer speziellen Tortilla-Presse bzw. von Hand geformt.

Traditionelle *masa*

1 kg	getrocknete Maiskörner
3½ l	Wasser
2	Eßlöffel gemahlener Kalkstein

Die Zutaten in einem großen Topf zum Kochen bringen, die Temperatur herunterschalten und den Mais auf schwacher Hitze unter gelegentlichem Umrühren weiterkochen, bis sich die Häute leicht entfernen lassen. Vom Herd nehmen und einen Tag lang stehenlassen. Danach die Körner enthäuten, die Kerne gründlich waschen, abseihen und in einer Handmühle zermahlen. Mit 1 ½ Tassen Wasser und einer Prise Salz vermengen und so lange kneten, bis ein fester, glatter Teig entstanden ist. Eventuell etwas mehr Wasser hinzufügen.

Masa und Tortillas aus *masa harina*

3	Tassen *masa harina*
½	Teelöffel Salz
1½–2	Tassen Wasser

Mit einer Gabel die Zutaten in einer Schüssel vermischen; zu einer Kugel formen und den Teig so lange kneten, bis er glatt und nicht mehr klebrig ist. Mit einem Tuch bedecken und eine Stunde lang ruhen lassen.

Zur Herstellung der Tortillas den Boden einer Tortilla-Presse mit einem Stück Klarsichtfolie auslegen. Einen Teigball (seine Größe variiert je nach dem gewünschten Durchmesser der Tortilla; die Teigbälle sind normalerweise etwas größer als eine Walnuß) mitten auf die mit Folie ausgelegte Tortilla-Presse legen und mit einem weiteren Stück Klarsichtfolie bedecken. Die Presse schließen.

Nach dem Öffnen der Presse die Folie vorsichtig von der Oberfläche der Tortilla abziehen. Eine Hand unter den Fladen legen, die Tortilla auf die andere Hand wenden, so daß auch von der Unterseite die Folie entfernt werden kann. Die Tortilla nun in eine aufgeheizte schwere Pfanne oder auf ein *comal*

eine Backplatte aus unglasiertem Ton) legen. Wenn der Teig an den Rändern zu trocknen beginnt, den Fladen wenden und so lange backen, bis sich die Oberfläche in Form einer großen Blase abzuheben beginnt. Die Tortilla leicht mit den Fingerspitzen beklopfen, damit sie sich gleichmäßig aufbläht und weitere 1 ½–2 Minuten backen lassen. Die fertige Tortilla von der Pfanne nehmen, in eine Serviette oder ein sauberes Tuch wickeln und servieren.

In einigen Rezepten wird die aufgeblähte Tortilla aufgeschnitten und mit einer Fleisch-, Käse- oder Gemüsezubereitung gefüllt.

Für knusprige Tostadas oder Chilaquiles werden die Tortillas nach dem Backen auf dem *comal* in heißem Fett gebraten.
Ergibt ca. 700 g *masa* oder 24 Tortillas

Tortillas aus Weizenmehl

4½	Tassen Weizenmehl
1	Teelöffel Salz, nach Belieben
3	gehäufte Eßlöffel Margarine
ca. ½	Tasse lauwarmes Wasser

Das Mehl in eine Schüssel geben, Salz und Fett hinzufügen. Die Zutaten verrühren und zwischen den Händen zerkrümeln, bis eine Art grobkörniger Grieß entstanden ist. Allmählich das Wasser dazugießen und so lange kneten, bis sich der Teig zu einem glänzenden und elastischen Ball formen läßt. Mit einem Tuch bedecken und 30 Minuten lang ruhen lassen.

Kleine Teigstücke abtrennen und zu Bällen formen (die Größe hängt von dem gewünschten Durchmesser der Tortillas ab). Auf einem bemehlten Brett den Teig mit einem Nudelholz zu dünnen Fladen ausrollen. Die Tortillas in einer aufgeheizten schweren Pfanne (oder auf dem *comal*) 1 ½–2 Minuten backen, wenden und leicht mit den Fingerspitzen beklopfen. So lange backen, bis hellbraune Flecken erscheinen.
Ergibt ca. 14–18 Tortillas

Im Uhrzeigersinn von links oben: Ein Bananenblatt wird vorsichtig von der Tortilla abgezogen. Ursprünglich wurde der Maisteig für Tortillas auf einem Bananenblatt mit der Hand flachgedrückt. Heutzutage legt man den Teig zwischen Klarsichtfolie in eine Presse. Der Teig für Weizenmehl-Tortillas wird mit einem Nudelholz auf einem Brett ausgerollt.

Weizenmehl-Tortillas, auf einem Mennoniten-Ofen gebacken

Frisches Schmalz – aus Schweinefett, Wasser und Salz zubereitet – wird meistens auf Märkten verkauft und fehlt in keinem mexikanischen Haushalt.

Tamales

Jede Region in Mexiko hat ihre eigenen Rezepte für Tamales – eine Spezialität, die auch außerhalb des Landes gut bekannt ist. Die klassische Version, die man in ganz Mexiko findet, wird mit hausgemachtem Schmalz zubereitet, das Bestandteil einer *masa* ist, die man aus *cacahuazintle*, einer Art Maisschrot, und mit Backpulver herstellt.

Tamales können süß oder herzhaft, scharf oder mild sein. Süße Tamales werden oft mit roter Lebensmittelfarbe gefärbt und mit Marmelade, getrockneten Früchten oder eingemach-

tem Obst gefüllt. Für herzhafte Tamales gibt es Füllungen aus Schweinefleisch, Huhn oder Truthahn, aus Fisch, Garnelen, mit Mole (Saucen), Käse und Chilis oder mit Pipián (Kürbiskernsauce), Bohnen und Zucchini – um nur einige Möglichkeiten zu nennen. Tamales werden oft zum Frühstück oder als leichtes Mittagessen verzehrt. Dieses Buch enthält eine Reihe von Rezepten für Tamales. Im allgemeinen werden alle Tamales in derselben Art und Weise zubereitet: Getrocknete Maishülsenblätter mit Wasser bedeckt mehrere Stunden lang einweichen lassen, bis sie geschmeidig geworden sind. Einige Teelöffel *masa* auf ein Maishülsenblatt geben und in einer dünnen Schicht bis an die Ränder verteilen. Das Blatt zunächst der Länge nach zusammenfalten und die Ränder in der Mitte übereinanderlegen, dann oberes und unteres Ende zur Mitte hin zusammenlegen. Die Tamales werden oft in ein zweites Hülsenblatt eingewickelt und mit längs zugeschnittenen Streifen aus Maishülsen

Seite 12: Retablo-Malereien bestehen aus Einzelbildern, die zusammen ein Thema ergeben. Dieses Bild soll die Bedeutung der körperlichen und geistigen Nahrung veranschaulichen, indem Lebensmittel neben religiösen Symbolen dargestellt sind.
Seite 13: Jaime Saldivar versucht, auf diesem Retablo etwas von der Atmosphäre einer mexikanischen Küche festzuhalten.

zusammengebunden. Die Päckchen aufrecht in den vorbereiteten Einsatz eines Dampfkochtopfs stellen, mit einer Schicht Maishülsen und einem feuchten Geschirrtuch bedecken und den Topf verschließen. Die meisten Tamales benötigen eine Garzeit von 1 Stunde. Sie sind fertig, wenn der Teig nicht mehr an den Maishülsenblättern klebt, die dann ohne Schwierigkeit von der *masa* abgezogen werden können.

Schweineschmalz

1½ kg Schweineschwarte mit Fett, gut gewaschen
      und grob zerteilt
ca. 2 l Wasser
1½   Teelöffel Salz

Die Zutaten in einem ausreichend großen Topf kurz aufkochen lassen, die Temperatur reduzieren und die Schwarte bei mittlerer Hitze auskochen. Durch das Austreten des Fetts schrumpft die Schwarte zusammen und wird dunkel. Den Topf vom Herd nehmen, die Schwarte entfernen und die Flüssigkeit so lange ruhen lassen, bis sich das Fett vom übriggebliebenen Wasser abgesetzt hat. Die Fettschicht nun vorsichtig abschöpfen und durch ein Sieb in Gläser füllen, die im Kühlschrank aufbewahrt werden. Im Gegensatz zum fertig gekauften schneeweißen hat dieses Schmalz eine leicht bräunliche Färbung.

Atole
Mais als Getränk

Die Mexikaner essen Mais nicht nur, sie trinken ihn auch. *Masa*, die Grundlage von Atole, wird mit Wasser verdünnt und so lange gekocht, bis sie die dickliche Konsistenz eines Milchshakes angenommen hat. Die beliebtesten Atoles werden aus weißem Mais hergestellt. Zutaten wie *piloncillo* (nicht raffinierter brauner Zucker), Zimt, Zucker, Früchte und Gewürze verleihen dem Getränk seine besondere geschmackliche Note.

Champurrado ist ein Atole, das mit mexikanischer Schokolade zubereitet wird. Die Mischung wird mit einem *molinillo*, einem geschnitzten, speziell für Schokolade bestimmten Holzquirl, zu dickem Schaum geschlagen. Der Quirl hat drei lose Ringe, die schnell kreisen, sobald der lange Griff zwischen den Handflächen hin- und hergedreht wird.

Ein anderes bekanntes Atole wird mit *piloncillo* gesüßt und mit Milch, Zimt oder frischen Früchten, Mandeln oder Erdnüssen zubereitet. In manchen Gegenden, zum Beispiel in Chiapas, wird Atole mit Chilis gewürzt und zum Frühstück oder Mittagessen serviert.

Getrocknete Maiskörner sind ein Grundnahrungsmittel der mexikanischen Küche.

Chilis
Scharf, aber voller Geschmack

Es muß eigentlich nicht betont werden, daß die mexikanische Küche ohne Chilis undenkbar wäre. Schon von den Azteken und Maya sind Chili-Rezepte überliefert, die noch heute zubereitet werden. Die Indianer glaubten, daß Chilis medizinisch wirksam seien und einen besonderen Nährwert besäßen – ein Glaube, der von modernen Ernährungswissenschaftlern bestätigt wird.

Das kräftige, würzige Aroma von Chili kommt auch in seinem ursprünglichen indianischen Namen zum Ausdruck. Er ist abgeleitet von *tzir*, was soviel wie ›durchstechen‹ bedeutet. Bei fast allen Sorten kann die Schärfe von einer Schote zur anderen variieren. Die Schärfe der Chilis übertönt nicht – wie vielfach angenommen wird – das Aroma des jeweiligen Gerichtes, sie verstärkt und unterstützt es vielmehr. Das gilt natürlich nur für die überlegte und sparsame Verwendung.

In Mexiko werden Hunderte verschiedener Chilisorten gezogen. Manche davon werden sowohl frisch als auch getrocknet verwendet. Dabei ist zu beachten, daß der frische und der getrocknete Zustand einer Sorte unterschiedliche Bezeichnungen haben. Die bekanntesten Chilis – die Namen der getrockneten Form sind in Klammern angegeben – sind folgende (für Ersatzprodukte siehe Verzeichnis Seite 290 ff.):

Chile de árbol: In frischem Zustand ist er intensiv grün. Er wird meist getrocknet verwendet, seine Farbe ist dann von einem rötlichen Orange. Er ist klein, uneben in der Form und ziemlich scharf.

Chile chilaca (pasilla): Seine Farbe könnte man als ein dunkles Waldgrün bezeichnen. Die Schote wird bis zu 15 cm lang und ist von schlanker Form mit abgerundetem stumpfen Ende. Im Ausland wird *chile chilaca* meistens in getrockneter Form gehandelt als der dunkelbraune *chile pasilla*. Getrocknet verliert er etwas von seiner Schärfe und hat ein angenehmes Aroma. *Pasillas* werden in Mole und anderen Saucen verwendet und sind die typische Dekoration für eine Schüssel Tortilla-Suppe.

Chile chilaca (pasado) oder *California (Anaheim)-chile:* Dieser lange, schmale, hellgrüne Chili ähnelt dem *chile poblano.* Er kann mild, aber auch ganz scharf sein und wird in nordmexikanischen Gerichten verarbeitet. Die Schoten werden in der Sonne getrocknet und heißen dann *chiles pasados.*

Chile habanero: Diese kleinen, laternenartig geformten Chilis sind eine Spezialität von Yucatán, wo sie in verschwenderischen Mengen verwendet werden. Sie bilden die Grundlage für viele Saucen und gehören zu den schärfsten Chilis. Sie sind je nach ihrem Reifegrad grün oder rotorange.

Chile jalapeño oder *cuaresmeño (chipotle):* Der *chile jalapeño* ist ein beliebter scharfer Chili. Er ist leuchtendgrün, und verglichen mit dem *chile serrano* ist er dicker und runder, weswegen er besonders gut zum Füllen geeignet ist. Der *chile jalapeño* wird oft *en escabeche* zubereitet, das heißt, er wird sauer eingelegt. Auch *en rajas,* in dünne Streifen geschnitten, wird er zum Würzen von scharfen Saucen, die gekocht oder roh sein können, und zum Aromatisieren von Moles verwendet. In getrocknetem und geräuchertem Zustand heißt der *chile jalapeño chile chipotle.* Bis vor kurzem war diese Delikatesse außerhalb Mexikos noch ziemlich unbekannt. Der *chile chipotle* ist braun oder hat einen dunklen Rostton und besitzt ein volles, rauchiges Aroma. Nach dem Trocknen werden die Schoten oft in *adobo* (Essigsauce) eingelegt. Sie sind sehr, sehr scharf.

Chile manzano (cascabel): Dieser apfelförmige Chili ist blaßgelb. Gewöhnlich wird er als *chile cascabel* getrocknet verwendet. *Cascabel* bedeutet ›Klapperschlange‹. Die Schoten werden so bezeichnet, weil ihre trockenen Samen rasseln und wie das Klappern des Schlangenschwanzes klingen. Der *chile cascabel* ist dunkelrot und sehr scharf.

Chile piquín: Dieser Chili, der sowohl frisch als auch getrocknet verwendet wird, ist scharf. Er wird oft in gemahlener Form über Früchte, Maiskolben und Eintopfgerichte gestreut.

Chile poblano (mulato oder *ancho):* Der *chile poblano* ist der vor allem für *chiles rellenos* verwendete Chili – ein Gericht, das die meisten mexikanischen Restaurants auf ihren Speisekarten führen. Er wird auch *en rajas* zubereitet, die entweder sauer eingelegt oder in Dosen eingemacht werden können. Er hat ungefähr die gleiche Größe wie die grünen süßen Paprikaschoten, ist aber dunkler in der Farbe und in der Form schlanker und spitzer. Der *chile poblano* gehört zu den milderen Chilis, es gibt aber auch scharfe Sorten. Er hat ein volles, kräftiges Aroma, das gut zu Suppen, Eintopfgerichten und gekochten und roh zubereiteten Saucen paßt. Getrocknet gibt es eine dunkel rotbraune – *chile mulato* – und eine hell rötlich-braune – *chile ancho* – Variante. Beide werden ausgiebig in gekochten Saucen verwendet. Sie sind normalerweise mild.

Chile puya (guajillo): Die Farbe dieses Chili reicht vom hellen bis zum dunklen Grün. Er ist lang und dünn und wird gewöhnlich in getrockneter Form verwendet. Er heißt dann *chile guajillo,* ist bräunlichrot, hat eine glatte Haut und ist mäßig scharf.

Chile serrano (japonés oder *serrano seco):* Der *chile serrano* ist einer der am häufigsten verwendeten scharfen Chilis, der scharfen Saucen, Moles, Suppen und Eintopfgerichten eine pikante Würze verleiht. Er ist dunkelgrün, klein und dünn. Er wird oft *en escabeche* zubereitet. Die getrocknete Form, der *chile japonés,* ist hellrot.

Zubereitung frischer Chilis

Frische Chilis werden in der Regel geröstet und enthäutet, anschließend entkernt und von den weißen Zwischenwänden befreit, bevor sie weiterverarbeitet werden.

Dazu die Chilis in eine sehr heiße schwere Pfanne legen und so lange rösten, bis ihre glänzende Außenhaut runzelig wird und zu verkohlen beginnt, dabei mehrmals wenden. Die gerösteten Chilis in einer Plastiktüte 4 bis 5 Minuten lang dämpfen (nicht länger, sonst werden sie zu weich).

Die Schoten aus der Tüte nehmen und die getrocknete Haut unter fließendem Wasser abspülen. Werden die Chilis geschnitten verarbeitet, die Stiele abtrennen und die Schoten längs zerteilen, um sie von Samen sowie den weißen Zwischenwänden zu befreien. Sollen die Chilis gefüllt werden, bleibt der Stielansatz unberührt, die Schote wird über einen kleinen seitlichen Einschnitt geputzt. Anschließend die Chilis waschen und mit Küchenkrepp oder einem Tuch abtrocknen. Die Schärfe der Chilis kann reduziert werden, indem man sie 2 bis 3 Stunden lang in Salzwasser oder eine Wasser-Essig-Lösung legt.

Bei der Arbeit mit Chilischoten sollten Sie Gummihandschuhe tragen, um Ihre Hände vor möglichen Hautreizungen zu schützen, und vermeiden Sie sorgfältig, Ihr Gesicht oder Ihre Augen zu berühren.

Rechts: Verschiedene Chilis aus Chiapas zusammen mit weißen, gelben und roten Maiskörnern
Seite 18/19: Chile xcatik, *ein langer hellroter oder hellgrüner* Chili aus Yucatán, und *chile habanero,* eine kleine, aber sehr scharfe Sorte, die in Rezepten behutsam verwendet wird.*

Alkoholische Getränke
Feuer aus Kaktus und Zuckerrohr

Mexiko stellt eine stattliche Anzahl fermentierter Getränke her, die meisten von ihnen auf der Basis von Früchten oder Kakteen. Viele haben einen ganz eigenen Geschmack, der nicht jedermanns Sache ist.

Tequila: Ohne Zweifel ist Tequila der außerhalb der Landesgrenzen bekannteste mexikanische Schnaps. Er wird aus den Wurzelknollen der blauen *Agave tequilana* gewonnen und laut Gesetz dürfen nur Pflanzen verwendet werden, die in den Staaten Jalisco, Michoacán und Nayarit gezogen worden sind. Um Tequila herzustellen, wird der Saft der Wurzeln fermentiert und destilliert. Weiße oder silberne Tequila ist die gebräuchlichste, und mit ihr wird die beliebte *Margarita* zubereitet – ein Getränk, das vielfach kopiert, dessen Qualität aber nur selten erreicht wird, da es ganz bestimmten Standards unterliegt. Für Leute, die nichts vertragen können, ist es ungeeignet.

Für eine *Margarita* wird ein Cocktailglas (in der Größe eines Martiniglases) ringsherum am Rand mit Limonensaft befeuchtet und in Salz getaucht. In einem Shaker mischt man einen gehäuften Löffel zerstoßenes Eis mit knapp 40 ml Tequila, 25 ml frischem – und *nur* frischem – Limonensaft und 15 ml Triple Sec. Die *Margarita* im Shaker kurz schütteln und in das vorbereitete Glas gießen.

Tequila, die in Eichenfässern gelagert worden ist, hat eine goldene Farbe angenommen, karamelfarben ist die *Tequila anejo,* sie ist, wie der Name besagt, gealtert, das heißt mindestens ein Jahr alt.

Pulque: Ein weiterer Agavenschnaps ist Pulque, der wahrscheinlich älteste Schnaps in Nordamerika. Der Saft der Agaven (gleichgültig von welcher der zahlreichen Arten) wird fermentiert und nicht destilliert. Pulque, eine milchige, säuerliche Substanz, wird in der Küche vorwiegend als Basis von Saucen verwendet. Frisch ist sie nicht lange haltbar und wird daher nicht exportiert. Pulque kann in Rezepten durch Bier ersetzt werden.

Mezcal: Mezcal, ein destillierter Agavenschnaps, unterliegt nicht den strengen Vorschriften, wie sie für die Herstellung von Tequila bestehen. Außerhalb Mexikos kennt man ihn wahrscheinlich als den Schnaps mit dem Wurm in der Flasche. Nach Untersuchungen hat dieser Wurm keinerlei biologisch-

Einige der bekanntesten Getränke werden mit dem Extrakt aus Vanilleschoten gewürzt, die in Gutiérrez, Zamora und Papantla gezogen werden.

chemische, sondern bestenfalls eine werbewirksame Funktion als ungewöhnliches, aber leicht erkennbares Markenzeichen.

Bier: Mexikanisches Bier ist ausgezeichnet, was vor allem die Amerikaner schon entdeckt haben. Monterrey im Norden ist Mexikos zweitgrößte Stadt und Bierkapitale, obgleich Brauereien in ganz Mexiko verstreut sind.

Aguardiente: Immer noch beliebt in Mexiko ist Aguardiente oder ›Feuerwasser‹ – an sich jede Art von Branntwein, ganz gleich auf welcher Grundlage. In Veracruz und Tabasco ist es destillierter Zuckerrohrsaft, und ein beliebtes Dessert sind dort zwei Wochen in diesem Rum mazerierte Früchte, die mit Speiseeis serviert werden.

Küchengeräte und Kochgeschirr

Ton: In Mexiko werden vorwiegend Töpfe, Schüsseln und Krüge aus Ton benutzt. Kochgeschirr aus Ton muß gewissermaßen ›eingekocht‹ werden, bevor man es in ständigen Gebrauch nimmt. Dazu werden die Tongefäße von außen mit Knoblauchzehen eingerieben und dann bis zum Rand mit Seifenwasser gefüllt, das auf direkter Flamme so lange kochen muß, bis es fast verdampft ist. Den Topf vom Feuer nehmen und 20 Minuten lang stehenlassen, um den Ton zu versiegeln. Kleine Töpfe, die zum Beispiel zum Kaffeekochen oder zum Schmelzen von Käse verwendet werden, stellt man in einen größeren, mit Seifenwasser gefüllten Topf und läßt sie darin 50 Minuten lang kochen. Tongeschirr kann zum Backen, Schmoren im Ofen und zum Kochen direkt auf dem Herd verwendet werden.

Metate: Der *metate,* eines der ältesten in Mittelamerika bekannten Küchengeräte, ist eine rechteckige Vulkansteinplatte, die schräg auf drei Beinen steht und zusammen mit dem *metlapil,* einem ›Nudelholz‹ aus Stein, verwendet wird. Auch er muß vorbehandelt werden, bevor er das erste Mal benutzt werden kann. Um ihn zu glätten, schüttet man Reis, getrocknete Kichererbsen oder ein anderes Korn auf die Fläche. Mit etwas Salz vermischt wird das Korn nun gemahlen. Dieser Vorgang wird mehrmals mit frischem Korn wiederholt, bis das gemahlene Mehl sauber und frei von Steinpartikeln und Schmutz bleibt. Traditionell wird der Mais für die *masa* auf dem *metate* gemahlen, darüber hinaus dient er zur Herstellung von ungekochten Saucen.

Molcajete: Die *molcajete* ist ein Mörser aus porösem Vulkanstein. Der dazugehörige Stößel heißt *mejolote.* Mörser und Stößel müssen, wie der *metate,* vor der endgültigen Benutzung geglättet werden. Gewürze, die in einer *molcajete* gemahlen wurden, sind feiner pulverisiert als in einem Mixer oder einer Küchenmaschine. In der *molcajete* gerührte Saucen haben eine bessere Textur und mehr Aroma.

Mahlzeiten in Mexiko: Ein immer wiederkehrendes Fest

Die Essenszeiten variieren in Mexiko je nach Gegend und Klima, das sehr unterschiedlich sein kann. Es gibt sowohl Wüstenregionen als auch tropische Wälder. Weniger wichtig als geregelte Mahlzeiten ist der Appetit jedes einzelnen, so daß oftmals bis zu fünf Mahlzeiten pro Tag serviert werden können.

Das Frühstück, das gewöhnlich zwischen 6 und 8 Uhr morgens eingenommen wird, besteht in der Regel aus Kaffee und Brot oder Gebäck oder aber aus Kaffee und Tamales.

Brunch (oder das zweite Frühstück) ist schon eine herzhaftere Angelegenheit. Zu dieser Mahlzeit, die zwischen 11 Uhr morgens und Mittag serviert wird, werden Eier, Fleisch oder Tortillas mit Kaffee, Milch oder frischen Obstsaftgetränken gereicht.

Das Mittagessen ist die nahrhafteste und traditionsreichste Mahlzeit am Tag. Sie wird gegen 15 Uhr serviert und setzt sich normalerweise aus Suppe, Reis oder Nudeln, gebratenen Bohnen oder *Frijoles de olla* (Bohnen aus dem Topf), Tortillas oder Brot, einem Dessert und Kaffee zusammen.

Zwischen 19 und 20 Uhr genießen die Mexikaner die *merienda,* eine kleine Erfrischung in Form eines Glases gekühlter *atole,* einer Tasse heißer Schokolade oder Kaffee mit Gebäck oder Tamales.

Die letzte Mahlzeit ist das Abendessen, das zwischen 21 und 22 Uhr serviert wird. Es besteht aus einem Hauptgang, meistens den Resten vom Mittagessen, oder aus einem typischen mexikanischen Imbiß wie *Quesadillas, Tacos* oder *Tortas.* Als Getränke werden Kaffee und Milch gereicht.

Das hektische Stadtleben hat es mit sich gebracht, daß diese traditionelle Abfolge heute nicht mehr genau eingehalten wird. Inzwischen ist es in den Städten üblich, nur noch drei Mahlzeiten am Tag zu sich zu nehmen – Frühstück, Mittagessen und Abendessen. Die größte Mahlzeit des Tages ist immer noch das Mittagessen, dessen gelassener Rhythmus in dem uralten mexikanischen Brauch der Siesta wurzelt.

Seite 26/27: Auf gutsortierten Märkten steht den Mexikanern täglich eine reiche Auswahl an frischem Gemüse zur Verfügung.

DER NORDEN

Das weite Gebiet, das die Mexikaner El Norte nennen, erstreckt sich über 2 900 Kilometer von der zerklüfteten Pazifikküste der Baja California bis hin zu den Niederungen des Golfs von Mexiko. Dieser spärlich bevölkerte Landstrich reicht von schneebedeckten Felskuppen über ausgedörrte Salzwüsten bis hin zu üppigen Zitrushainen. Die öden Gebirgsgegenden von El Norte sind die trostlosesten und einsamsten von ganz Mexiko.

Dennoch haben sich gerade im Norden Mexikos die meisten Städte und Industriezentren angesiedelt. In Monterrey, dem wirtschaftlichen Zentrum des Nordens, spiegelt sich dieser Wohlstand in blühenden Eisen-, Stahl-, Zement-, Glas- und Kristallfabriken ebenso wider wie in den Brauereien, die bereits um die Jahrhundertwende entstanden sind.

Die außergewöhnlichste der vielen Regionen von El Norte ist die Baja California. In den nebelfeuchten Tälern der nordwestlichen Baja wachsen die besten Weine Mexikos, die die weitverbreitete Vorstellung von diesem Landstrich als öde und unfruchtbare Wüste Lügen strafen. Baja ist Mexikos ältestes noch produzierendes Weinanbaugebiet. Im 18. Jahrhundert kultivierten spanische Mönche in Baja California Meßwein für kalifornische Missionen. In den letzten Jahren hat sich diese Gegend einen guten Ruf für ihre Qualitätsweine erworben. Vor allem die Weißweine sind ganz außerordentlich verbessert worden. Sie passen besonders gut zu Bajas reichhaltigem Angebot an Meeresfrüchten wie Hummer, Garnelen, Krebse und Muscheln.

Mitten in der unfruchtbaren Wüste von Baja liegt Mulegé, eine Oase voller Dattelpalmen. Datteln sind Bestandteil vieler Gerichte und auch eines gehaltvollen Brotes. Charakteristisch für El Norte ist jedoch das völlig öde Hochland der Staaten Chihuahua und Sonora. Dieses ausgedörrte Gebiet, gekennzeichnet durch Canyons und Viehranches, hat vieles von dem hervorgebracht, was Nichtmexikaner für typisch mexikanisch halten. Der Norden, weniger indianisch als der Süden und weniger europäisch als Zentralmexiko, ist wirklich ›mexikanisch‹, beeinflußt nur von so unerwarteten Gruppen wie den Mennoniten. Als Grenzgebiet zu den Vereinigten Staaten ist El Norte der eigentliche Geburtsplatz jener Cowboy-Kultur, die ihre unauslöschlichen Spuren in der Geschichte der USA hinterlassen hat. Und so besteht in Industriestädten wie Hermosillo und Chihuahua die Kleidung des Arbeiters immer noch aus den charakteristischen Cowboy-Stiefeln, Bluejeans und einem breitkrempigen Strohhut.

Die Gerichte aus dem Norden sind derb, nahrhaft und unprätentiös. Filet (Steak) in Origanosauce, ein typisches Gericht von Chihuahua, und *Caldillo,* ein herzhafter Rindfleischeintopf mit Zwiebeln, Tomaten und Chilis, sind Beispiele für diese kräftige Küche. Vegetarische Gerichte wie etwa geschmolzener Käse, mit *Anaheim*-Chilis gewürzt, sind gleichfalls typisch für die regionale Küche.

Indianerinnen aus Tarahumara auf einem Hochgebirgspfad in Chihuahua

Im Herzen des Norteño, direkt an der Grenze zu den Vereinigten Staaten, wird selbst in den Küchen der vornehmsten Häuser und Restaurants im wesentlichen ein Ranch- bzw. Hacienda-Stil bevorzugt. Nirgendwo auf der Welt wird besseres Rindfleisch produziert, nirgendwo wird es köstlicher gewürzt als in Sonora. Um das Aroma des Rindfleischs noch hervorzuheben, essen die Mexikaner es mit verschiedenen Tomatensaucen, die im Norden meist weniger scharf sind als in den anderen Gebieten von Mexiko. Der beliebteste Chili der Norteños ist der *California*- oder *Anaheim*-Chili, eine lange, dünne Pfefferschote, die nicht so scharf ist wie der *jalapeño* oder der *serrano*.

Für Kenner liegt der Reiz der Küche des Nordens jedoch weniger in den Rindfleischgerichten als in den würzig zubereiteten Bohnen, seien es nun *Frijoles charros* (wörtlich ›Cowboy-Bohnen‹), die auf offenem Feuer mit Chilis, Kräutern und

dem gerade verfügbaren Fleisch gekocht werden; *Frijoles borrachos* (wörtlich ›betrunkene Bohnen‹), Bohnen, die in Bier gekocht werden, oder *Frijoles maneados,* Bohnen, die mit einem faserigen Käse und kräftigem *chile ancho* angereichert werden.

Zu den berühmtesten Gerichten von Nuevo León gehören Rühreier mit *carne machacada* – zerfasertem sonnengetrocknetem Rindfleisch – und *Cabrito al pastor* – ein Zicklein, das am Spieß gebraten wird.

Zu jedem Essen werden *Tortillas de harina* (Weizenmehl-Tortillas) gereicht, die charakteristische nördliche Variante der Mais-Tortilla. Nebenbei ist die teigige, weichere *Tortilla de harina* wunderbar geeignet, *Burritos* einzuwickeln, die mit solch nördlichen Spezialitäten wie zerfasertem Dörrfleisch oder auf offenem Feuer gebratenem Schweine- und Ziegenfleisch gefüllt werden.

Mais-Tortillas sind in ganz Mexiko bekannt, aber aus Weizenmehl hergestellte Tortillas, wie die hier zusammen mit chiles guëros, chiles piquín *und* chiles anchos *(im Uhrzeigersinn) abgebildeten Wasser-Tortillas aus Sonora, sind typisch für den Norden.*

Tortillas de harina
Weizenmehl-Tortillas

4½   Tassen dunkles Weizenmehl, Type 1050
1   Teelöffel Salz nach Belieben
3   gehäufte Eßlöffel Pflanzenfett (Margarine)
ca. ½   Tasse lauwarmes Wasser
        (die genaue Menge hängt von der Qualität des
        Mehls ab)

Das Mehl in eine Schüssel geben, mit Salz und Fett vermischen und so lange zwischen den Händen zerkrümeln, bis die Mischung eine sandige Konsistenz hat. Nach und nach das Wasser einarbeiten und den Teig zu einem elastischen und glänzenden Ball kneten. Wenn er sich zu fettig anfühlt, noch etwas Wasser und Mehl zugeben.

Den Teig mit einem Tuch bedecken und 30 Minuten lang ruhen lassen. Einen kleinen Teigball abtrennen und zwischen Pergamentpapier legen. Mit einem Nudelholz den Teigball zu einem Kreis von ca. 8 cm Durchmesser ausrollen. Die Tortilla sollte sehr dünn sein. Mit den Fingerspitzen den Teig an den Rändern etwas auseinanderziehen.

Die Tortilla auf einem heißen *comal* oder in einer trocken erhitzten schweren Pfanne von beiden Seiten jeweils 2 Minuten backen, bis sie hellbraun ist. Der Teig sollte sich etwas aufblähen.

Mit dem restlichen Teig ebenso verfahren.

Die Tortillas mit Käse oder Hackfleisch servieren.
Ergibt 20 Tortillas

Seite 30/31: Eine Oase in Mulegé, in der südlichen Baja California

Quesadillitas de la Tia
Tantes kleine Quesadillas

Weizenmehl-Tortillas spielen eine wichtige Rolle in der nordmexikanischen Küche. Besonders beliebt sind ganz kleine Tortillas, die unterschiedlich gefüllt als Vorspeise serviert werden.

48   Weizenmehl-Tortillas, je 8 cm Durchmesser
      (siehe vorhergehendes Rezept)

Für die Käsefüllung
16   kleine Scheiben frischer Oaxaca, ersatzweise
      Mozzarella

Für die Rindfleischfüllung
1   gehäufte Tasse zerfasertes Dörrfleisch (siehe Rezept
      Seite 46)

Für die Eier-Wurst-Füllung
1/3   Tasse Pflanzenöl
3/4   Tasse frische, zerkrümelte *chorizo*, ersatzweise ge-
      trocknete Mettwurst, aus dem Darm gelöst und mit
      Chilipulver nachgewürzt
1/4   Tasse feingehackte weiße Zwiebel
6   Eier, mit 1 Teelöffel Salz verquirlt

Zubereitung der Käse-Quesadillitas: Je 1 Scheibe Käse auf
16 Tortillas legen. Die Tortillas einmal zusammenfalten und die
Ränder zusammendrücken. Zur Seite stellen.

Zubereitung der Rindfleisch-Quesadillitas: Je einen gehäuften Teelöffel Rindfleisch auf die Mitte weiterer 16 Tortillas
geben, falten und die Ränder zusammendrücken. Zur Seite
stellen.

Zubereitung der Eier-Wurst-Quesadillitas: Das Öl in einer
Pfanne erhitzen. Die Wurst kurz anbraten und die Zwiebeln
hinzufügen; etwa 10 Minuten dünsten, dann die verquirlten
Eier unterrühren. Wenn die Eimasse eben zu stocken beginnt,
die Pfanne vom Herd nehmen. Je einen Teelöffel der Mischung
auf die letzten 16 Tortillas geben, falten und die Ränder zusammendrücken.

Eine schwere Pfanne erhitzen und die Quesadillitas portionsweise von beiden Seiten rösten. Warm halten und sofort
servieren.
Ergibt 48 Quesadillitas

Guacamole
Avocadosauce

Guacamole wird in den verschiedenen Regionen Mexikos
unterschiedlich zubereitet. In Monterrey wird er mit einer
Garnitur in den Farben der mexikanischen Flagge serviert.

Für den Guacamole
6   reife Avocados, geschält und entkernt
1½   weiße Zwiebeln, gehackt
1   sehr kleiner Zucchino, püriert
6   *chiles serranos,* fein gehackt
½   Tasse gehackte Korianderblätter
      Saft von 2 Limonen, nach Belieben
6   Eßlöffel Olivenöl
      Salz nach Belieben

Zum Garnieren
2   große Tomaten, entkernt und gewürfelt
1   Frühlingszwiebel, fein gehackt
2   *chiles serranos,* fein gehackt
½   Tasse frische Korianderblätter
      Totopos (knusprig gebratene Tortilla-Streifen)

Die Avocados in einer Schüssel mit der Gabel zerdrücken.
Zwiebeln, Zucchino, Chilis, Korianderblätter, Limonensaft, Öl
und Salz hinzufügen. Die Zutaten gut mischen und zu einem
Püree verarbeiten.

Die Avocadokerne in den Guacamole legen, damit die
Sauce nicht dunkel wird. Zum Servieren den Guacamole in
eine Schale füllen, mit Tomaten, Zwiebeln, Chilis und Korianderblättern garnieren und Totopos dazu reichen.
Ergibt 8 Portionen

Obgleich aus der Baja California der beste Wein von ganz Mexiko stammt, wird er hier nicht als einziges Getränk serviert. Sehr beliebt ist auch Daiquiri aus frischen, süßen Mangos.

Daiquiri de Mango
Mango-Daiquiri

In der Baja California wird dieses Getränk mit frischen Mangos zubereitet. Der Rum unterstreicht das starke, süße Aroma dieser exotischen Frucht.

12	große Mangos, geschält, entkernt und in Scheiben geschnitten
2	Dosen Mangos, je 450 g
ca. 4 l	Eiswürfel
2½	Tassen heller oder dunkler Rum, nach Belieben Zucker nach Belieben

Frische und eingemachte Mangos im Mixer pürieren, die Eiswürfel hinzufügen und alles zusammen so lange schlagen, bis die Mischung zu einem Frappé geworden ist (falls notwendig, portionsweise schlagen). Rum und Zucker nach Belieben zufügen und gut verrühren.

Die Daiquiris in Longdrink-Gläser füllen und sofort servieren.

Ergibt 8 Drinks

Sopa de mariscos estilo La Paz
Fischsuppe ›La Paz‹

Die Baja California mit ihrer kilometerlangen Küste ist für ihre Vielfalt an Meeresfrüchten berühmt: Muscheln, Garnelen, Krabben und Fischgerichte sind lokale Spezialitäten.

8	Krabben, 4 davon mit dem Panzer zerteilt
48	mittelgroße Garnelen
6	Hummerschwänze, jeweils in 3 Teile geteilt
10	Fischfilets, jedes ca. 50 g schwer, in 5 cm große Würfel geschnitten
2	Fischköpfe, vorzugsweise von Seebarsch
6	große Tomaten, entkernt und grob gewürfelt
2	mittelgroße weiße Zwiebeln, grob gehackt
8	Knoblauchzehen
½	Stange Staudensellerie mit Blättern
½	Tasse Olivenöl
5½	Eßlöffel Butter
ca. 7 l	Wasser
30	Stengel frischer Koriander
1½	Eßlöffel getrockneter Origano
1	Teelöffel frisch gemahlener Pfeffer Salz nach Belieben

Öl und Butter in einem großen Topf erhitzen. 4 Knoblauchzehen darin braun werden lassen und aus dem Fett nehmen. In einem Mixer Tomaten mit den 4 restlichen Knoblauchzehen und Zwiebeln pürieren. Diese Zutaten in die Pfanne geben und mit Staudensellerie, frischem Koriander, Origano, Pfeffer und Salz würzen.

Etwa 30 Minuten kochen lassen, bis die Sauce dick zu werden beginnt.

Fischköpfe und Wasser in die Sauce geben und 30 Minuten lang simmern lassen. Krabben, Garnelen und Hummerschwänze dazugeben und weitere 20 Minuten kochen. Nachwürzen, Staudensellerie, Koriander und die Fischköpfe herausnehmen. Kurz vor dem Servieren die Fischfilets hinzufügen und 5 Minuten lang in der heißen Suppe ziehen lassen.

Zum Servieren die Suppe in eine Terrine füllen und am Tisch in einzelne Suppenschalen verteilen.

Ergibt 8 Portionen

Caracol marino estilo San Lucas
Seeschnecken ›San Lucas‹

Für die Zubereitung der Schnecken

12	Seeschnecken, je 150–175 g
4	große Eier
4	Tassen frische Semmelbrösel
2	Tassen geklärte Butter
	Salz und Pfeffer nach Belieben

Für die Sauce

4	Tassen frisches Krabbenfleisch, gereinigt und zerkleinert, oder 4 Tassen Krabbenfleisch aus der Dose, zerkleinert
1 l	Fischbrühe (siehe Rezept Seite 214)
2	Tassen trockener Weißwein
6	Eßlöffel Butter und 150 g kalte Butter, in Würfel geschnitten
2	Eßlöffel Olivenöl
1	weiße Zwiebel, sehr fein gehackt
	Salz und Pfeffer nach Belieben
1	Teelöffel Stärkemehl, in ¾ Tasse Fischbrühe aufgelöst

Zum Garnieren

	Limonenscheiben
½	Tasse gehackte Petersilie
	frische Korianderblätter
4	Karotten, gekocht und diagonal in Scheiben geschnitten

Seeschnecken werden im Restaurant ›Las Palmas‹ in San Lucas paniert, in Butter gebraten und mit einer Krabbensauce serviert.

Zubereitung der Schnecken: Die Seeschnecken aus ihren Gehäusen lösen, in eine große Schüssel geben, leicht salzen und pfeffern und 25 Minuten im Kühlschrank ziehen lassen.

Die Eier verquirlen, die Schnecken hineintauchen und abtropfen lassen. Die Semmelbrösel auf einen Teller streuen und jede Schnecke darin wenden. Die panierten Schnecken auf ein Tablett legen und 1 Stunde lang in den Kühlschrank oder 25 Minuten in die Tiefkühltruhe stellen.

Eine Tasse geklärte Butter erhitzen und die Schnecken darin goldbraun braten. Dabei einmal umwenden. Falls nötig, etwas mehr Butter zufügen. Die gegarten Seeschnecken im Backofen warm halten.

Zubereitung der Sauce: Fischbrühe und Wein in einen Topf gießen und etwa auf ein Viertel einkochen lassen. 6 Eßlöffel Butter und Öl in einer Bratpfanne erhitzen, Zwiebeln und Krabbenfleisch hineingeben und schmoren. Den eingekochten Fond angießen und mit Salz und Pfeffer würzen. Das in Fischbrühe aufgelöste Stärkemehl einrühren und anschließend die kalten Butterwürfel unter ständigem Rühren einzeln in der Sauce schmelzen lassen. Auf schwacher Hitze kochen, bis die Sauce leicht eindickt.

Zum Servieren die Schnecken auf 8 Teller verteilen, die Sauce darübergießen und mit Petersilie, Koriander, Karotten- und Limonenscheiben garnieren.

Dieses Rezept kann auch mit Fischfilets zubereitet werden. Ergibt 8 Portionen

Filete relleno de cabrilla
Gefüllte Seebarschfilets

Cabrilla, eine Art Seebarsch, ist einer der vielen Fische, die vor den Küsten der Baja California gefangen werden. Im Restaurant ›Bismark‹ in La Paz wird er mit einer Füllung zubereitet, wodurch er besonders saftig schmeckt.

8	Seebarschfilets, je 200–225 g, aufgeschnitten
	Salz und Pfeffer nach Belieben
8	Teelöffel Limonensaft

Mit Meeresfrüchten gefüllte Seebarschfilets werden mit einem einheimischen Baja-Wein serviert.

Für die Sauce

1 ½	weiße Zwiebeln, fein gehackt
4	*chiles serranos,* fein gehackt
4	Fleischtomaten (ca. 1 ¼ kg), gebrüht, enthäutet, entkernt und fein gewürfelt
⅔	Tasse Olivenöl
	Salz nach Belieben
1	Eßlöffel frisch gemahlener Pfeffer
1	Teelöffel frischer Origano oder ½ Teelöffel getrockneter Origano

Für die Füllung

16	große Garnelen, ausgelöst
2	Hummerschwänze
3 l	Wasser
2	frische Thymianzweige oder ½ Teelöffel getrockneter Thymian
2	Lorbeerblätter
1	Teelöffel Pfeffer
	Salz nach Belieben

Für den Eierteig

8–10	Eier, getrennt
1	Teelöffel Salz
2–3	Eßlöffel Mehl und zusätzlich Mehl zum Bestäuben der Filets
1 l	Öl zum Ausbacken

Zum Garnieren

4	Tomaten, halbiert
4	Karotten, geschält, in 48 dünne Scheiben geschnitten und in Salzwasser gegart
48	*chiles jalapeño*-Streifen aus der Dose

Zubereitung des Fischs: Die Seebarschfilets salzen, pfeffern und mit Limonensaft beträufeln. 20 Minuten ziehen lassen.

Zubereitung der Sauce: Öl in einem Topf erhitzen und die Zwiebeln mit den Chilis leicht darin bräunen. Die Tomaten dazugeben und mit Salz, Pfeffer und Origano würzen. Auf kleiner Flamme 30 Minuten lang simmern lassen, damit die Sauce eindickt.

Zubereitung der Füllung: 1 Liter Wasser und Salz in einen Topf geben. Thymian, Lorbeerblätter und Pfeffer hinzufügen und zum Kochen bringen. Die Garnelen darin 3 Minuten lang kochen, vom Herd nehmen und 3 Minuten ziehen lassen. Anschließend aus der Brühe nehmen und kleinschneiden.

In einem großen Topf 2 Liter Wasser und Salz zum Kochen bringen und die Hummerschwänze darin 15 Minuten lang kochen lassen. Vom Herd nehmen, weitere 5 Minuten ziehen lassen und aus dem Wasser nehmen. Die Hummerschwänze abkühlen lassen, auslösen und das Fleisch in dünne Scheiben schneiden.

Zubereitung des Eierteigs: Die Hälfte der Eiweiß mit einem elektrischen Rührquirl oder von Hand steif schlagen. ½ Tee-löffel Salz dazugeben und nochmals 2 Sekunden lang schlagen. Die Hälfte der Eigelb leicht verquirlen und mit 1–1½ Eßlöffeln Mehl unter den Eischnee ziehen. Falls nötig, aus den restlichen Zutaten weiteren Eierteig zubereiten. In einem schweren Topf das Öl langsam (ca. 15 Minuten) erhitzen, bis es fast raucht.

Mehl auf einen Teller geben. Die aufgeschnittenen Filets darauflegen und mit etwas Sauce, Garnelen- und Hummer-stückchen bedecken. Die Filets zusammenklappen, mit Mehl bestreuen, in den Eierteig tauchen und abtropfen lassen. Den Fisch von beiden Seiten in dem heißen Öl goldbraun braten. Auf Küchenkrepp abtropfen lassen, warm stellen. Auf die gleiche Weise mit den anderen 7 Filets verfahren.

Zum Servieren die Filets auf 8 Teller verteilen. Jeweils eine Tomatenhälfte danebenlegen, 6 Karottenscheiben darauf arrangieren und mit Chilistreifen garnieren.
Ergibt 8 Portionen

Eine Ansicht von Bahía Concepción in der südlichen Baja California

Almejas chocolatas
Braune Venusmuscheln

Diese Venusmuschelart wird in Küstennähe in netzartigen Körben gesammelt und lebendfrisch auf dem Markt verkauft.

48	frische braune Venusmuscheln in der Schale
16	Limonen, halbiert
	Tabasco-Sauce

Die Muscheln in Salzwasser reinigen, anschließend öffnen und erneut waschen. Die Muscheln aus den Schalen lösen und jeweils mit zwei Einschnitten den Magen heraustrennen. Danach wieder in die Schalen füllen und so arrangieren, daß die orangefarbenen Ränder der Muscheln zu sehen sind.

Zum Servieren die Muscheln auf 8 Teller verteilen, frischen Limonensaft und etwas Tabasco-Sauce zum Würzen darüber-träufeln.
Ergibt 8 Portionen

Seite 38/39: Frische ›Schokoladenmuscheln‹ – die nichts mit Schokolade zu tun haben, sondern nur unter dieser Bezeichnung bekannt sind – werden mit einem Spritzer Limonensaft und etwas Tabasco-Sauce angerichtet.

Ensalada de chiles estilo Sonora
Chilisalat ›Sonora‹

Dieser Salat aus Sonora wird als Erfrischung zwischendurch oder als Vorspeise mit geschmolzenem Käse und Weizenmehl-Tortillas serviert.

Für den Salat

8	California(Anaheim)-chiles
1½	Köpfe Romana-Salat, geputzt, zerpflückt und eisgekühlt
24	Tomaten, enthäutet und in Scheiben geschnitten
24	dünne weiße Zwiebelringe
	frisch gemahlener Pfeffer

Für die Vinaigrette

1½	Tassen Obstessig (siehe Rezept Seite 128)
	oder Apfelessig
1	Tasse Olivenöl
4	Knoblauchzehen, gehackt
16	dünne weiße Zwiebelringe
¾	Eßlöffel Salz
1	Eßlöffel Zucker
1	Eßlöffel frisch gemahlener Pfeffer

Vorbereitung des Salats: Die Chilis rösten und dämpfen (siehe Seite 16). Da diese Chilis sehr mild sind, brauchen sie eventuell nicht geputzt zu werden.

Zubereitung der Vinaigrette: Essig und Öl in einer Schüssel verschlagen. Knoblauch, Zwiebeln, Salz, Zucker und Pfeffer hinzufügen. 24 Stunden lang ziehen lassen.

Zum Servieren jeweils ein Salatbett auf 8 Tellern anrichten. Chilis, Tomatenscheiben und Zwiebelringe darauf verteilen. Die Vinaigrette darübergießen und mit Pfeffer würzen.
Ergibt 8 Portionen

Langosta Rosarito
Hummer ›Rosarito‹

Dieses Gericht kann auf verschiedene Weise zubereitet werden. Das Foto auf Seite 41 zeigt die gedünstete Version. Das folgende Rezept beschreibt die gebackene Alternative.

4	große frische Hummer, halbiert
1	Tasse Butter
1	Teelöffel getrockneter Origano
1	Teelöffel Knoblauchsalz, nach Belieben
1	Eßlöffel frisch gemahlener Pfeffer

Den Backofen auf 175°C (Gasherd Stufe 2) vorheizen.

Die Butter mit Origano, Knoblauchsalz und Pfeffer cremig rühren und jede Hummerhälfte gleichmäßig damit bestreichen. Die Hummer im Backofen ca. 20 Minuten lang backen, bis sie gar sind (das Fleisch sollte nicht trocken werden). Mit ›Frijoles de olla‹ (siehe Rezept Seite 187), ›Pico-de-gallo-Sauce‹ (siehe Rezept Seite 54) und frisch gebackenen Weizenmehl-Tortillas servieren.

Die Hummerhälften in Tacos einrollen.
Ergibt 8 Portionen

Je kleiner die Chilis sind, desto schärfer sind sie gewöhnlich.

Seite 40: Chilisalat ›Sonora‹, mit gerösteten milden Pfefferschoten, wird hier in einer glasierten Tonschüssel aus Michoacán serviert. Seite 41: Die Norteños bereiten ihre Meeresfrüchte auf unterschiedliche Weise zu. Hummer ›Rosarito‹ kann mit frischen Scampis und fritiertem Fischfilet garniert werden.

Frijoles borrachos
›Betrunkene‹ Bohnen

Betrunkene Bohnen sind ein typisches Gericht für die Gegend um Monterrey, eine der ersten Regionen, in denen Bier getrunken wurde.

Für die Zubereitung der Bohnen

750 g	getrocknete Pintobohnen, gewaschen und über Nacht eingeweicht
3½ l	Wasser
1	große Zwiebel, halbiert
6	Knoblauchzehen
1	Eßlöffel Schmalz oder Pflanzenöl

Für die Sauce

1	große weiße Zwiebel, fein gehackt
3	Fleischtomaten, gebrüht, enthäutet, entkernt und fein gewürfelt
4	chiles serranos oder jalapeños, fein gehackt
1½	Tassen gehackte Korianderblätter
½	Tasse Schmalz
2	Tassen helles oder dunkles Bier Salz nach Belieben

Zubereitung der Bohnen: Die Bohnen in einem Schnellkochtopf mit Wasser bedecken; anschließend Zwiebeln, Knoblauch und Schmalz hinzufügen. Zudecken und 45–60 Minuten lang kochen lassen. Wenn kein Dampfkochtopf zur Verfügung steht, einen tiefen Topf verwenden und auf 1 Volumenanteil Bohnen 3 Volumenanteile Wasser rechnen. Zwiebeln, Knoblauch und Schmalz zufügen. Auf schwacher Hitze 1½–2 Stunden kochen, bis die Bohnen zart sind. Wenn zuviel Wasser verdunstet ist, noch etwas warmes Wasser nachfüllen. Die Bohnen abgießen und abtropfen lassen.

Zubereitung der Sauce: Das Schmalz in einer schweren Bratpfanne erhitzen. Zwiebeln dazugeben und hellbraun anbraten. Tomaten, Chilis und Korianderblätter zufügen, desgleichen die Bohnen. Salzen, das Bier angießen, abschmecken und auf schwacher Hitze etwa 45 Minuten weiterkochen lassen, bis die Sauce sämig ist.

Zum Servieren die heißen Bohnen in eine Ton- oder Keramikschüssel geben. Mit geröstetem Ziegenfleisch oder anderem Fleisch und Mais- oder Weizenmehl-Tortillas servieren.
Ergibt 8 Portionen

Frijoles maneados
Bohnenpüree

Für die Zubereitung der Bohnen

ca. 750 g	Pinto- oder Bayobohnen, gewaschen und über Nacht eingeweicht
1½	weiße Zwiebeln
½	Knoblauchknolle, ungeschält Salz nach Belieben

Für die Sauce

¾	Tasse Butter oder Schmalz
⅓	Tasse Pflanzenöl
6	chiles anchos, vorbehandelt (siehe Seite 21) und püriert
1	weiße Zwiebel, fein gehackt
1	Eßlöffel Chilipulver Salz nach Belieben
3	Tassen gewürfelter Chihuahua, ersatzweise Raclette-Käse, frischer Gouda oder Mozzarella

Zubereitung der Bohnen: Bohnen, Zwiebeln und Knoblauch in einen großen Topf geben, die dreifache Menge Wasser wie Bohnen einfüllen und zum Kochen bringen. Die Hitze reduzieren und die Bohnen 1½ Stunden lang simmern lassen. Falls nötig, während des Kochens warmes Wasser nachfüllen. Wenn die Bohnen zart sind, salzen und in einem Mixer oder mit der Küchenmaschine pürieren.

Zubereitung der Sauce: Butter und Öl in einer schweren Pfanne erhitzen und Chilipüree, Zwiebeln und Chilipulver dazugeben. So lange braten, bis die Mischung zu einer dicken Sauce geworden ist. Leicht salzen. Nach und nach die pürierten Bohnen unterrühren und das Gericht über mittlerer Hitze weiter einkochen lassen. Stück für Stück den Käse dazugeben und auf kleiner Flamme unter ständigem Rühren köcheln, bis das Püree noch etwas steifer geworden ist.

Zum Servieren das Bohnenpüree auf einer Platte anrichten und frisch zubereitete Weizenmehl-Tortillas dazu reichen.
Ergibt 8 Portionen

Rührreier mit zerfasertem Dörrfleisch begleiten Bohnen mit Käse, eine Spezialität Nordmexikos.

Frijoles con queso estilo norteño
Bohnen mit Käse nach Art des Nordens

Für die Zubereitung der Bohnen

500 g	getrocknete Pinto- oder Bayobohnen, gekocht (siehe Rezept für Bohnenpüree Seite 43)
ca. 1 kg	Oaxaca, zerbröselt, ersatzweise Mozzarella oder milder Feta
½	Tasse Pflanzenöl
4	Scheiben weiße Zwiebeln

Zum Garnieren

¾	Tasse gehackte weiße Zwiebeln
¾	Tasse gehackte frische Korianderblätter
24	Weizenmehl-Tortillas (siehe Rezept Seite 32)

Das Öl in einem Topf erhitzen und die Zwiebeln darin scharf anbraten. Die gekochten Bohnen und nach und nach den Käse dazugeben. Mit einem Holzlöffel umrühren, bis Käse und Bohnen gut miteinander vermischt sind. Bei schwacher Hitze kochen, bis das Püree eingedickt ist.

Zum Servieren das Püree in eine Schüssel füllen. Zwiebeln und frischen Koriander in Schälchen zusammen mit frisch zubereiteten Tortillas dazu reichen. Normalerweise wird dieses Gericht als Beilage zu Fleisch oder Rühreiern serviert. Ergibt 8 Portionen

Cabrito al pastor
Am Spieß gebratenes Zicklein

Gebratene Zicklein sind schon immer eine Spezialität von Nuevo León gewesen. Kräuter, die in dem salpeterreichen Boden des Nordens wachsen, geben dem Fleisch ein besonderes Aroma.

Monterrey ist berühmt für über offenem Feuer am Spieß gebratene Zicklein.

Für die Zubereitung der Zicklein

2	Zicklein, je 3–4 kg, küchenfertig
3	Eßlöffel Salz
1	Tasse milder Obstessig

Zum Garnieren

2	Tassen Guacamole (siehe Rezept Seite 33)
3	Eßlöffel feingehackte weiße Zwiebel
1	Fleischtomate, fein gewürfelt
3	Eßlöffel gehackte frische Korianderblätter
3	Eßlöffel feingehackte *chiles serranos*
1	Rezepteinheit ›Frijoles de olla‹, püriert (siehe Seite 187)
1½	Tassen gewürfelter Mozzarella
16	Totopos (knusprig gebratene Tortilla-Streifen)

Die Zicklein in einem großen Bräter mit Wasser bedecken. Salz und Essig dazufügen und 2 Stunden ziehen lassen. Inzwischen einen großen Holzstoß auftürmen und so lange brennen lassen, bis das Holz verkohlt ist. Die Zicklein aus dem Wasser nehmen und aufspießen. Über der glühenden Kohle 2–3 Stunden lang (je nach Gewicht) braten. Dabei hin und wieder mit Salzwasser einpinseln. Die Spieße gleichmäßig drehen, damit das Fleisch von allen Seiten gut gart. Falls nötig, glühende Holzkohle nachlegen.

Zum Servieren die Zicklein in Stücke schneiden und auf Platten anrichten. Mit Guacamole, Zwiebeln, Tomaten, frischen Korianderblättern und Chilis garnieren. Mit ›Frijoles de olla‹, die mit Käse bestreut werden, Totopos und Pico-de-gallo-Sauce (siehe Rezept Seite 54) servieren.

Die Zicklein können auch ausgelöst und das Fleisch in gebratene Tacos gerollt werden.

Ergibt 8 Portionen

Im Uhrzeigersinn: Chile verde en bolita, chile piquín seco, chile de monte, *reife* chiles serranos *und* chile verde piquín

Carne seca para botana
Gebratenes Dörrfleisch

Getrocknetes Rindfleisch, als Appetithäppchen serviert, ist eines der beliebtesten Gerichte in den nördlichen Bergen.

400 g Dörrfleisch, vorzugsweise aus Monterrey,
      in 5 cm große Vierecke geschnitten
      Pflanzenöl zum Braten

Zum Garnieren
8   große Limonen, 2 davon in Scheiben geschnitten,
      der Rest geviertelt

Eine schwere Pfanne erhitzen. Das Rindfleisch leicht mit Öl einpinseln und von beiden Seiten darin braten.
   Zum Servieren das Fleisch auf einer Platte anrichten und mit Limonen garnieren. Kaltes Bier dazu reichen.
Ergibt 8 Portionen

Machaca con huevo estilo Siénega
Zerfasertes Dörrfleisch mit Eiern ›Siénega‹

In der Sonne getrocknetes Rindfleisch ist typisch für Monterrey und den ganzen Staat Nuevo Léon. Ursprünglich kommt dieses Gericht aus der Stadt Siénega. Das getrocknete Fleisch wird zum Verkauf zusammengerollt.

Für die Zubereitung des Fleischs
2½   Tassen zerfasertes Dörrfleisch
2–3   Fleischtomaten, enthäutet, entkernt und grob gewürfelt
2½   Tassen feingehackte weiße Zwiebeln
6   *chiles serranos* oder *piquínes,* fein gehackt
1   Tasse Pflanzenöl
16   Eier, verquirlt
¾   Teelöffel Salz

Zum Garnieren
500 g Pintobohnen, gekocht, mit gehackten Zwiebeln
       gebraten und püriert (siehe Rezept Seite 43)
1   Tasse zerkrümelter milder Feta oder gewürfelter
       Mozzarella
12   Stengel frischer Koriander

¾ Tasse Öl in einem Topf erhitzen und die Zwiebeln darin so lange schmoren, bis sie leicht gebräunt sind. Rindfleisch, Tomaten und Chilis dazugeben. Bei schwacher Hitze weiterkochen, bis die Sauce eingedickt ist. (Bis hierher kann die Sauce im voraus zubereitet werden.)
   ¼ Tasse Öl dazugeben. Die Sauce wieder erhitzen und zum Kochen bringen. Eier und Salz zufügen. Bei starker Hitze kochen und gelegentlich mit einer Gabel bewegen, bis die Eier stocken – sie sollten nicht trocken werden!
   Zum Servieren das Bohnenpüree in der Mitte einer Platte anrichten, mit zerfasertem Dörrfleisch und Rührei umgeben. Die Bohnen mit Käse bestreuen und mit Korianderblättern garnieren. Dazu frisch zubereitete Tortillas und Kaffee reichen.
Ergibt 8 Portionen

Das zerfaserte Dörrfleisch nach Art von Siénega wird mit Zutaten zubereitet, die charakteristisch sind für die nordmexikanische Küche.

Taquitos de tuetano
Mark-Tacos

Rindermark ist in der mexikanischen Küche eine gernverarbeitete Zutat, insbesondere für Vorspeisen. Vermischt mit *masa* entstehen kleine *sopecitos* (Appetithäppchen), und auch mit Sauce und zerkrümeltem Frischkäse serviert, ist Rindermark ein beliebtes Hors d'œuvre.

32	Markknochen, je 10 cm lang
5 l	Wasser
	Salz nach Belieben

Für die Tacos

16	Tortillas

Wasser in einem Topf zum Kochen bringen, Markknochen und Salz dazugeben. Die Temperatur reduzieren und die Knochen auf schwacher Hitze ungefähr 1 Stunde lang kochen, bis das Mark zart ist.

Das Mark aus den Knochen lösen und auf frisch zubereitete Tortillas geben, die zu Tacos zusammengerollt werden. Salz oder eine Sauce nach Wahl dazu reichen und heiß servieren.
Ergibt 8 Portionen

Rindfleischtopf aus Nordmexiko und ein Glas eiskaltes Bier

Caldillo
Rindfleischtopf

Caldillo, auch *Cazuela* genannt, wird von Männern gekocht, die wetteifern, wer von ihnen die schmackhafteste und schärfste Version dieses Gerichts zubereiten kann. Das folgende Rezept für diese nordmexikanische Spezialität wurde preisgekrönt.

1–1 ½ kg	Rindersteak, Lende oder Filet, zu Tartar verarbeitet
1	Tasse feingehackte weiße Zwiebeln
2	Fleischtomaten, gebrüht, enthäutet, entkernt und grob gewürfelt
4	Teelöffel gehackte *chile jalapeño* oder *serrano*
½	Tasse Olivenöl oder Pflanzenöl
	Salz und Pfeffer nach Belieben
5 l	heiße Rindfleischbrühe

Einen schweren Topf 10 Minuten lang erhitzen. Öl hineingeben und heiß werden lassen. Das Rindfleisch darin kräftig anbraten, dann mit Salz und Pfeffer würzen. Zwiebeln, Tomaten und Chilis hinzufügen und ebenfalls anbraten.

Mit etwas Rindfleischbrühe ablöschen, den Rest nach und nach zugießen. Köcheln lassen, bis die Suppe eingedickt ist.

Den Eintopf in einzelne Suppenschalen füllen und mit Brot oder frisch zubereiteten Mais-Tortillas servieren.

Das Gericht kann auch mit Dörrfleisch zubereitet werden.
Ergibt 8 Portionen

Mark-Tacos werden aus frischen Mais-Tortillas gerollt.

Die Zutaten für ›Chilis mit geschmolzenem Käse‹ und (rechts) das fertige Gericht

Chiles con Asadero
Chilis mit geschmolzenem Käse

Die in Chihuahua verwendeten Chilis sind als *chilacas* oder als *California*- bzw. *Anaheim-chiles* bekannt und unterscheiden sich von den *chilacas* aus anderen Gegenden Mexikos. Sie werden geröstet, dann für einige Minuten in einem Plastikbeutel gedämpft (damit sich die äußere Haut leichter löst), anschließend von Samen und Zwischenwänden befreit und in dünne Streifen geschnitten. Im nördlichen Teil Mexikos ist dieses Gericht sehr beliebt.

24	*California (Anaheim)-chiles*
3⅓	Tassen Pflanzenöl
½	Tasse Butter
3	rote Zwiebeln, fein gehackt
3	Tomaten, gebrüht, enthäutet, entkernt und grob gewürfelt
8	Tassen gewürfelter Asadero, ersatzweise weicher Cheddar oder Raclette-Käse
2	Tassen Milch
1½	Tassen Sahne oder Crème double
1½	Tassen Crème fraîche
	Salz und Pfeffer nach Belieben

3 Tassen Öl in einer Pfanne erhitzen und die Chilis kurz darin braten, bis sich die Haut zu blähen beginnt. Sofort aus der Pfanne nehmen. Die Chilis in einem Plastikbeutel dämpfen, anschließend putzen und in dünne Streifen schneiden (siehe Seite 16).

Butter und ⅓ Tasse Pflanzenöl in einer Pfanne erhitzen und die Zwiebeln darin schmoren. Die Chilistreifen dazugeben und ebenfalls schmoren. Den Käse hineingeben und bei schwacher Hitze zum Schmelzen bringen. Milch, Sahne (Crème double) und Crème fraîche hinzufügen und mit Salz und Pfeffer würzen. Etwa 20 Minuten lang leise kochen lassen, bis eine sämige Sauce mit geschmolzenem Käse entstanden ist.

Kurz vor dem Servieren die Tomaten dazugeben.

Das Gericht in Tonschalen füllen oder auf Salattellern anrichten. Frisch zubereitete Mais-Tortillas dazu reichen.
Ergibt 8 Portionen

Tamalitos regiomontanos
Kleine Tamales ›Monterrey‹

Diese kleinen Tamales sind sehr beliebt und werden traditionsgemäß zu Familienfesten gereicht.

Zum Einwickeln
ca. 120 getrocknete Maishülsenblätter

Für die Füllung
750 g Lendenstück vom Schwein oder Haxe, ausgelöst, in Würfel geschnitten
6 Knoblauchzehen
1 große weiße Zwiebel, grob gehackt
2½ l Wasser
3 Nelken
1 Stange Zimt, ca. 15 cm lang
Salz nach Belieben

Für die Sauce
¾ Tasse Schmalz
2 dicke Scheiben weiße Zwiebel und 1 mittelgroße weiße Zwiebel, grob gehackt
8 chiles anchos, geputzt und 20 Minuten lang in Wasser eingeweicht (siehe Seite 21)
4 sehr trockene chiles guajillos, leicht geröstet, geputzt und 20 Minuten lang in Wasser eingeweicht (siehe Seite 21)
8 Knoblauchzehen
2 Tassen Rindfleischbrühe
1 Teelöffel frisch gemahlener Pfeffer
½ Teelöffel frisch gemahlene Pimentkörner
4 Lorbeerblätter
1 Teelöffel Kreuzkümmel
Salz nach Belieben

Für den Teig
ca. 700 g Schmalz, mindestens 1 Tag im voraus zubereitet
1½ kg masa oder aus masa harina zubereitete masa (siehe Seite 10)
2 Eßlöffel Salz, nach Belieben

Vorbereitung der Maishülsenblätter: Die Blätter über Nacht einweichen. Gut abtropfen lassen und die Spitzen abschneiden

Die besten Tamales werden mit hausgemachtem Schmalz zubereitet. Schmalz gehört auch neben chiles anchos, Knoblauch und Schweinefleisch zu den Zutaten für die kleinen Tamales ›Monterrey‹.

Die Hülsenblätter der Länge nach halbieren, gut mit Küchenkrepp abtrocknen und zur Seite stellen.

Zubereitung der Füllung: In einem Topf Wasser zum Kochen bringen. Schweinefleisch, Knoblauch, Zwiebeln, Nelken, Zimt und Salz hineingeben. Etwa 2½ Stunden lang bei schwacher Hitze kochen lassen, bis das Fleisch zart ist, und in der Brühe 2 Stunden lang abkühlen lassen. Das Schweinefleisch zerfasern und zur Seite stellen.

Zubereitung der Sauce: Schmalz in einem schweren Topf erhitzen und die Zwiebelscheiben darin schmoren. Inzwischen die Chilis abtropfen lassen (das Einweichwasser aufbewahren) und mit Knoblauch, Zwiebeln, Pfeffer, Piment, Lorbeerblättern, Kreuzkümmel und ½ Tasse Einweichwasser im Mixer pürieren. Die Chilimischung in das Schmalz geben und 45 Minuten lang simmern lassen. Salzen und weiter kochen lassen, bis die Sauce eingedickt ist. Das Schweinefleisch und die Rindfleischbrühe dazugeben und weitere 25 Minuten kochen.

Zubereitung des Teigs: Das Schmalz schlagen, bis es leicht und cremig ist, dann Salz und masa hinzufügen. Mit etwas Wasser oder Brühe verkneten, bis ein geschmeidiger, luftiger Teig entstanden ist (er muß so leicht sein, daß ein mandelgroßes Stückchen auf Wasser schwimmt).

Zubereitung der Tamales: 1½ Teelöffel Teig in die Mitte eines Maishülsenblattes geben und mit dem Löffelrücken gleichmäßig bis an die Ränder des Blattes verstreichen. 1 Teelöffel der Füllung mitten auf das Hülsenblatt geben. Die Längsseiten des Hülsenblattes so zusammenlegen, daß sie sich überlappen, dann oberes und unteres Ende des Blattes zur Mitte hin zusammenfalten. Zusammenbinden mit dünnen Streifen, die aus Hülsenblättern zurechtgeschnitten werden.

3 Tassen Wasser in einem Dampfkochtopf zum Kochen bringen (hört man eine auf den Topfboden gelegte Münze nicht mehr klappern, ist das Wasser verdunstet und muß nachgefüllt werden). Den Dämpfeinsatz im Topf mit einer Schicht Hülsenblätter bedecken.

Die Tamales aufrecht in den Einsatz stellen und mit weiteren Hülsenblättern und einem Geschirrtuch bedecken. Den Deckel auf den Topf setzen und die Tamales etwa 1½ Stunden lang im Dampf ziehen lassen. Sie sind gar, wenn sich die Hülsenblätter leicht vom Teig abziehen lassen. Falls nötig, mehr Wasser nachfüllen, jedoch darauf achten, daß es beim Kochen nicht bis an die Tamales steigt. Die Tamales dampfendheiß auf einer Platte anrichten und mit schwarzem Kaffee, geschlagener heißer Schokolade oder Atole servieren.
Ergibt 60–80 Tamales

Filete al chipotle
Rinderfilet mit *chipotle*-Chilis

Für die Sauce

25   frische *tomatillos,* die Hülsen entfernt, oder aus der
      Dose
3–6   getrocknete oder 2 eingelegte *chiles chipotles*
1   *chile ancho*
2   weiße Zwiebeln, davon 2 dicke Scheiben,
      den Rest geviertelt
4   mittelgroße Knoblauchzehen
½   Tasse gehackte frische Korianderblätter
¾   Tasse Pflanzenöl
⅓   Tasse Olivenöl oder Maisöl
      Salz nach Belieben

Für die Zubereitung des Fleischs

8   Filetsteaks vom Rind, je 150–175 g
2   Eßlöffel Butter
½   Tasse Olivenöl
      Salz nach Belieben
¾   Tasse frisch gemahlener Pfeffer
1½   Tassen Rindfleischbrühe

Zum Garnieren

8   Tortillas, je ca. 10 cm Durchmesser, in Öl gebraten
8   Scheiben Manchego, je ca. 75 g, ersatzweise Raclette-
      Käse oder Emmentaler
      frische Korianderblätter, gehackt

Zubereitung der Sauce: Pflanzenöl in einer Pfanne erhitzen.
Die Chilis kurz darin braten, herausnehmen und abtropfen
lassen. Nun Zwiebelviertel und Knoblauch in der Pfanne bräunen, salzen nach Belieben. Falls nötig, mehr Öl zufügen. Die
tomatillos hineingeben und mit 3 Tassen Wasser 15 Minuten
lang (wenn Dosen-*tomatillos* verwendet werden, kürzer)
darin kochen. Vom Herd nehmen und die Sauce in den Mixer
füllen, die Korianderblätter hinzufügen und pürieren.

Oliven- oder Maisöl in einer Pfanne erhitzen, die Zwiebelscheiben darin bräunen und herausnehmen. Die Sauce dazugeben und bei schwacher Hitze etwa 40 Minuten lang kochen.
Abschmecken und warm stellen.

Zubereitung des Fleischs: Eine schwere Bratpfanne langsam
erhitzen, etwas Butter und Öl hineingeben, 4 Filets darin 3–4
Minuten lang auf einer Seite braten und dann wenden. Sobald
an der Oberfläche Fleischsaft auszutreten beginnt, mit Salz
und Pfeffer bestreuen. Aus der Pfanne nehmen und warm

halten. Mit den restlichen 4 Filets auf gleiche Weise verfahren.
Den Bratensatz mit Rinderbrühe ablösen und bis auf die
Hälfte einkochen lassen. Die Sauce hinzufügen und 25 Minu-
ten simmern. Das Fleisch in die Sauce legen und erhitzen.

Zum Servieren auf jeden Teller 1 Tortilla geben, jeweils
1 Filet darauflegen und mit 1 Scheibe Käse bedecken. Den
Käse im Backofen unter starker Oberhitze zum Schmelzen
bringen. Heiße Sauce darübergießen und mit Korianderblättern bestreuen. Dazu gebratenes Bohnenpüree reichen.
Ergibt 8 Portionen

Salsa pico de gallo (Salsa Mexicana)
Pico-de-gallo-Sauce (Mexikanische Sauce)

Diese Sauce ist eine der beliebtesten und vielseitig verwend-
barsten in ganz Mexiko. Man serviert sie in einer Tonschale
oder einem Steinmörser *(molcajete),* zusammen mit frischen
Tortillas und gegrilltem Fleisch, Geflügel, Fisch oder geschmolzenem Käse.

1½   weiße Zwiebeln, fein gehackt
4   Fleischtomaten (ca. 1 kg), gebrüht, enthäutet,
      entkernt und fein gewürfelt
2–4   *chiles serranos,* fein gehackt
½   Tasse feingehackte frische Korianderblätter
      Salz nach Belieben
      Limonensaft
2   Eßlöffel Olivenöl

Eine Stunde vor dem Servieren Zwiebeln, Tomaten, Chilis und
Korianderblätter in einer Schüssel mit Salz, Limonensaft und
Öl vermischen und ziehen lassen.

Mit Totopos (knusprig gebratenen Tortilla-Streifen), Käse-
Tacos, Quesadillas oder Empanadas servieren.

Das Rezept kann mit Origano oder Avocado variiert werden, man kann auch die einzelnen Zutaten grober hacken und
die Korianderblätter weglassen. Statt dessen wird mit frisch
gemahlenem Pfeffer gewürzt. Diese Version ist in Baja California sehr beliebt, wo sie zu Meeresfrüchten und gebratenem
Fisch gereicht wird.
Ergibt 8 Portionen

*Mexikanische Irdenware und Tischtücher sind oftmals erlesene
Beispiele indianischer Handarbeit. Der Tarahumara-Krug paßt gut
zu einem Sarape auf dem Stuhl. Beides zusammen ergibt eine reiz-
volle Tischdekoration für Rinderfilet mit* chipotle-*Chilis.*

Die besten Rinder Mexikos werden im Norden gezüchtet. Ihr zartes, aromatisches Fleisch wird auf vielerlei Art zubereitet: Hier werden gebratene Filetstücke mit einer scharfen Tomatensauce serviert, die Garnitur besteht aus chiles jalapeños *und frischen Korianderblättern.*

Puntas de filete a la norteña
Rinderfilet nach Art des Nordens

Für die Sauce

4	weiße Zwiebeln, diagonal in Scheiben geschnitten
15	chiles serranos, in Streifen geschnitten
6	Tomaten (ca. 1 kg), gebrüht, enthäutet, entkernt und fein gewürfelt
½	Tasse Butter
½	Tasse Olivenöl
	Salz und frisch gemahlener Pfeffer nach Belieben

Für die Zubereitung des Fleischs

2 kg	Rinderfilet, in ca. 6 cm große Würfel geschnitten
24	Scheiben durchwachsener Speck, fein gewürfelt
1	mittelgroße weiße Zwiebel, fein gehackt
½	Tasse Olivenöl
	Salz und frisch gemahlener Pfeffer nach Belieben

Zum Garnieren

4	chiles jalapeños, in dünne Streifen geschnitten
¾	Tasse feingehackte frische Korianderblätter

Zubereitung der Sauce: Eine schwere Pfanne langsam heiß werden lassen, Butter und Öl hineingeben und Zwiebeln mit Chilis darin schmoren, bis die Zwiebeln glasig und goldbraun sind. Die Tomaten hinzufügen und leicht mit Salz und Pfeffer würzen. Umrühren, aufkochen lassen, die Hitze reduzieren und 30 Minuten lang köcheln, bis die Sauce eingedickt ist.

Zubereitung des Fleischs: Den Speck in einer schweren Pfanne bei mittlerer Hitze auslassen, herausnehmen und auf Küchenkrepp abtropfen lassen. Öl in die Pfanne geben und die Zwiebel darin bräunen. Das Rindfleisch dazugeben und anbraten. Nach ca. 8 Minuten leicht mit Salz und Pfeffer würzen, aus der Pfanne nehmen und warm halten.

Den Bratensatz mit der Sauce ablöschen, den Speck hineinrühren und die Sauce auf schwacher Hitze weiter reduzieren.

Zum Servieren die 8 Filets auf Tellern anrichten und Sauce
darübergießen. Jeden Teller mit Chilistreifen garnieren und
mit frischen Korianderblättern bestreuen. Als Beilage heiße
Weizenmehl- oder Mais-Tortillas reichen.
Ergibt 8 Portionen

Frisch gebackene Coyotas

Coyotas de Doña Maria Villa de Seris
Gefüllte Küchlein ›Doña Maria‹

Das Aroma süßer Kuchen durchdringt die Luft der Villa de
Seris in Sonora, und keiner kann diesem köstlichen, noch
warmen Gebäck widerstehen. Es wird ebenso gern in heißen
Milchkaffee getaucht wie als Dessert serviert.

Für den Teig
gut 1 kg	dunkles Weizenmehl, Type 1050
ca. 500 g	Pflanzenfett
1–2	Eßlöffel Butter
1½	Teelöffel Salz
	kaltes Wasser

Für die Füllung
4	Tassen brauner Zucker
¾	Tasse dunkles Weizenmehl, Type 1050

Den Backofen auf 175°C (Gasherd Stufe 2) vorheizen und
2 Backbleche einbuttern.

Zubereitung des Teigs: Mehl und Salz auf ein Backbrett
geben und mit dem Pflanzenfett vermischen, bis der Teig eine
streuselähnliche Konsistenz bekommt. Langsam kaltes Wasser
hinzufügen und den Teig ungefähr 40 Minuten lang kneten, bis
er weich und elastisch ist. Zudecken und 4 Stunden ruhen
lassen. Anschließend nochmals kurz durchkneten und den Teig
in 30 ca. 5 cm große Bällchen portionieren. Mit einem Nudelholz die Bällchen zu dünnen Kreisen von etwa 10 cm Durchmesser ausrollen. Da sich der Teig leicht zusammenzieht, sollte
er auf beiden Seiten ausgerollt werden.

Zubereitung der Füllung: Zucker und Mehl vermischen und
1½–2 Eßlöffel davon auf einen Teigkreis geben. Mit einem
zweiten Kreis bedecken und die Ränder zusammendrücken,
dabei überstehenden Teig mit einem Messer beschneiden.
Auf diese Weise fortfahren, bis alle Kreise gefüllt sind. Die
Plätzchen auf die vorbereiteten Backbleche verteilen und
35 Minuten lang goldbraun backen. Aus dem Ofen nehmen, in
einen Korb legen und noch warm servieren.

Die Plätzchen können in einem Frischhaltebeutel eingefroren und kurz im warmen Ofen (175° C/Gasherd Stufe 2)
aufgebacken werden. Der Teig kann auch mit Kürbis gefüllt
werden.
Ergibt 15 Coyotas

Pan de datil Mulegé
Dattelbrot ›Mulegé‹

Für den Teig

1	Tasse Mehl
2	Tassen gehackte Datteln
1½	Tassen grobgehackte Pekan-Nüsse
¾	Tasse Rosinen
8	Eigelb
10	Eiweiß
¾	Tasse Zucker
1	Tasse geschmolzene Butter
½	Teelöffel gemahlener Ingwer
1	Eßlöffel gemahlener Zimt
1	Eßlöffel gemahlener Muskat
1	Messerspitze gemahlene Nelken

Zum Garnieren

	Puderzucker
10	Datteln

Den Backofen auf 175° C (Gasherd Stufe 2) vorheizen. Eine Kastenform leicht einfetten und mit Backpapier auslegen.

Eigelb schaumig rühren, bis es cremefarben wird, dann Zucker hinzufügen und mit dem Schlagen fortfahren, bis die Mischung zähflüssig vom Löffel rinnt. In einer zweiten Schüssel die Datteln zu der geschmolzenen Butter geben und die Eigelbmischung löffelweise hineinrühren. Zur Seite stellen.

Eiweiß zu Schnee schlagen und die Hälfte der Eigelbmischung unterziehen. Zur Seite stellen.

Das Mehl mit Ingwer, Zimt, Muskat und Nelken durchsieben und langsam in die Eiweißmischung einrühren. Pekan-Nüsse und Rosinen dazugeben und die restliche Eigelbmischung unterziehen.

Den Teig in die Kastenform geben und etwa 1 Stunde lang backen, bis man einen hineingesteckten Zahnstocher sauber

Dattelbrot aus der südlichen Baja California, garniert mit frischen Datteln

wieder herausziehen kann. Den Kuchen aus dem Ofen nehmen, auf einem Kuchengitter abkühlen lassen und aus der Form lösen.

Auf einer Platte anrichten, mit Puderzucker bestreuen und die Platte mit Datteln dekorieren. In Mexiko serviert man eine Scheibe Dattelbrot gerne mit Vanille- oder Kokoseiscreme. Ergibt ein Brot von 25 cm Länge

Pekan-Krokant, aus Nüssen der Gegend zubereitet

Palanqueta de nuez
Pekan-Krokant

Im Staat Nuevo León gedeihen unzählige Pekan-Nußbäume an den Gebirgshängen. Ihre Früchte werden für viele Desserts und Süßigkeiten verwendet, so auch für diesen Nußkrokant, der im Nordosten Mexikos sehr beliebt ist.

3	Tassen halbierte und leicht geröstete Pekan-Nüsse
4	Tassen Zucker
½	Tasse Wasser

Den Zucker in einen Topf geben, Wasser dazugießen und so lange rühren, bis er sich aufgelöst hat. Auf schwacher Hitze die Wasser-Zucker-Mischung ohne zu rühren kochen lassen, bis der Zucker allmählich zu bernsteinfarbenem Karamel wird. Nun die Nüsse dazugeben und umrühren. Die Masse anschließend sofort auf einem eingefetteten hitzebeständigen Teller verstreichen und abkühlen lassen.

Zum Servieren als Dessert von dem Teller lösen und auf einer runden Platte anrichten.
Ergibt 8 Portionen

Leche caramelizada
Karamelpudding

Bereits seit dem 18. Jahrhundert ist Karamelpudding in Mexiko ein beliebtes Dessert.

Für den Pudding

4½	Tassen 8 Minuten lang gekochte Milch
8	Eigelb
1	Tasse Zucker
⅓	Tasse Stärkemehl, das in etwas Milch aufgelöst wird
1	Eßlöffel Mehl
	Mark einer Vanilleschote
¾	Tasse enthäutete und gemahlene Mandeln
4	Eßlöffel Butter

Für den Karamel

½	Tasse Zucker
1½	Eßlöffel Butter, in kleinen Stückchen

Eigelb mit einem elektrischen Rührgerät schlagen und allmählich den Zucker dazugeben, bis die Mischung cremefarben ist und eine schaumige Konsistenz angenommen hat. Nach und nach das aufgelöste Stärkemehl, Mehl und Milch in die Eigelbmischung rühren und so lange schlagen, bis alle Zutaten gut miteinander vermischt sind. In einen Topf füllen und bei schwacher Hitze langsam (ca. 20 Minuten) erwärmen, dabei ständig mit einem Holzlöffel umrühren. Vanilleschote und Mandeln hinzufügen und weiter erhitzen, bis die Mischung fast kocht und dicklich wird. Vom Herd nehmen, die Butter sorgfältig unterrühren und den Pudding in Eiswasser erkalten lassen, dabei ständig weiterrühren, damit sich keine Haut bildet.

Den Pudding in eine feuerfeste Servierschüssel geben, mit Zucker und Butterflöckchen bestreuen und im Backofen bei starker Oberhitze kurze Zeit überbacken, bis der Zucker karamelisiert.
Ergibt 8 Portionen
Abbildung siehe Frontispiz

Naranjas en dulce
Orangen in Sirup

Montemorelos ist für dieses köstliche Dessert berühmt.

20	Pomeranzen oder kleine Orangen, unbehandelt
	Salz nach Belieben

Für den Sirup

2 l	Wasser
6 l	Orangensaft, frisch gepreßt
8	Tassen Zucker
6	Zimtstangen, je ca. 10 cm lang

Zum Garnieren

	Frischkäse
	Joghurt oder Buttermilch
1	Stange Zimt
	Orangenblätter (nach Belieben)

Zubereitung der Orangen: Von allen Orangen die Schale abreiben (die abgeriebene Schale kann eingefroren und in anderen Rezepten verwendet werden). Die Orangen vierteln und den Saft auspressen, der zur Seite gestellt wird. Mit einer Nadel die Orangenviertel auf einen langen Faden wie zu einer Halskette aufziehen.

Die Orangenviertel in einem Topf mit Wasser bedecken und salzen. 25 Minuten lang kochen, dann abtropfen lassen, unter fließendem Wasser abspülen und einweichen. Das Wasser den Tag über immer wieder erneuern, bis es ganz klar bleibt.

Zubereitung des Sirups: Wasser und den aufbewahrten Orangensaft (wenn es keine 6 Liter sind, weitere Orangen auspressen) in einen Topf geben. Zucker und Zimt dazufügen. Auf mittlerer Hitze etwa 1½–2 Stunden kochen, bis ein dicker Sirup entstanden ist. Die Orangen dazugeben und weiterkochen, bis sie goldfarben sind und etwas von dem Sirup aufgenommen haben.

Zum Servieren die Orangen auf einer Platte oder in einer Tonschüssel anrichten und den Sirup darübergießen. Mit Frischkäse, Joghurt, einer Zimtstange und eventuell Orangenblättern garnieren.
Ergibt 8 Portionen

Kandierte Orangen, mit Orangenblättern und Zimt garniert

DIE NÖRDLICHE PAZIFIKKÜSTE

ie Staaten, die sich an der nördlichen Pazifikkü- ste entlangreihen – Sinaloa, Nayarit, Jalisco und Colima – liefern einen Großteil der wichtigsten Handelserzeugnisse wie Trauben, Tomaten und Chilis. Auch die frischesten und vielfältig- sten einheimischen Käsesorten stammen von dort.

Mexikos nördlichste Pazifikküste in Sonora bietet ein groß- artiges Bild mit ihren stattlichen Kokosplantagen, sandigen Buchten und felsigen, vom Meer umbrandeten Landzungen. Dieser Teil der Küste wird von dem klaren, ruhigen Golf von Kalifornien bespült, einem von Land umschlossenen Meer, das sich nur zum Süden hin in den Pazifischen Ozean öffnet. Die beiden unterschiedlichen Gewässer bieten Lebensraum für eine Vielfalt von Fischen: Marlin, schwarzer Seebarsch, Fächer- fisch und andere große Hochseefische werden weit draußen vor der Küste gefangen, während kleinere Sorten, wie Brasse und Gelbschwanzmakrele in Mengen in der Nähe der Strände vorkommen. In einheimischen Küchen werden nicht nur her- vorragende Fischgerichte traditioneller Art zubereitet, auch ausgefallene Garmethoden wie das Räuchern dicker Fisch- scheiben über offenem Feuer werden gepflegt, insbesondere in der Gegend von Mazatlán. Dort räuchert man Sierra (Spani- sche Makrele) über aromatischem Mesquite-Holz, was dem Fisch ein kräftiges und herzhaftes Aroma verleiht. Auch ver- schiedene Dornhaie sind geräuchert recht beliebt. Hornhecht und Thunfisch werden neben anderen Sorten oft roh als

Ceviche serviert, nachdem sie kurz in Limonensaft mariniert wurden. Garnelen werden reichlich gefangen und als Ceviche oder als Füllung für Tamales zubereitet.

Der Staat Sinaloa zeichnet sich hauptsächlich durch weite Reisfelder, Zuckerrohrplantagen und Wintergemüseanbau aus, und die vorwiegend agrarische Nutzung prägt das Bild der Landschaft. Die Bewohner Sinaloas sind sich der Bedeutung der Landwirtschaft in ihrem Leben bewußt – was sich nicht zuletzt darin widerspiegelt, daß die Profibaseballmannschaft Tomateros, zu deutsch: Tomatenzüchter, heißt.

Auch Nayarit, der Nachbarstaat im Süden, lebt von der Landwirtschaft der großen Farmen in den fruchtbaren Niede- rungen. Darüber hinaus liefern die brackigen Meeresbuchten an der Küste reiche Garnelen- und Schellfischfänge.

Der an Nayarit angrenzende Staat Jalisco ist wohl der landschaftlich reizvollste Mexikos. Hier entwickelte sich vor etwa einem Jahrhundert der Mariachi zur Unterhaltung bei Hochzeitsfeiern, ein musikalischer Stil, der inzwischen als typisch mexikanisch gilt. Auch zwei der größten Künstler Mexikos stammen aus Jalisco: der Wandmaler José Cle- mente Orozco, ein Maler dunkler und heroischer Visionen, und Juan Rulfo, vielleicht der größte Erzähler spanischer Sprache der ersten Hälfte dieses Jahrhunderts – ein Ansehen, das er durch zwei dünne Bände erlangt hat, die das Landleben in den hochgelegenen, mit Agaven übersäten Ebenen schildern.

An Jaliscos Küste gibt es auch einige attraktive Badestrände, und Puerto Vallarta wird zum Ferienziel vieler Touristen, berühmter wie nicht ganz so berühmter. Die Spezialität ist hier ein ganzer Fisch – gewöhnlich ein (roter) Schnapper, frisch aus dem Ozean –, der auf einen langen Holzstock gespießt und aufrecht in den Sand gesteckt wird. Der Fisch wird auf kleinem Feuer gegrillt und sofort gegessen. Mit einem Spritzer Limonensaft kommt die Frische des Fisches voll zur Geltung.

Weiter im Landesinneren liegt Guadalajara, eine Stadt, die im reinsten Kolonialstil gebaut ist. Die Küche gehört zu der besten in ganz Mexiko, die Tortillas sind hell in der Farbe und leicht in der Konsistenz, beinahe zerbrechlich. Die beiden berühmtesten Gerichte Guadalajaras sind jedoch kräftig und herzhaft.

Pozole ist die Spezialität der vielen einheimischen Restaurants. Dieser Eintopf auf der Basis von Schweinefleisch und Maisgrütze, ist eine vollwertige, nahrhafte Mahlzeit. Es gibt roten und weißen *Pozole.* Die rote Version wird mit dem eher milden *chile guajillo* und dem scharfen *chile de árbol* zubereitet. Man serviert den Eintopf in den irdenen Schalen, die für die Gegend typisch sind, und garniert ihn mit verschiedenen Gemüsen, wie Radieschen, Zwiebeln und Kohl, mit etwas Origano und natürlich mit Limonen.

Das zweite Gericht, für das Jalisco in ganz Mexiko berühmt wurde, ist *Birria.* Das unverwechselbare kräftige Aroma dieses Eintopfgerichts genießen die Städter ebenso wie die Bewohner der ländlichen Regionen. Für die Zubereitung wird Ziegen- oder Schaffleisch mit Chilis gewürzt, gekocht, zerfasert und in einer Tomaten-Fleisch-Brühe serviert. Als Kontrast streut man zum Abschluß noch rohe Zwiebeln und Korianderblätter darüber. Dieses Lieblingsgericht einer ganzen Region wird mit Tequila serviert – dem Getränk, das Jalisco der restlichen Welt zum Geschenk gemacht hat. Bereits Anfang des 19. Jahrhunderts destillierte die Familie Cuervo das starke Agavengetränk in der kleinen Stadt, nach der der Schnaps benannt ist. Auch die ebenso berühmte *Sangrita* ist in Jalisco zum erstenmal getrun-

ken worden. Sangrita berauscht nicht, aber sie schärft alle Sinne durch die großzügige Beimischung von *chile piquín* zu frischem Orangensaft.

An der südlichen Grenze von Jalisco schließt Colima an, der kleinste von Mexikos Küstenstaaten. Manzanillo gehört zu den Orten, die für den Jetset attraktiv sind, und die Restaurants bieten neben einer reichen Auswahl an Fischgerichten auch eine Reihe von Spezialitäten aus dem Landesinneren an, wie etwa kalte Kokossuppe.

In vielerlei Hinsicht – kein überzeugter Bewohner Colimas würde es jemals zugeben – ist diese Region, was Kultur und Küche anbelangt, Jalisco sehr ähnlich, nur daß in dem relativ isoliert liegenden Colima einheimische Traditionen vielleicht stärker intakt geblieben sind. Das wird auch der Grund gewesen sein, weshalb Juan Rulfo als Szenerie für »Pedro Páramo«, sein klassisches Porträt von Jaliscos Landleben, eine Stadt in Colima auswählte: Comala, das seinen gelassenen ländlichen Lebensstil bis heute bewahrt hat.

Der Charakter Colimas kommt am besten im Landesinneren zum Ausdruck – in den bescheidenen Pueblos am Fuße schneebedeckter Vulkane; in den Gastwirtschaften, wo am Sonntag großen, hungrigen Familien Imbisse serviert werden; in den Privathäusern, wo die üppigen Abendessen aus Gerichten zusammengesetzt sind, die zu Markenzeichen nicht nur der regionalen Küche wurden, zum Beispiel die sämigen Suppen und *Tatemado,* ein Fleischeintopf, der mit *chile pasilla,* Tomaten, Kreuzkümmel, Ingwer, Pfeffer und Lorbeerblättern gekocht wird. Begleitet werden diese Speisen von Getränken, die für Colima typisch sind, wie *Tuba,* ein mildes, fermentiertes, bierähnliches Gebräu aus Palmensaft, und *Agua de granada,* ein Getränk, das aus Granatäpfeln zubereitet wird. Der bekannte Kokosbrandy Colimas ist schon etwas kräftiger in der Wirkung. Aber die berauschendste Spezialität, die Colima zu bieten hat, ist die balsamische Luft, die – wie Rulfo geschrieben hat – erfüllt ist vom Duft »der Luzernen, des Brots (...), der Orangenblüten in der Wärme der Jahreszeit«.

Sopa verde
Grüne Suppe

Für die Brühe

2	Fischköpfe vom Schnapper oder Riesenzackenbarsch (oder von einem anderen Seebarsch)
I	Fischrückgrat
I	Fischschwanz
4	mittelgroße Karotten, geschält
½	Stange Lauch, in 4 Stücke geschnitten
I	weiße Rübe
I	weiße Zwiebel, geviertelt
4	Knoblauchzehen
10	Stengel Petersilie
4	Lorbeerblätter
10	schwarze Pfefferkörner
I	Tasse trockener Weißwein
5 I	Wasser
2	Eßlöffel Hühnerbrühenextrakt, oder Salz nach Belieben

Für die Sauce

64	mittelgroße Garnelen
6	chiles poblanos, geputzt (siehe Seite 16) und gehackt
2	Tassen gehackte Petersilie
I ½	Tassen gehackte frische Korianderblätter
½	Tasse epazote, nach Belieben
½	Tasse pürierte weiße Zwiebeln
6	Knoblauchzehen
⅓	Tasse Olivenöl
5	Eßlöffel Butter
	Salz und Pfeffer nach Belieben

Zum Garnieren

8	Limonen, halbiert

Zubereitung der Brühe: Wasser in einem Suppentopf zum Kochen bringen und Hühnerbrühenextrakt darin auflösen. Fischköpfe, Rückgrat und Schwanz hineingeben, dazu kommen Wein, Karotten, Lauch, weiße Rübe, Zwiebeln, Knoblauch, Petersilie, Lorbeerblätter und Pfefferkörner. Auf schwacher Hitze 1 ¼ Stunden kochen und abkühlen lassen.

Die Brühe durchseihen und die Gemüse aufbewahren. Etwa ¼ der Gemüse im Mixer pürieren und das Püree in der Brühe verrühren. Bis zum Siedepunkt erhitzen und leicht köcheln lassen.

Zubereitung der Sauce: Chilis, Petersilie, Korianderblätter, epazote, Zwiebeln und Knoblauch mit 3 Tassen Fischbrühe im Mixer pürieren. Öl und Butter in einem Topf erhitzen, die pürierten Zutaten hineingeben und so lange kochen, bis die Sauce sämig ist. Mit Salz und Pfeffer abschmecken. Die Garnelen hineingeben und 10 Minuten lang erhitzen. Die köchelnde Brühe angießen und nachwürzen. Noch ca. 25 Minuten simmern lassen.

Zum Servieren die Suppe in einer Terrine anrichten. Mit Limonen garnieren.

Ergibt 8 Portionen

Pozole jalisciense
Schweinefleischeintopf mit Maisgrütze

Dieser herzhafte Eintopf mit Schweinefleisch ist in ganz Mexiko sehr beliebt. Da es außerdem Maisgrütze und Gemüse enthält, ist das Gericht sehr nahrhaft und sättigend. In Jalisco werden zwei verschiedene Versionen zubereitet, weißer und roter Pozole.

Für die Maisgrütze

I kg	getrocknete Maiskörner
3	Eßlöffel gemahlener Kalkstein
2	weiße Zwiebeln, halbiert
4 I	Wasser

Seite 64/65: In mexikanischen Küchen wird viel Tongeschirr verwendet, wie etwa solche Terrinen aus Michoacán, in der hier Grüne Suppe angerichtet ist.

Für die Suppe

1 kg	Lendenstück vom Schwein, ausgelöst und in Würfel geschnitten
1	kleines Suppenhuhn, ca. 1 kg, küchenfertig und zerteilt
1 kg	Schweinskopf, gehackt
2	Suppenknochen vom Schwein, vorzugsweise aus der Schulter
2	Schweinsfüße, gereinigt und halbiert
500 g	Schweineschwarte mit Fett
9 l	Wasser
2	Knoblauchknollen, halbiert
2	weiße Zwiebeln, halbiert
	Salz nach Belieben

Zum Garnieren

1	Romana-Salat, zerpflückt
1½	Bund große Radieschen, in Scheiben geschnitten
3	große weiße Zwiebeln, fein gehackt
50–75 g	gemahlener chile piquín
50–75 g	getrockneter Origano
48	Mais-Tortillas vom Vortag, in Öl knusprig gebraten
2	Avocados
16	Limonen, halbiert

Zubereitung der Maisgrütze: In einem großen Topf Wasser zum Kochen bringen, Kalkstein, Zwiebeln und Maiskörner dazugeben und auf kleiner Flamme so lange kochen, bis sich die Hülsen von den Maiskörnern lösen lassen. Den Mais abgießen, waschen, Hülsen und harte Körnerenden entfernen.

Zubereitung der Suppe: Wasser in einem großen Topf erhitzen, die Maiskörner mit dem Knoblauch hineingeben und so lange kochen, bis die Körner aufquellen, dann den Knoblauch herausnehmen. Zwiebeln, Schweinefleisch und Hühnerteile dazugeben. Salzen und auf mittlerer Hitze ca. 1½ Stunden kochen lassen, bis das Fleisch gar ist. Eventuell Wasser nachgießen.

Zum Servieren den Pozole in Suppenschüsseln geben. Salat, Radieschen, Zwiebeln, Chilis, Origano, Tortillas, Avocados und Limonen in Schalen dazu reichen.

Zubereitung eines roten Pozole: 6 chiles anchos und 6 chiles guajillos 20 Minuten lang in Wasser einweichen. Die Chilis im Mixer mit 8 Knoblauchzehen, 1½ gehackten weißen Zwiebeln, 1 Teelöffel Origano und Salz pürieren. ½ Tasse Pflanzenöl oder Schmalz in einem Topf erhitzen und die pürierten Zutaten hineingeben. 35 Minuten kochen lassen und zusammen mit dem Fleisch in die Suppe geben.
Ergibt 16 Portionen

Charales
Kleine fritierte Fische

Charales sind kleine Fische, die zu Hunderten im Chapala-See in der Nähe von Guadalajara gefangen werden. In Eierteig getaucht und fritiert sind sie beliebte Appetithäppchen und werden oft von Straßenhändlern verkauft.

Für die Zubereitung der charales

2 kg	charales, ersatzweise kleine Sardinen
4	Eier, verquirlt
¼	Tasse Sahne oder Crème double
3	Tassen Mehl
3	Tassen Pflanzenöl
	Salz nach Belieben

Zum Garnieren

16	Limonen, halbiert

Die Fische waschen und gut abtropfen lassen. Die Eier mit der Sahne in einer Schüssel schlagen, das Mehl auf einem Teller verteilen. Die Fische in die Eiermischung tauchen und in dem Mehl wälzen. Das Öl in einer schweren Pfanne mit hohem Rand erhitzen und die charales etwa 8–10 Minuten fritieren, bis sie braun sind, dabei einmal wenden. Auf Küchenkrepp abtropfen lassen und salzen.

Zum Servieren die fritierten charales auf einer Platte anrichten und mit Limonen garnieren.
Ergibt 8 Portionen

Sopa de coco
Kalte Kokossuppe

Kokosnüsse, die im Küstenstaat Colima gedeihen, werden von Gabriel Gambou, dem Küchenchef des Restaurants ›Arrecife‹ in Manzanillo, zu einer köstlichen kalten Suppe verarbeitet, die auch als Vorspeise gereicht werden kann.

Für die Suppe
2	Tassen frisches geraspeltes Kokosmark
2	Tassen frische Kokosmilch und
	2 Tassen Kokosmilch aus der Dose
1 l	Milch
1½	Tassen süße Sahne
½	Tasse Zucker
	Salz nach Belieben

Zum Garnieren
Gemahlener Zimt

In einem mittelgroßen Topf die Milch zum Kochen bringen, etwas abkühlen lassen und das geraspelte Kokosmark hineinrühren. 20 Minuten lang simmern lassen.

Vom Herd nehmen und in einem Mixer pürieren. Kokosmilch (frische und aus der Dose) zugeben, mit Zucker und Salz würzen. Mit einem Schneebesen die Sahne hineinrühren und die Suppe 25 Minuten lang köcheln lassen, bis sie leicht dicklich wird. Sollte sie zu dickflüssig werden, etwas mehr Sahne angießen. Die Suppe im Eiswasserbad abkühlen lassen und in den Kühlschrank stellen.

Zum Servieren die eisgekühlte Suppe in halbierte Kokosnußschalen füllen und mit Zimt bestreuen.
Ergibt 8 Portionen

Pan frances
Französisches Brot

ca. 700 g	dunkles Weizenmehl, Type 1050
50 g	Trockenhefe
1	Eßlöffel Salz
1	Tasse warmes Wasser
6–8	Eßlöffel weiches Schmalz
3	Bananenblätter
	oder 3 Stück Aluminiumfolie

Hefe mit 1 Eßlöffel Mehl in Wasser auflösen und so lange stehenlassen, bis die Hefe Blasen wirft. Mit Mehl und Salz vermischen und kneten, bis der Teig weich und geschmeidig ist. In 2 oder 3 Portionen aufteilen, je nachdem, wie lang die Brotlaibe werden sollen. Mit Schmalz bestreichen und mit einem Küchentuch bedecken. An einen warmen, geschützten Ort stellen und ungefähr 45 Minuten lang gehen lassen, bis der Teig sein Volumen verdoppelt hat.

Jede Portion zur Mitte hin kneten, bis der Teig elastisch ist, und zu einem langen Brotlaib formen. Auf die Bananenblätter (bzw. Aluminiumfolie) oder eingefettete Backbleche legen und mit einem Küchentuch bedecken. Weitere 30–45 Minuten gehen lassen, bis die Laibe ihr Volumen verdoppelt haben. Die Brote mit einem Messer oder einer Rasierklinge an der Oberfläche einschneiden.

Den Backofen auf 175° C (Gasherd Stufe 2) vorheizen. Eine flache Bratpfanne mit Wasser füllen und auf den Boden des Ofens stellen. Die Brote 30 Minuten lang auf der mittleren Schiebeleiste backen, dabei nach 15 Minuten wenden, damit sie gleichmäßig braun werden.
Ergibt 2 oder 3 Brote

Colima ist berühmt für seinen Kokosschnaps, aber die Palmfrüchte werden nicht nur fermentiert. Eine köstliche kalte Suppe wird aus geraspeltem Kokosmark, Kokosmilch, Milch, Sahne und Zucker zubereitet.

Birria estilo Jalisco
Hammelfleischsuppe ›Jalisco‹

Die herzhafte Suppe (die den Kater vertreiben soll), wird in ganz Mexiko zum Brunch serviert, besonders beliebt ist sie aber im Staat Jalisco, wo einige Restaurants, sogenannte Birrerias auf die Zubereitung dieser Suppe spezialisiert sind.

Für die Zubereitung des Fleischs

1	Hammelkeule, ca. 3 kg, ausgelöst und in große Würfel geschnitten
½	Tasse Schmalz
	Außenhäute von 4 Agaven-›Blättern‹ oder 6 Bananenblätter, geröstet (siehe Seite 21), ersatzweise Pergamentpapier
3 kg	*masa,* mit ein wenig warmem Wasser und Salz geknetet

Für die Adobo-Paste

250 g	*chiles anchos,* geröstet und geputzt (siehe Seite 21)
200 g	*chiles guajillos,* geröstet und geputzt (siehe Seite 21)
1 l	Wasser
14	Knoblauchzehen
2½	weiße Zwiebeln, geviertelt
1	Teelöffel Kreuzkümmel
½	Teelöffel gemahlener Ingwer
1¼	Teelöffel getrockneter Origano
8	Nelken
15	Pimentkörner, gemahlen
1	Zimtstange, ca. 8 cm lang
3	frische Thymianzweige
4	Lorbeerblätter
	Salz nach Belieben

Für die Suppe

5	Fleischtomaten (ca. 1½ kg), gebrüht, enthäutet, entkernt und grob gewürfelt
1½	weiße Zwiebeln, grob gehackt
4	Knoblauchzehen
4 l	Hühnerbrühe (siehe Rezept Seite 202)
⅓	Tasse Pflanzenöl oder Schmalz
1	Teelöffel getrockneter Origano
	Salz nach Belieben

Zum Garnieren

1½	weiße Zwiebeln, fein gehackt
1	Tasse gehackte frische Korianderblätter
8–12	Limonen, halbiert

Zubereitung des Fleischs: Das Hammelfleisch mit Schmalz bestreichen und 30 Minuten lang ruhen lassen.
    Den Backofen auf 175° C (Gasherd Stufe 2) vorheizen.

Hammelfleischsuppe ›Jalisco‹ wird mit charales (siehe Rezept Seite 67) serviert.

Ein mexikanischer Cowboy in traditioneller Kleidung

Zubereitung der Adobo-Paste: Wasser in einem Topf erhitzen, *chiles anchos* und *guajillos* dazugeben und 20 Minuten lang simmern lassen. Die Chilis abgießen und das Kochwasser aufheben. In einem Mixer die Chilis mit Knoblauch, Zwiebeln, Kreuzkümmel, Ingwer, Origano, Nelken, Piment, Zimt, Thymian, Lorbeerblättern und Salz zu einer dicken Paste pürieren. Sollte sie zu dick werden, etwas von dem Kochwasser dazugeben. Die Paste auf das Hammelfleisch streichen und 30 Minuten lang ziehen lassen.

Um das Fleisch zu braten, einen großen Schmortopf mit Blättern auskleiden, das Hammelfleisch darauflegen und die Blätter über das Fleisch schlagen. Auf einem Stück Aluminiumfolie die *masa* groß genug ausrollen, um mit dem Teig den Schmortopf bedecken zu können. Die *masa* auf die Blätter legen und die Aluminiumfolie abziehen. Den Schmortopf im Backofen in ein Wasserbad stellen und das Hammelfleisch 3–4 Stunden lang garen lassen, bis es zart ist. Die Garzeit

hängt von der Qualität des Fleisches ab. Eventuell das Wasserbad wieder auffüllen.

Zubereitung der Suppe: Die Tomaten mit Zwiebeln, Knoblauch und Origano im Mixer pürieren. Öl oder Schmalz in einer großen Pfanne erhitzen und das Tomatenpüree hineingeben. Mit Salz würzen und 25 Minuten lang simmern lassen. Die Hühnerbrühe angießen und die Suppe weitere 25 Minuten lang kochen.

Das Hammelfleisch aus dem Ofen nehmen, *masa* und Blätter entfernen. Das noch heiße Fleisch mit zwei Gabeln zerfasern. Den Bratensaft abgießen und zur Suppe geben.

Zum Servieren das Hammelfleisch auf die Suppenschüsseln verteilen und die Suppe darüberschöpfen. Nach Belieben mit Zwiebeln, Korianderblättern und Limonen garnieren. Die Suppe wird oft mit Mais-Tortillas, Tequila und Sangrita serviert.

Ergibt 8–12 Portionen

Tacos a la crema
Tacos mit Sahne

Wenn Tacos knusprig gebraten und mit Sahne und Käse überzogen werden, nennt man sie auch *Flautas,* zu deutsch: Flöten.

Für die Tacos

24	Mais-Tortillas
3–4	große gekochte Kartoffeln, zerstampft
1 kg	Oaxaca, in dünne Streifen geschnitten, ersatzweise Mozzarella
	Pflanzenöl zum Fritieren

Für die grüne Sauce

14	*tomatillos,* die Hülsen entfernt
1	weiße Zwiebel, halbiert
5	Knoblauchzehen
4	*chiles serranos*
1	Tasse frische Korianderblätter
1	große Avocado
1½ l	Wasser
	Salz nach Belieben

Für die rote Sauce

3	Fleischtomaten (ca. 750 g)
1	weiße Zwiebel, in Scheiben geschnitten
6	Knoblauchzehen
2	*chiles chipotles,* 4 *chiles serranos* oder 2 *chiles jalapeños*
1½ l	Wasser
	Salz nach Belieben

Zum Garnieren

½	Tasse und 2 Teelöffel Crème fraîche
1	Tasse saure Sahne
½	Tasse Milch und Sahne zu gleichen Teilen
1½	Tassen zerkrümelter milder Feta

Zubereitung der Tacos: Die Tortillas auf einem *comal* oder in einer schweren Pfanne erhitzen. Etwas von den zerstampften Kartoffeln und Käsestreifen in die Mitte der Tortillas geben, zusammenrollen und mit einem Zahnstocher befestigen. (Die Tacos können bis zu diesem Punkt im voraus zubereitet und in einem Frischhaltebeutel im Kühlschrank aufbewahrt werden.)

Zubereitung der grünen Sauce: Das Wasser in einem Topf zum Kochen bringen, *tomatillos,* ½ Zwiebel, 3 Knoblauchzehen und Chilis hinzufügen. 30 Minuten lang kochen, vom Herd nehmen und abkühlen lassen. Die Zutaten abgießen (das Kochwasser aufheben) und mit ½ Zwiebel, 2 Knoblauchzehen, Korianderblättern und Avocado im Mixer pürieren. Mit Salz abschmecken. Sollte die Sauce zu dick geworden sein, mit etwas Kochwasser verdünnen.

Zubereitung der roten Sauce: Das Wasser in einem Topf zum Kochen bringen und die Tomaten mit der Hälfte der Zwiebelscheiben, 4 Knoblauchzehen und Chilis 25 Minuten lang kochen lassen, dann abgießen und das Kochwasser aufheben. Die gekochten Zutaten mit den restlichen Zwiebelscheiben und 2 Knoblauchzehen im Mixer pürieren. Mit Salz abschmecken. Etwas Kochwasser dazugeben, falls die Sauce zu dickflüssig geworden ist.

Öl in einem Fritiertopf erhitzen, bis es fast zu rauchen beginnt. Die Tacos darin knusprig braten, dabei einmal wenden; aus dem Fett heben und auf Küchenkrepp abtropfen lassen.

Zum Servieren jeweils drei Tacos auf den 8 Tellern anrichten. Auf die eine Seite die rote und auf die andere Seite die grüne Sauce geben. Crème fraîche mit saurer Sahne und der Milch-Sahne-Mischung verrühren und über die Tacos gießen. Mit Käse bestreuen und Tequila dazu servieren.
Ergibt 24 Tacos

Queso derretido
Geschmolzener Käse

Zu den Käsen, die in Jalisco hergestellt werden, gehören Panela, Asadero und Mennonitenkäse. Sie werden als Appetithäppchen oder als ein Hauptgang zusammen mit grünem Salat serviert.

Seite 72/73: Mit Sahne und Käse überzogene Tacos, die gefüllt, zusammengerollt und gebraten wurden, sind auf einem Keramikteller aus Tlaxcalteca angerichtet, der Tequila wird traditionsgemäß in einem mit Salz bekrusteten Glas serviert.

400 g Chiuhuahua, ersatzweise Raclette-Käse
        oder Munster
400 g Asadero, ersatzweise milder Feta
400 g Oaxaca, ersatzweise Mozzarella

Für die Sauce

1½ weiße Zwiebeln, gehackt
4   Fleischtomaten, gebrüht, enthäutet, entkernt
    und fein gewürfelt
5   *chiles serranos,* fein gehackt
1   Tasse feingehackte frische Korianderblätter
½   Teelöffel getrockneter Origano
¼   Tasse Limonensaft
    Salz nach Belieben

Zubereitung der Sauce: Die Zutaten in einer Schüssel verrühren und 1 Stunde lang ziehen lassen.

Den Backofen auf 175° C (Gasherd Stufe 2) vorheizen. 8 Tonschälchen oder Auflaufförmchen (Fassungsvermögen von ¾ Tasse) einfetten.

Zubereitung des Käses: Chihuahua, Asadero und Oaxaca zerkleinern und vermischen. Die Käsemischung auf die einzelnen Förmchen verteilen und so lange backen, bis der Käse geschmolzen ist und Blasen wirft.

Sofort mit der Sauce und warmen Mais- oder Weizenmehl-Tortillas servieren.
Ergibt 8 Portionen

Chiles rojos rellenos de queso blanco
Rote Chilis mit Frischkäsefüllung

16   *chiles anchos*

Für die Vinaigrette

3   weiße Zwiebeln, diagonal in dünne Scheiben
    geschnitten
3   Knoblauchzehen, gepreßt
1   Teelöffel getrockneter Origano
2   Lorbeerblätter

1   Teelöffel frisch gemahlener Pfeffer
     Salz nach Belieben
2   Eßlöffel Zucker
1⅓ Tassen milder Apfelessig oder Weinessig
½   Tasse Pflanzenöl
2   Tassen Olivenöl

Für die Füllung

2   Tassen Hüttenkäse
1½ Tassen zerkrümelter milder Feta
½   Tassen feingehackte weiße Zwiebeln
3   Eßlöffel Sahne
     Teelöffel frisch gemahlener Pfeffer

Zum Garnieren

16   Radieschen, in Blütenform geschnitten
16   Frühlingszwiebeln, in Blütenform geschnitten
1   weiße Zwiebel, diagonal in Scheiben geschnitten
1   Tasse zerkrümelter milder Feta

Zubereitung der Vinaigrette: In einem Topf Zwiebeln, Knoblauch, Origano, Lorbeerblätter, Pfeffer, Salz und Zucker mit Essig vermischen und 3 Minuten lang vorsichtig erhitzen. Vom Herd nehmen, Pflanzen- und Olivenöl dazugeben und mit einem Schneebesen verrühren. Zur Seite stellen.

Zubereitung der Chilis: Die Chilis in einer erhitzten schweren Pfanne leicht rösten, Samen und Zwischenwände entfernen und in der Vinaigrette zunächst ziehen lassen, dann auf mittlerer Hitze 15 Minuten lang kochen. Anschließend die Chilis herausnehmen, abkühlen und auf Küchenkrepp abtropfen lassen.

Zubereitung der Füllung: Hüttenkäse und zerkrümelten Feta vermischen, Zwiebeln, Sahne und Pfeffer dazugeben und gut verrühren. Die Chilis mit der Käsemischung füllen.

Die Chilis auf einer Platte anrichten und die Vinaigrette darübergießen. Mit Radieschen- und Zwiebelblüten, Zwiebelscheiben und Käse garnieren. Auf Zimmertemperatur oder gekühlt servieren.
Ergibt 8 Portionen

Chiles salteados estilo Los Arcos
Geschmorte Chilis ›Los Arcos‹

In irgendeiner Form gehören Chilis zu beinah jeder mexikanischen Mahlzeit. Dieses Rezept für geschmorte Chilis stammt von den Küchenchefs des Restaurants ›Los Arcos‹ in Culiacán.

24	*chiles caribes, amarillos* oder eine andere milde Sorte
24	Frühlingszwiebeln
¾	Tasse Olivenöl
1	Eßlöffel frisch gemahlener Pfeffer
	Salz nach Belieben

Eine schwere Bratpfanne erhitzen und die Chilis mit den Zwiebeln in etwas Öl ca. 4 Minuten lang darin schmoren, bis sie rundum hellbraun sind. Mehr Olivenöl darüberträufeln, salzen und pfeffern und vom Feuer nehmen. Zum Servieren jeweils 3 Chilis und 3 Zwiebeln auf Tellern anrichten.

Dazu paßt besonders gut Tequila, die in kleinen Kelchgläsern gereicht wird. Die Ränder der Gläser werden mit Wasser benetzt und in Salz oder in eine Mischung aus Salz und gemahlenem *chile piquín* getaucht, dann mit Tequila gefüllt und mit Limonenhälften garniert.
Ergibt 8 Portionen

Arroz blanco con rajas a la crema
Weißer Reis mit Chilis und Sahnesauce

Dieses Rezept stammt von den Küchenchefs des Restaurants ›Las Palomas‹ im Badeort Puerto Vallarta.

1	Rezepteinheit ›Arroz del Monton‹ (siehe Rezept Seite 202)
2	Tassen geschälte, feingehackte und 8 Minuten lang in Salzwasser gekochte Karotten

Für die Sauce

4	mittelgroße weiße Zwiebeln, diagonal in Scheiben geschnitten
14	*chiles poblanos,* vorbehandelt (siehe Seite 16) und in dünne Streifen geschnitten
½	Tasse Olivenöl
5	Eßlöffel Butter
½	Teelöffel frisch gemahlener Pfeffer
	Salz nach Belieben
1	Tasse Sahne oder Crème double
2	Tassen Crème fraîche oder saure Sahne
½	Tasse Milch und Sahne zu gleichen Teilen

Zum Garnieren

½	Tasse gehackte Petersilie

Den Reis wie im Rezept angegeben zubereiten und die Karotten unterheben.

Zubereitung der Sauce: Öl und Butter in einem Topf erhitzen und die Zwiebeln darin glasig schmoren. Chilis dazugeben und weitere 10 Minuten schmoren. Mit Salz und Pfeffer abschmecken. Sahne, Crème fraîche und Milch-Sahne-Mischung zufügen und auf schwacher Hitze 15–20 Minuten weiterkochen lassen, bis die Sauce dicklich wird.

Zum Servieren den Reis auf einer Platte anrichten und die Sauce darübergießen. Mit Petersilie bestreuen.
Ergibt 8 Portionen

Rote Sangrita (siehe Rezept Seite 98), ein ausgezeichnetes Gegenmittel für Tequila, zusammen mit geschmorten Chilis ›Los Arcos‹

Enchiladas al Tizoc
Enchiladas ›Tizoc‹

Für die Sauce
4	*chiles anchos*
5	*chiles guajillos*, geröstet und geputzt (siehe Seite 21)
2	*chiles de árbol*
1 l	heißes Wasser
½	Tasse Essig
6	Knoblauchzehen
1	weiße Zwiebel, grob gehackt
½	Teelöffel Kreuzkümmel
1	Teelöffel frisch gemahlener Pfeffer
1	Teelöffel getrockneter Origano
	Salz nach Belieben

Für die Enchiladas
24	dünne Mais-Tortillas
1½	Tassen Pflanzenöl

Zum Garnieren
½	Tasse saure Sahne oder Crème double
¾	Tasse Milch und Sahne zu gleichen Teilen
2	Tassen zerkrümelter Feta oder Ricotta
1	Tasse feingehacktes Frühlingszwiebelgrün

Zubereitung der Sauce: *Chiles anchos, guajillos* und *de árbol* in einer Mischung aus heißem Wasser und Essig 1 Stunde lang einweichen. Abgießen und das Wasser aufbewahren. Die Chilis mit Knoblauch, Zwiebeln, Kreuzkümmel, Pfeffer, Origano und Salz im Mixer pürieren. Gerade so viel Wasser dazugießen, daß die Sauce eine leicht dickliche Konsistenz bekommt. In eine flache Schale füllen.

Zubereitung der Enchiladas: Eine schwere Bratpfanne erhitzen, Öl hineingeben, die Tortillas in die Sauce tauchen und sofort auf beiden Seiten kurz im heißen Öl braten (sie sollten nicht kroß werden). Die Tortillas einmal zusammenfalten, aufrollen und aus dem Öl nehmen. Auf diese Weise fortfahren, bis alle Tortillas gebraten sind. Eventuell während des Bratens weiteres Öl in die Pfanne geben.

Die Enchiladas auf einer Servierplatte oder jeweils 3 auf Tellern anrichten. Die saure Sahne mit der Milch-Sahne-Mischung verrühren und über die Enchiladas gießen. Mit Käse und Zwiebeln bestreuen.

Sofort servieren. In Mexiko werden gerne Bohnen dazu gereicht.
Ergibt 8 Portionen

Tacos de Escuinapa
Tacos aus Escuinapa

Die Garnelenfänger von Escuinapa beuten weite Fanggründe aus und versorgen das ganze Dorf mit den köstlichen Krustentieren.

Für die Tortillas
1 kg	frische *masa* oder aus *masa harina* zubereitete *masa* (siehe Seite 10)
	Salz nach Belieben
	Pflanzenöl zum Braten

Für die Füllung
750 g	Garnelen, ausgelöst und fein gehackt
4	*chiles cuaresmeños* oder *jalapeños*, fein gehackt
5	Fleischtomaten (1–1½ kg), fein gehackt
30	Stengel frischer Koriander im Bund
1½	weiße Zwiebeln, fein gehackt
4	Knoblauchzehen
¾	Tasse Pflanzenöl
	Salz nach Belieben

Für die Sauce
4	Tomaten, geviertelt
1	große weiße Zwiebel, halbiert
5	Knoblauchzehen
⅓	Tasse Pflanzenöl
5	Tassen Fischbrühe (siehe Rezept Seite 214)
	Salz nach Belieben

Zum Garnieren

10	Karotten, geschält und in feine Streifen geschnitten
1½	weiße Zwiebeln, in Ringe geschnitten
½	Kohlkopf, in feine Streifen geschnitten
1 l	Wasser
½	Tasse Essig
2	frische Thymianzweige oder 1 Messerspitze getrockneter Thymian
3	Lorbeerblätter
2	Stengel frischer Majoran oder 1 Messerspitze getrockneter Majoran
1	Teelöffel Zucker
1	Teelöffel Pfeffer
	Salz nach Belieben

Zubereitung der Tortillas: *Masa* in einer Schüssel mit etwas Wasser und Salz vermischen und zu einem elastischen Teig verarbeiten, der so lange weitergeknetet wird, bis die *masa* einen festen Ball bildet.

In einer Tortilla-Presse Tortillas mit einem Durchmesser von ca. 11 cm herstellen (siehe Seite 10). Die Tortillas auf einem heißen *comal* oder in einer heißen schweren Pfanne backen, bis sie sich über die gesamte Fläche aufblähen (dazu mit einem trockenen Geschirrtuch leicht auf die Teigoberfläche drücken). Die dünne obere Schicht mit einem scharfen Messer vorsichtig entfernen, dabei darauf achten, daß die Tortillas nicht durchstochen werden. Die dünnen Schichten zur Seite legen, um daraus die Tacos zuzubereiten. (Die dicken Bodenschichten aufbewahren, um daraus Tostadas, Tortilla-Suppe oder Machucas herzustellen).

Zubereitung der Füllung: Öl in einer Pfanne erhitzen, Knoblauch darin bräunen und herausnehmen, Zwiebeln glasig dünsten und Garnelen, Chilis, Tomaten, Koriander und Salz zufügen. Die Mischung so lange kochen, daß sie sämig wird.

Zubereitung der Sauce: Tomaten, Zwiebeln und Knoblauch im Mixer pürieren und anschließend durch ein Sieb passieren. Öl in einem Topf erhitzen und die Tomatenmischung dazugeben. Mit Salz abschmecken und so lange kochen, bis die meiste Flüssigkeit verdampft ist. Dann die Fischbrühe angießen und 30 Minuten lang kochen. Eventuell nachsalzen. Die Sauce sollte die Konsistenz einer leichten Brühe haben. Warm stellen.

Zubereitung der Garnierung: Wasser in einem Topf zum Kochen bringen und Thymian, Lorbeerblätter, Majoran, Zucker, Pfeffer und Salz dazugeben. Die Karotten 6–8 Minuten im kochenden Wasser garen, abgießen und zur Seite stellen.

Öl in einer schweren Pfanne mit hohem Rand erhitzen. Wenn die Tortillas kalt sind, müssen sie aufgewärmt werden, damit sie beim Zusammenfalten nicht brechen. 1½–2 Eßlöffel Füllung auf jede Tortilla geben. Die Tortillas auf die Hälfte zusammenfalten und von beiden Seiten in Öl schwimmend braten, bis sie kroß sind. Aus dem Öl nehmen und auf Küchenkrepp abtropfen lassen.

Die Tacos auf einzelnen Tellern anrichten und großzügig mit Sauce, ungefähr ¾ Tasse pro Teller, übergießen. Mit Karotten, Zwiebeln und Kohl garnieren und sofort servieren. Ergibt etwa 24 Tacos

Mit Garnelen gefüllte Tacos aus Escuinapa, garniert mit Zwiebeln, Karotten und Kohl, ergeben ein köstliches leichtes Abendessen.

Romeritos

Romeritos mit Garnelenbällchen in Mole ist ein Festessen, das hauptsächlich zu Weihnachten oder in der Fastenzeit serviert wird. Das außerhalb Mexikos nur sehr selten zu bekommende Gemüse kann recht gut durch Spinat ersetzt werden.

1 kg	frische *romeritos* oder Blattspinat, fein gehackt, 8 Minuten in Salzwasser gekocht, 2 Minuten in kaltem Salzwasser abgeschreckt und gut ausgedrückt
24	neue rote Kartoffeln, 8 Minuten in Salzwasser gekocht und geschält
2	Tassen *nopales* (Kaktus-›Blätter‹), 25 Minuten in Salzwasser mit Knoblauch gekocht, gehackt und 2 Minuten in kaltem Wasser eingeweicht; ersatzweise aus der Dose

Für die Sauce

2	Tassen Schmalz
2	weiße Zwiebeln, in Scheiben geschnitten
6	Knoblauchzehen
4	*chiles anchos*, geputzt (siehe Seite 21)
2	*chiles mulatos*, geputzt (siehe Seite 21)
2	*chiles pasillas*, geputzt (siehe Seite 21)
½	Tasse Rosinen
1	Tasse entsteinte Backpflaumen
½	Tasse leicht gerösteter Sesamsamen
24	frische Mandeln, enthäutet
30	frische Erdnüsse, enthäutet
4	Nelken
6	schwarze Pfefferkörner
1	Zimtstange, 5 cm lang
2	Tassen Hühnerbrühe (siehe Rezept Seite 202)
½	Kochbanane, in Scheiben geschnitten und gebraten
½	Tasse geröstete Semmelbrösel
20	Stengel frischer Koriander
	Salz nach Belieben

Für die Garnelenbällchen

2½	Tassen getrocknete Garnelen, Köpfe und Schwänze entfernt, leicht geröstet und ausgelöst
⅔	Tasse feinzerkrümeltes Weißbrot
⅔	Tasse geriebener *queso anejo*, ersatzweise Parmesan oder Pecorino romano
10	Eiweiß
10	Eigelb, verquirlt
3	Tassen Pflanzenöl

Zubereitung der Sauce: In einem Schmortopf etwas Schmalz erhitzen, die Zwiebeln (bis auf 2 Scheiben) mit Knoblauch darin schmoren, herausnehmen und zur Seite stellen. *Chiles anchos, mulatos* und *pasillas* in das Schmalz geben, leicht bräunen und herausnehmen. Mehr Schmalz hinzufügen und Rosinen, Backpflaumen, Sesam, Mandeln und Erdnüsse darin braten. Aus dem Fett nehmen und abtropfen lassen. Erneut Schmalz in den Topf geben und darin Nelken, Pfefferkörner und Zimt leicht braten. Alle gebratenen Zutaten mit etwa ½ Tasse Hühnerbrühe im Mixer pürieren. Die halbe Kochbanane und die gerösteten Semmelbrösel hineingeben und ebenfalls pürieren.

In einem großen Topf das restliche Schmalz erhitzen und die zurückbehaltenen Zwiebelscheiben darin bräunen. Langsam die pürierte Sauce und Salz dazugeben. 1 Stunde lang simmern lassen, dann die restliche Brühe und den frischen Koriander hineinrühren. Wenn die Sauce zu dickflüssig wird, mit etwas Brühe oder Wasser verdünnen. Auf schwacher Hitze etwa 1 Stunde lang kochen lassen.

Zubereitung der Garnelenbällchen: Die Garnelen mit den Weißbrotkrümeln im Mixer pürieren, dann den Käse untermischen. Das Eiweiß zu Schnee schlagen und Eigelb, anschließend Garnelenpüree unterziehen.

Öl in einer schweren Pfanne mit hohem Rand erhitzen. Eßlöffelgroße Portionen von der Mischung in die Pfanne geben und etwa 8 Minuten rundum braten, bis die Bällchen goldbraun sind (nicht zu viele Portionen auf einmal braten). Die fertigen Garnelenbällchen auf Küchenkrepp abtropfen lassen und so lange auf diese Weise fortfahren, bis die ganze Mischung verbraucht ist.

Die Garnelenbällchen in die heiße Sauce geben, *romeritos*, Kartoffeln und *nopales* dazufügen. 25 Minuten lang auf sehr schwacher Hitze ziehen lassen.

Zum Servieren die Garnelenbällchen mit Gemüse auf einer großen Platte anrichten und weißen Reis dazu reichen.
Ergibt 8 Portionen

Getrocknete Garnelen werden in der mexikanischen Küche auf verschiedene Art zubereitet, in einer Mole etwa reicht man sie püriert und mit viel Ei zu Bällchen gebacken zusammen mit romeritos.

Ensalada de sierra ahumada de Mazatlán
Salat mit geräuchertem Fisch ›Mazatlán‹

Die Küche von Mazatlán zeichnet sich durch den verschwenderischen Gebrauch von Gewürzen und Kräutern für Fisch und andere Meerestiere aus. Spanische Makrele (Sierra) wird auf zwei Arten geräuchert, entweder im Ofen mit Sägemehl als Brennstoff, oder über einem Mesquite-Feuer, wobei der Fisch mit Salzlake eingepinselt wird. Diese beiden Methoden erzeugen ganz unterschiedliche Aromen.

500 g frischer Spinat, die dicken Stengel entfernt
1   Kopf Romana-Salat

Für die Vinaigrette

¾   Tasse Apfelessig
3   Knoblauchzehen
1   Eßlöffel frisch gemahlener Pfeffer
       Salz nach Belieben

1   Teelöffel Zucker
1   Avocado, geschält
1½   Tassen Olivenöl
6   Eßlöffel feingehacktes Frühlingszwiebelgrün

Zum Garnieren

500 g geräucherte Spanische Makrele, grob zerfasert
2   Tassen halbierte Cherry- oder Cocktail-Tomaten
16   Frühlingszwiebeln, halbiert und in Eiswasser 2 Stunden lang eingeweicht.

Spinat und Salat waschen, abtropfen und in einem Küchentuch kräftig ausschwingen. In mundgerechte Stücke zerpflücken und 3 Stunden lang in den Kühlschrank legen, bis sie sehr knackig sind.

Zubereitung der Vinaigrette: Essig, Knoblauch, Pfeffer, Salz, Zucker, Avocado und Öl im Mixer pürieren. Nachwürzen und das Zwiebelgrün hineinrühren. 2 Stunden lang kühl stellen.

Sierra (Spanische Makrele) wird, ebenso wie viele andere Fischsorten, gern geräuchert als Appetithäppchen oder in Salaten gegessen.

Zum Servieren Salat und Spinat auf Tellern anrichten. Mit Fisch, Tomaten und Zwiebeln garnieren. Die Vinaigrette entweder kurz vor dem Servieren über den Salat gießen, oder getrennt dazu reichen.
Ergibt 8 Portionen

Camarones rellenos Culiacán
Gefüllte Garnelen ›Culiacán‹

Der Staat Sinaloa ist berühmt für die Qualität und Frische seiner Garnelen. Weit vor der Küste werden verschiedene Sorten gefangen, von kleinsten Babygarnelen bis zu King Prawns (Riesengarnelen).

Für die Zubereitung der Garnelen
48	große Garnelen, ausgelöst, geputzt, der Länge nach aufgeschnitten und auseinandergebreitet
1	Eßlöffel frisch gemahlener Pfeffer
3	Tassen in feine Streifen geschnittener Chihuahua, ersatzweise frischer Gouda
96	dünne Scheiben durchwachsener Speck
½	Tasse geklärte Butter
⅓	Tasse Olivenöl

Für die Sauce
2	Tassen saure Sahne
2	Knoblauchzehen
2	*chiles chipotles* aus der Dose oder 200 g eingelegte *chiles jalapeños,* fein gehackt
1	Teelöffel Pfeffer
	Salz nach Belieben

Zum Garnieren
4	kleine Orangen, halbiert und das Fruchtfleisch herausgelöst
8	Stengel Petersilie
8	Babygarnelen (nicht ausgelöst), 4 Minuten in Salzwasser gekocht
8	Limonen, halbiert

Zubereitung der Garnelen: Jede aufgeschnittene Garnele mit Pfeffer und 1 Teelöffel Käse bestreuen, zusammenklappen und mit 2 Scheiben Speck umwickeln. Die Speckstreifen mit einem Zahnstocher feststecken. 2 Stunden im Kühlschrank ruhen lassen.

Garnelen, mit einem milden Käse gefüllt und in Speck eingewickelt, sind fertig vorbereitet, um als gefüllte Garnelen ›Culiacán‹ gebraten zu werden.

Zubereitung der Sauce: Alle Zutaten in einem Mixer pürieren und 2 Stunden lang kühl stellen.

Eine große schwere Pfanne erhitzen, etwas Butter oder Öl hineingeben und die Garnelen portionsweise 4 Minuten lang darin braten. Anschließend wenden und mit Butter bepinseln. Weitere 6 Minuten lang braten. Die Garnelen vom Herd nehmen und auf Küchenkrepp abtropfen lassen.

Zum Servieren auf die Teller jeweils eine Orangenhälfte legen. Etwas Sauce hineinfüllen, mit Petersilie bestreuen und mit je 1 Babygarnele dekorieren. Jeweils 6 gefüllte Garnelen nebeneinander auf die Teller legen und mit Limonen garnieren.
Ergibt 8 Portionen

Garnelen-Ceviche, eine Variation des berühmten mexikanischen Cocktails aus mariniertem rohem Fisch

Ceviche de camarón
Garnelen-Ceviche

Garnelen, die in Gebieten gefangen werden, wo Süß- und Salzwasser zusammenfließen, haben ein ungewöhnliches Aroma. Dieses Rezept stammt von den Garnelenfängern der Genossenschaft in Escuinapa.

160 Barbón- oder Süßwassergarnelen,
     ausgelöst und geputzt

Für die Marinade

1½ l Wasser
1 l   Limonensaft
3   Tassen rote Zwiebeln, gehackt
      Sojasauce nach Belieben
      Salz und frisch gemahlener Pfeffer
      nach Belieben

Zum Garnieren

2 rote Zwiebeln, diagonal in Scheiben geschnitten
4 Gurken, längs halbiert, entkernt und schräg in
   Scheiben geschnitten
   frisch gemahlener Pfeffer nach Belieben
   Tabasco- oder Guacamaya-Sauce nach Belieben
8 Limonen, halbiert

Die Garnelen waschen und in eine Schüssel füllen. Wasser, Limonensaft, Zwiebeln, Sojasauce, Salz und Pfeffer dazugeben und 3 Minuten lang marinieren. (Wenn tiefgefrorene Garnelen verwendet werden, müssen sie 20 Minuten lang mariniert werden.)

Zum Servieren die Zwiebel- und Gurkenscheiben auf den einzelnen Tellern anrichten, die marinierten Garnelen darauf verteilen und mit Pfeffer sowie Tabasco-Sauce beträufeln. Mit Limonen garnieren. Tostadas und eisgekühltes Bier dazu reichen. Ergibt 8 Portionen

Garnelen mit Käse, Paprikaschoten und Zwiebeln

Camarones al queso con pimientos y cebolla
Garnelen mit Käse, Paprikaschoten und Zwiebeln

Dieses Gericht wird im ›Mexico Lindo‹, einem Restaurant im Hafen von Manzanillo, serviert.

Für die Zubereitung der Garnelen

48	mittelgroße Garnelen, ausgelöst und geputzt
3	große weiße Zwiebeln, diagonal in Scheiben geschnitten
5	rote Paprikaschoten, geröstet (siehe Seite 21) und in Streifen geschnitten
5	grüne Paprikaschoten, geröstet (siehe Seite 21) und in Streifen geschnitten
¾	Tasse Olivenöl
½	Tasse Butter

Zum Gratinieren

400 g	Oaxaca, in Scheiben, ersatzweise Mozzarella
400 g	Raclette-Käse, in Scheiben

Den Backofen auf 175° C (Gasherd Stufe 2) vorheizen. 8 kleine Tonschalen oder Auflaufförmchen einfetten.

Öl und Butter in einer Pfanne erhitzen, Zwiebeln darin bräunen, rote und grüne Paprika dazugeben und auf kleiner Flamme 15 Minuten lang schmoren lassen. Mit Salz und Pfeffer abschmecken. Die Garnelen hineingeben, 5 Minuten lang garen lassen und nachwürzen.

Die Gemüse-Garnelen-Mischung auf die einzelnen Schalen verteilen, mit Käse bedecken und ungefähr 20 Minuten gratinieren, bis der Käse geschmolzen ist.
Ergibt 8 Portionen

*Garnelen-Tamales ›Barbón‹ werden in Maishülsenblätter einge-
wickelt und dann etwa eine Stunde lang über Dampf gegart, bis
sich die Hülsenblätter leicht abziehen lassen.*

Tamal de camarón estilo Barbón
Garnelen-Tamales ›Barbón‹

ca. 70 getrocknete Maishülsenblätter

Für den Teig

1 kg   frische *masa* oder aus *masa harina* zubereitete
        masa (siehe Seite 10)

1½–2 Eßlöffel Salz, nach Belieben
1½   Tassen Fischbrühe (siehe Rezept Seite 214)
500 g Schmalz

Für die Füllung

1 kg   kleine Garnelen, ausgelöst und geputzt
6   Knoblauchzehen, gepreßt
2   weiße Zwiebeln, fein gehackt
6   *chiles anchos,* geröstet, geputzt und 15 Minuten lang
       in heißem Wasser eingeweicht (siehe Seite 21)
4   *chiles guajillos,* geröstet, geputzt und 15 Minuten lang
       in heißem Wasser eingeweicht (siehe Seite 21)
6   Tomaten (ca. 1½ kg), gebrüht, enthäutet, entkernt
       und fein gewürfelt
1   Tasse Olivenöl oder Schmalz
1½   Teelöffel gemahlener Kreuzkümmel
1½   Teelöffel frisch gemahlener Pfeffer
       Salz nach Belieben

Zubereitung der Maishülsenblätter: Die Blätter über Nacht in
Wasser einweichen, vor Gebrauch abspülen und die Spitzen
abschneiden.

Zubereitung des Teigs: *Masa* und Salz in eine Schüssel geben. Eßlöffelweise die Fischbrühe einarbeiten und den Teig
kneten, bis er glatt ist (er sollte leicht salzig sein). Mit der Hand
oder einem elektrischen Handrührgerät das Schmalz etwa 10
Minuten lang schlagen, bis es leicht und geschmeidig ist. Nach
und nach den Teig in das Schmalz rühren. Weitere 25 Minuten schlagen, bis er so leicht ist, daß eine kleine Teigprobe auf
Wasser schwimmt.

Zubereitung der Füllung: Öl in einem Topf erhitzen, Knoblauch und Zwiebeln hineingeben und bräunen. Die Chilis
abgießen, abtropfen lassen und mit etwas Einweichwasser im
Mixer pürieren. Das Püree zusammen mit den Tomaten in
den Topf geben und mit Kreuzkümmel, Pfeffer und Salz
würzen. Auf mittlerer Hitze ca. 40 Minuten lang kochen lassen. Die Garnelen zufügen und weitere 10 Minuten lang
kochen, bis die Sauce eindickt. Abschließend eventuell nachwürzen.

Zwei Maishülsenblätter so nebeneinander legen, daß die Längskanten einander überlappen und bis zu den Rändern mit 1½ Eßlöffeln Teig bestreichen. 1 Löffel Füllung mit 2 oder 3 Garnelen darauf verteilen, dann die Blätter zunächst der Länge nach, anschließend die Schmalseiten zur Mitte zusammenfalten. Mit einem Bindfaden oder dünnen, aus Hülsenblättern zugeschnittenen Streifen zusammenbinden.

In einem Dampfkochtopf 1½ l Wasser zum Kochen bringen (wenn eine hineingelegte Münze aufhört zu klappern, ist das Wasser verdampft). Den Dämpfeinsatz mit einer Schicht Maishülsenblätter auslegen und die Tamales aufrecht hineinstellen. Mit einer Schicht Hülsenblätter und einem feuchten Küchentuch bedecken. Den Dampfkochtopf verschließen und die Tamales ca. 1 Stunde garen, bis die Hülsenblätter leicht vom Teig abgezogen werden können.

Zum Servieren die Tamales dampfendheiß auf einer Platte anrichten und heißen Kaffee dazu reichen.
Ergibt etwa 30 Tamales

Weizenmehl-Tortillas passen gut zu kleingehackten Garnelen, die hier auf einem handgewebten Tischtuch aus Chiapas serviert werden.

Machaca de camarón
Kleingehackte Garnelen mit Tomaten

Diese schmackhafte Vorspeise ist außerhalb von Sinaloa fast unbekannt.

80	mittelgroße Garnelen, ausgelöst, geputzt und fein gehackt
20	mittelgroße Tomaten, gebrüht, enthäutet, entkernt und gewürfelt
4½	Tassen feingehackte weiße Zwiebeln
12	*chiles serranos*, fein gehackt
1	Tasse Olivenöl
¾	Tasse Butter
½	Teelöffel frisch gemahlener Pfeffer
	Salz nach Belieben

Öl und Butter in einer Pfanne erhitzen, Zwiebeln hineingeben und leicht bräunen. Chilis und Tomaten hinzufügen und simmern lassen, bis die Mischung dicklich zu werden beginnt.

Die Garnelen unterrühren und 25–30 Minuten auf schwacher Hitze köcheln lassen. Mit Salz und Pfeffer abschmecken.

Das fertige Gericht auf einer großen Platte anrichten und mit frischen, heißen Tortillas servieren.
Ergibt 8 Portionen

Seebarsch aus Sinaloa, frisch vom Markt

Callos de lobina estilo Culiacán
Mariniertes Seebarschfilet ›Culiacán‹

3 kg   Seebarschfilets, in ca. 2,5 cm große Würfel geschnitten
grobkörniges Salz nach Belieben
zerstoßene Eiswürfel

Für die Marinade
3 l   Wasser
1 l   Limonensaft
Eiswürfel

Für die Sauce
1   Tasse *chiles piquíns*
12   Knoblauchzehen
4   Tomaten, geröstet (siehe Seite 21)
1   Eßlöffel getrockneter Origano
1   Teelöffel Pfeffer
1   Teelöffel Kreuzkümmel

1   Teelöffel gemahlener Ingwer
Salz nach Belieben
1–1½ l Fischbrühe (siehe Rezept Seite 214)
oder Wasser

Zum Garnieren
4   rote Zwiebeln, diagonal in Scheiben geschnitten
4   Gurken, längs halbiert, entkernt und schräg
in Scheiben geschnitten
Sojasauce nach Belieben
Tabasco- oder Guacamaya-Sauce, nach Belieben
Salz und frisch gemahlener Pfeffer nach Belieben
8   Limonen, halbiert

Zubereitung des Fischs: Einen Tag vor dem Servieren eine große Schüssel mit einem Tuch auslegen, eine Lage Salz, eine Lage Fischfiletwürfel und eine Lage Eis hineinschichten und so fortfahren, bis der ganze Fisch verbraucht ist. Die Enden des Tuchs über den Filets zusammenbinden und die Schüssel über Nacht in den Kühlschrank stellen.

Zubereitung der Marinade: Wasser und Limonensaft in einer Schüssel vermischen. Eiswürfel in eine große Schüssel geben und die Marinade 1½ Stunden auf dem Eisbett kühlen.

Zubereitung der Sauce: Eine schwere Pfanne erhitzen und die Chilis 1½ Minuten darin rösten, bis sie außen verbrannt sind. Aus der Pfanne nehmen, enthäuten, in einer *molcajete* oder einem Mixer pürieren und mit Knoblauch, Tomaten, Origano, Pfeffer, Kreuzkümmel, Ingwer und Salz gut vermischen. Die Fischbrühe unterrühren und nachwürzen.

Die Fischfiletwürfel abtropfen lassen, unter fließendem Wasser abspülen und erneut gut abtropfen lassen.

Zum Servieren auf den Tellern ein Bett von Zwiebel- und Gurkenscheiben herrichten. 16 Fischstücke in der Marinade 2–3 Minuten ziehen lassen, herausnehmen und abtropfen lassen. Die Filetstücke auf der Garnierung anrichten, etwas Marinade und Chilisauce darübergießen, mit Sojasauce und Tabasco beträufeln und mit Pfeffer und Salz bestreuen. Mit dem restlichen Fisch ebenso verfahren. Die Teller mit Limonen dekorieren und sofort auftragen.
Ergibt 8 Portionen

Würfel von mariniertem Seebarschfilet sind hier mit farbenprächtigen roten Zwiebeln, Gurken und scharfer Tabasco-Sauce nach Art von Culiacán angerichtet.

Lomo de puerco en salsa de ciruela
Schweineschmorbraten in Pflaumensauce

Für die Zubereitung des Fleischs

1½ kg	Lendenstück vom Schwein
1½	weiße Zwiebeln
6	Knoblauchzehen
1	Teelöffel frisch gemahlener Pfeffer
	Salz nach Belieben

Für die Sauce

8	chiles anchos, geröstet, geputzt und 20 Minuten lang in Wasser eingeweicht (siehe Seite 21)
4	chiles pasillas, geröstet, geputzt und 20 Minuten lang in Wasser eingeweicht (siehe Seite 21)
4	chiles mulatos, geröstet, geputzt und 20 Minuten lang in Wasser eingeweicht (siehe Seite 21)
2	weiße Zwiebeln, halbiert und geröstet (siehe Seite 21) und 2 Zwiebelscheiben
6	Knoblauchzehen, geröstet (siehe Seite 21)
1	Tomate, geröstet (siehe Seite 21) und gewürfelt
2¼-2¾	Tassen Schmalz
8	tomatillos, die Hülsen entfernt
½	Tasse frische Mandeln, enthäutet
½	Tasse frische Erdnüsse, enthäutet
3	Eßlöffel Sesamsamen
3	Tassen entsteinte Backpflaumen
8	Nelken
14	schwarze Pfefferkörner
1	Zimtstange, ca. 6 cm lang
½	Croissant
½	Tasse Apfelessig
	Salz nach Belieben
11	Hühnerbrühe (siehe Rezept Seite 202)

Zum Garnieren

8	Frühlingszwiebeln, in Blütenform geschnitten
8	Radieschen, in Blütenform geschnitten

Zubereitung des Fleischs: Zwiebeln, Knoblauch, Salz und Pfeffer im Mixer pürieren und das Schweinefleisch mit der Würzmischung einreiben. 2 Stunden lang im Kühlschrank marinieren.

Inzwischen die Sauce zubereiten: Die Chilis abgießen und das Einweichwasser aufbewahren. Chilis, Zwiebeln, Knoblauch und Tomaten in einem Mixer pürieren. Mit etwas Einweichwasser verdünnen und zur Seite stellen.

Etwas Schmalz in einer Pfanne erhitzen, die tomatillos darin kurz anbraten und herausnehmen. Mit weiterem Schmalz Mandeln, Erdnüsse, Sesamsamen, Backpflaumen, Nelken, Pfefferkörner, Zimt und Croissant kurz anbraten, dann aus dem Fett nehmen und abtropfen lassen. Die gebratenen Zutaten mit Essig und etwas Wasser im Mixer zu einer dicken Paste pürieren. Das restliche Schmalz erhitzen und die Zwiebelscheiben und tomatillo-Sauce hineingeben. Die Sauce 20–30 Minuten kochen lassen, anschließend die Chilimischung unterrühren und auf schwacher Hitze 1 Stunde simmern. Mit Salz abschmecken und nach und nach 2 Tassen Hühnerbrühe angießen.

Den Ofen auf 175° C (Gasherd Stufe 2) vorheizen.

Das Schweinefleisch in einen Bräter legen, 4 Tassen Sauce und ½ Tasse Hühnerbrühe darübergießen und 1½ Stunden schmoren, bis das Fleisch gar ist. Während des Garens mehrmals mit dem Bratensud bepinseln. Aus dem Ofen nehmen und 30 Minuten lang abkühlen, bevor es dünn aufgeschnitten wird. Den Bratenfond aufbewahren.

Den Bratenfond, die restliche Sauce und 1½ Tassen Hühnerbrühe verrühren. Die Bratensauce sollte eher dünnflüssig sein, daher eventuell etwas mehr Hühnerbrühe dazugeben.

Zum Servieren das Schweinefleisch in Scheiben auf einer Platte anrichten. Etwas Bratensauce darübergießen und mit Zwiebel- und Radieschenblüten garnieren. Die restliche Sauce in einer Saucière dazu stellen.

Die Pflaumensauce kann auch zu Hähnchen-Enchiladas gereicht werden.

Ergibt 12 Portionen

Manitas de cerdo en vinagreta los cazadores
Schweinsfüße in einer Vinaigrette nach Jägerart

Schweinsfüße, eine beliebte Vorspeise in Mexiko, werden in den verschiedenen Regionen mit unterschiedlichen Marinaden zubereitet. Dieses Rezept stammt aus Jalisco.

Für die Zubereitung des Fleischs

16   Schweinsfüße, in einer schweren Pfanne leicht
     geröstet, enthäutet und halbiert oder geviertelt
2   weiße Zwiebeln, halbiert
2   Knoblauchknollen, halbiert
6 l Wasser
6   Lorbeerblätter
4   frische Thymianzweige oder ¼ Teelöffel
     getrockneter Thymian
4   Stengel frischer Majoran oder ¼ Teelöffel
     getrockneter Majoran
1   Eßlöffel Pimentkörner
     Salz und Pfeffer nach Belieben

Für die Vinaigrette

12   Knoblauchzehen und 4 Knoblauchknollen, halbiert
3   weiße Zwiebeln, in Ringe geschnitten
8   große Frühlingszwiebeln
16   Karotten, geschält, in Scheiben geschnitten und
     12 Minuten lang in Salzwasser gekocht
1 kg neue Kartoffeln, gekocht und geschält
1   Blumenkohl, in Stücken, 6 Minuten lang
     in Salzwasser gekocht (nach Belieben)
16   Zucchini, jede in 3 Stücke geschnitten, 6 Minuten
     lang in Salzwasser gekocht (nach Belieben)
500 g *chiles caribes, amarillos* oder eine andere milde Sorte
1   Tasse Olivenöl
1   Eßlöffel frisch gemahlener Pfeffer
1   Eßlöffel gemahlenes Piment
1   Eßlöffel getrockneter Origano
20   Lorbeerblätter
12   frische Thymianzweige oder 1 Eßlöffel
     getrockneter Thymian
12   Stengel frischer Majoran oder 1 Eßlöffel
     getrockneter Majoran
2 l Apfelessig
1½ l Wasser
     Salz nach Belieben

Zubereitung des Fleischs: Wasser in einem Topf erhitzen und
die Schweinsfüße mit Zwiebeln, Knoblauch, Lorbeerblättern,
Thymian, Majoran, Pimentkörnern, Salz und Pfeffer 45 Minuten schwach kochen, bis sie gar sind. Den Topf vom Herd
nehmen, die Schweinsfüße in der Brühe abkühlen lassen und
herausnehmen.

Schweinsfüße in einer Vinaigrette nach Jägerart werden in den
Restaurants von Jalisco angeboten.

Zubereitung der Vinaigrette: Öl in einem Topf erhitzen,
die Knoblauchzehen darin bräunen und herausnehmen.
Knoblauchknollen und Frühlingszwiebeln in dem Fett kurz
anschmoren, dann Karotten und Kartoffeln hineingeben.
Anschließend Blumenkohl und Zucchini, danach Chilis, Pfeffer,
Piment, Origano, Lorbeerblätter, Thymian und Majoran dazufügen. 10 Minuten lang schmoren lassen, Essig und Wasser
angießen und mit Salz abschmecken.

Die Schweinsfüße dazugeben und 30 Minuten lang kochen
lassen. Den Topf vom Herd nehmen und die Schweinsfüße
über Nacht in der Marinade ziehen lassen.

Die Schweinsfüße auf einer Platte anrichten, mit dem Gemüse garnieren und auf Zimmertemperatur servieren.
Ergibt 16 Portionen

Gebratene Tauben werden in Jalisco mit einer speziellen masa-*Timbale serviert (siehe Rezept Seite 97).*

Pichones jaliscienses
Gebratene Tauben ›Jalisco‹

In Jalisco, wo es viele Tauben und Wachteln gibt, ist die Jagd auf diese Vögel zu einem Volkssport geworden.

Für die Sauce

16	*chiles anchos*, geputzt (siehe Seite 21), gewaschen und trockengetupft
½	Tasse Olivenöl
1 l	Wasser
⅓	Tasse Rotweinessig
6	Knoblauchzehen
1	mittelgroße weiße Zwiebel
1	Eßlöffel getrockneter Origano
1	Teelöffel gemahlener Kreuzkümmel
1	Teelöffel schwarze Pfefferkörner
	Salz nach Belieben

Für die Zubereitung der Tauben

8	junge Tauben oder Wachteln, jede 8–10 cm groß, küchenfertig
½	Tasse Olivenöl
8	Teelöffel Butter und ½ Tasse Butter getrockneter Origano nach Belieben

Zum Garnieren

8	*masa*-Timbalen mit der dazugehörigen Sahnesauce (siehe Rezept Seite 97)
8	Stengel Petersilie

Zubereitung der Sauce: Öl in einer Pfanne erhitzen, die Chilis leicht darin anbraten und herausnehmen. Wasser mit Essig vermischen und die Chilis 40 Minuten lang darin einweichen, anschließend abgießen (das Einweichwasser aufbewahren) und mit Knoblauch, Zwiebel, Origano, Kreuzkümmel, Pfefferkörnern, Salz und etwas Einweichwasser im Mixer pürieren.

Zubereitung der Tauben: Die Tauben in eine Schüssel legen und die Chilisauce darübergießen. Mit etwas Öl beträufeln, 8 Teelöffel Butter darauf verteilen, Origano darüberstreuen und 1 Stunde ziehen lassen. Die Tauben aus der Sauce nehmen. In einer schweren Pfanne ⅓ Tasse Öl und ½ Tasse Butter erhitzen und die Tauben etwa 8–10 Minuten darin braten, bis sie gar sind. Während des Bratens mehrmals wenden und immer wieder bepinseln. Die Tauben aus der Pfanne nehmen.

Die Sauce etwas einkochen und die gebratenen Tauben halbieren. Zum Servieren jeweils 1 *masa*-Timbale auf jeden Teller legen und mit der Sahnesauce bedecken. Jeweils 2 Taubenhälften daneben anrichten, die Chilisauce über die Tauben gießen und mit Petersilie garnieren.
Ergibt 8 Portionen

Lengua entomatada
Zunge in Tomatensauce

Für die Zubereitung der Zunge

2	Ochsenzungen, je ca. 1½ kg
2	weiße Zwiebeln
1	Knoblauchknolle, ungeschält
6 l	Wasser
1	Eßlöffel frisch gemahlener Pfeffer
6	Lorbeerblätter
2	frische Thymianzweige oder ½ Teelöffel getrockneter Thymian
¾	Eßlöffel getrockneter Origano
	Salz nach Belieben

Für die Sauce

10	mittelgroße Tomaten
2	weiße Zwiebeln, fein gehackt
3	*chiles jalapeños* oder 4 *chiles serranos*, in Streifen geschnitten oder gehackt
½	Tasse Pflanzenöl
	Salz nach Belieben

Zum Garnieren

2	Eßlöffel gehackte frische Korianderblätter oder Petersilie

Zubereitung der Zunge: In einem Suppentopf Wasser zum Kochen bringen und die Zungen mit Zwiebeln, Knoblauch,

Zwei Ordensschwestern im Wandelgang des Cabanas-Waisenhauses in Guadalajara

Pfeffer, Lorbeerblättern, Thymian, Origano und Salz auf mittlerer Hitze zugedeckt 2½ Stunden lang simmern lassen, bis das Fleisch zart ist. Die Zungen in der Brühe abkühlen lassen, anschließend herausnehmen und abziehen. In ca. 5 mm dicke Scheiben schneiden. 1 Tasse der Brühe auf die Hälfte reduzieren und für die Sauce aufbewahren.

Zubereitung der Sauce: Öl in einer großen Pfanne erhitzen, Zwiebeln hineingeben und leicht anbräunen. Chilis und Tomaten hinzufügen und 35–40 Minuten auf schwacher Hitze weiterkochen lassen, bis die Sauce eindickt. Zungenscheiben dazugeben und in der Sauce aufwärmen.

Zum Servieren die heißen Zungenscheiben auf einer Platte anrichten, Tomatensauce darübergießen und mit gehackten Korianderblättern oder Petersilie bestreuen.
Ergibt 8 Portionen

Brocheta de filete estilo El Arrecife
Filetspieße ›El Arrecife‹

Küchenchef Gabriel Gambou vom Restaurant ›El Arrecife‹ in Colima gibt zu den Rindfleischspießen noch *chiles cascabeles* dazu, um ihnen ein besonderes Aroma zu verleihen.

Für die Spieße

2 kg	Rinderfilet, in Würfel geschnitten
4	grüne Paprikaschoten, in Quadrate geschnitten
2	rote Zwiebeln, in Dreiecke geschnitten
	frisch gemahlener Pfeffer nach Belieben
¾	Tasse Olivenöl
I	Tasse geklärte Butter

Für die Sauce

8	*chiles cascabeles*
½	weiße Zwiebel
I	Tomate, geröstet (siehe Seite 21)
4	Knoblauchzehen
½	Tasse Pflanzenöl
I	Teelöffel Kreuzkümmel
2	Lorbeerblätter
I	Teelöffel frisch gemahlener Pfeffer
	Salz nach Belieben

Zubereitung der Spieße: Auf 8 Spieße von ungefähr 20 cm Länge abwechselnd Rindfleisch-, Paprika- und Zwiebelstückchen stecken. Mit ¼ Tasse Olivenöl bepinseln und mit Pfeffer würzen. 40 Minuten lang im Kühlschrank ruhen lassen.

Inzwischen die Sauce zubereiten: Die Chilis 2 Minuten lang in heißem Öl braten, abtropfen lassen und 20 Minuten in heißem Wasser einweichen und abgießen (das Einweichwasser aufbewahren). Die Samen der Chilis entfernen und die Schoten im Mixer mit Zwiebel, Tomate, Knoblauch, Kreuzkümmel, Lorbeerblättern und Pfeffer pürieren. Etwas Einweichwasser dazugeben und nochmals pürieren. Mit Salz abschmecken.

Die Spieße mit etwas Öl und Butter einpinseln, im vorgeheizten Backofen oder über Holzkohle grillen, dabei alle 3 Minuten wenden und immer wieder mit Öl und Butter bepinseln, bis das Fleisch gar ist.

Zum Servieren auf jeden Teller einen Spieß legen und mit Chilisauce und frisch zubereiteten Mais-Tortillas anrichten. Ergibt 8 Portionen

Die Zutaten für Filetspieße ›El Arrecife‹ (rechts) und das fertige Gericht, wie es im Restaurant serviert wird (oben).

Sopitos
Garnierte Tortillas

Sopitos werden in ganz Mexiko zubereitet. Dieses Rezept ist die Version aus Colima.

24   Tortillas, je ca. 7 cm Durchmesser
      Schmalz zum Braten

Für den Belag
500 g   Zwischenrippenstück vom Ochsen, ausgelöst
      und in Würfel geschnitten
1   Hähnchenbrust, halbiert
2   weiße Zwiebeln, halbiert
2   Knoblauchknollen, ungeschält halbiert
2   Lorbeerblätter

Kleine Sopitos werden wie Tacos zubereitet und serviert.

2   Karotten, grob gehackt
1   Stange Lauch, aufgeschlitzt
2   weiße Rüben, halbiert
5 l   Wasser
1   Zimtstange, ca. 5 cm lang
1   Teelöffel Pfefferkörner
4   Nelken
      Salz nach Belieben

Für die Sauce
4   Fleischtomaten (gut 1 kg), gebrüht, enthäutet,
      entkernt und grob gewürfelt
1   weiße Zwiebel, in dicke Scheiben geschnitten
3   Knoblauchzehen
4   *chiles serranos,* grob gehackt
1   Tasse gehackte frische Korianderblätter
      Salz nach Belieben

Zum Garnieren
2   Tassen in feine Streifen geschnittener Weißkohl
1   Tasse feingehackte weiße Zwiebeln
1½   Tassen zerkrümelter Feta oder Ricotta

Zubereitung des Belags: Wasser in einem Suppentopf zum Kochen bringen und das Rindfleisch mit Zwiebeln, Knoblauch, Lorbeerblättern, Karotten, Lauch, weißen Rüben, Zimt, Pfeffer, Nelken und Salz hineingeben. Die Temperatur reduzieren und auf mittlerer Hitze etwa 2½ Stunden kochen, bis das Fleisch zart ist. Wenn das Rindfleisch gar ist, die Hähnchenbrust dazugeben und ca. 10–20 Minuten pochieren, bis sie gar ist. Rind- und Hähnchenfleisch in der Brühe abkühlen lassen, dann herausnehmen und in einer Küchenmaschine zerkleinern oder durch den Fleischwolf drehen. Die Brühe durchseihen.

Zubereitung der Sauce: Die Tomaten mit Zwiebeln, Knoblauch, Chilis, Korianderblättern und Salz im Mixer pürieren. Zur Seite stellen.

Zubereitung der Sopitos: Ein *comal* oder eine schwere Pfanne erhitzen, mit etwas Schmalz einfetten und die Tortillas von beiden Seiten leicht braten (fertig gebratene Tortillas im Backofen heiß halten).

Zum Servieren die Tortillas auf einer Platte anrichten, mit dem durchgedrehten Fleisch bedecken, mit Sauce begießen und mit Kohl, Zwiebeln und Käse garnieren. Sofort auftragen. Ergibt 8 Portionen

Torta de masa a la Tapatía
Masa-Timbalen ›Tapatía‹

In Jalisco kennt man viele Rezepte für solche gestürzten Becherpasteten, die Besonderheit des folgenden ist das ausgeprägte Aroma roher Chilis.

Für die Füllung

500 g	Lendenstück vom Schwein, in Würfel geschnitten
2	weiße Zwiebeln, 1 davon halbiert, die andere fein gehackt
½	Knoblauchknolle und 4 Knoblauchzehen, fein gehackt
4	Lorbeerblätter
2	frische Thymianzweige
2	Stengel frischer Majoran
2	Teelöffel frisch gemahlener Pfeffer
	Salz nach Belieben
1½ l	Wasser
½	Tasse Olivenöl
4	Tomaten (gut 1 kg), geröstet (siehe Seite 21) und püriert
⅔	Tasse entsteinte und kleingehackte grüne Oliven
⅔	Tasse Rosinen
½	Tasse enthäutete und feingehackte Mandeln
1	Teelöffel gemahlener Kreuzkümmel
½	Tasse Rindfleischbrühe

Für den Teig

750 g	frische *masa* oder aus *masa harina* zubereitete *masa* (siehe Seite 10)
1	Tasse und 2 Eßlöffel streichfähige Butter
⅔	Tasse Zucker
8	Eier, getrennt
2	Teelöffel Backpulver
⅓	Tasse Wasser
1½	Teelöffel Salz

Für die Sauce

5	*chiles poblanos*, geputzt (siehe Seite 16) und fein gehackt
1	Tasse Sahne oder Crème double
1	Tasse Milch und Sahne zu gleichen Teilen
	Salz nach Belieben

Zum Garnieren

1	Bund frischer Koriander

Zubereitung der Füllung: Wasser in einem Suppentopf zum Kochen bringen. Das Schweinefleisch mit der halbierten Zwiebel, Knoblauchknolle, Lorbeerblättern, Thymian, Majoran, Salz und 1 Teelöffel Pfeffer hineingeben und auf schwacher Hitze etwa 1½ Stunden köcheln. Eventuell unterdessen Wasser nachfüllen. Vom Herd nehmen und abkühlen lassen. Das Schweinefleisch aus der Brühe nehmen und kleinschneiden. Die Brühe aufbewahren.

In einem zweiten Topf Öl erhitzen, die gehackte Zwiebel und Knoblauch darin bräunen und Tomaten, Oliven, Rosinen, Mandeln, Kreuzkümmel, 1 Teelöffel Pfeffer, Rindfleischbrühe, Schweinefleisch und Salz hineingeben. Auf schwacher Hitze etwa 40 Minuten kochen, bis die Mischung eindickt.

Den Backofen auf 175° C (Gasherd Stufe 2) vorheizen.

Zubereitung des Teigs: Die Butter mit einem elektrischen Handrührgerät schlagen, bis sie leicht und flockig ist, Zucker dazugeben und schlagen, bis er sich auflöst, Eigelb und Backpulver untermischen.

Masa mit Wasser, 1⅓ Tassen aufbewahrter Schweinefleischbrühe und Salz verkneten. Den Teig portionsweise in die Buttermischung einarbeiten. In einer zweiten Schüssel Eiweiß steif schlagen, zum Teig geben und unterheben.

8 Timbalen (Backförmchen von ¾ Tassengröße) einfetten und bemehlen. Die Backformen mit Pergamentpapier auslegen und erneut einfetten. Jedes Förmchen mit ¼ Tasse Teig füllen und damit Boden und Seiten auskleiden. Jeweils 1½ Eßlöffel Füllung auf den Teig in die Backformen geben und mit einer Lage Teig bedecken. Die Backformen müssen ¾ gefüllt sein. Die Timbalen ca. 35 Minuten lang backen, bis die Krusten goldbraun sind und man einen hineingesteckten Zahnstocher sauber wieder herausziehen kann. Die Timbalen heiß halten.

Zubereitung der Sauce: Chilis, Sahne, Milch-Sahne-Mischung und Salz gut miteinander verrühren.

Zum Servieren die Timbalen auf Teller stürzen, mit Sauce bedecken und mit Korianderblättern garnieren.

Nach diesem Rezept kann auch eine große Pastete zubereitet werden. Hierzu verwendet man eine Ringform mit 20–22,5 cm Durchmesser. Die Pastete ungefähr 45 Minuten lang backen, bis sie gar ist.

Ergibt 8 Portionen

Sangrita estilo Jalisco
Sangrita ›Jalisco‹

Sangrita harmoniert gut mit Mexikos Nationalgetränk, Tequila, und macht es besser verträglich. In Jalisco, wo die Tequila heimisch ist, wird dieses starke Getränk zusammen mit Appetithäppchen wie *Charalitos* serviert.

3   Tassen frisch gepreßter Orangensaft
¼   Tasse Grenadinesirup
¾   Teelöffel gemahlene *chile piquín*
I   Eßlöffel Salz

Alle Zutaten I Minute lang im Shaker vermischen und 2 Stunden lang kalt stellen. Sangrita gekühlt in Stielgläsern servieren und dazu Tequila reichen.
Ergibt 4 Portionen

Agua de granada
Getränk aus Granatäpfeln

Granatäpfel wachsen in der Gebirgslandschaft von Colima, wo der mexikanische Autor Juan Rulfo angeregt wurde, seinen berühmten Roman »Pedro Páramo« zu schreiben.

20   Granatäpfel
5 I   Wasser
2   Tassen Zucker, nach Belieben
      zerstoßene Eiswürfel

Frische Granatapfelsamen werden mit Wasser und Zucker zu einem erfrischenden Getränk püriert.

2 Tassen Granatapfelsamen zur Seite stellen, die restlichen Samen mit Wasser und Zucker im Mixer pürieren. Durchseihen und in einen Krug mit zerstoßenen Eiswürfeln gießen. Mit den aufbewahrten Samen garnieren.
    Dieses Getränk wird traditionsgemäß in einem großen Glaskrug serviert.
Ergibt 8 Portionen

Chiquita Banana
Bananengetränk

Dieses erfrischende Bananengetränk wird im ›Camino Real‹-Hotel in Mazatlán serviert.

Für das Getränk
I I   Ananassaft
2   Tassen Kokosmilch aus der Dose
3   große Bananen, geschält und mit der Gabel zerdrückt
16   Ananasstückchen, frisch oder aus der Dose
I   Tasse Grenadinesirup
I ½   Tassen weißer Rum
I   Tasse brauner Rum
      Eiswürfel

Zum Garnieren
8   Stücke frische oder in Dosen eingelegte Ananas
8   Limonenscheiben
8   Melonenbällchen

Ananasstückchen, Limonenscheiben und Melonenbällchen auf Schaschlikspieße stecken. Alle Zutaten für das Getränk in eine Schüssel geben und portionsweise im Mixer pürieren.
    Das Bananengetränk in Longdrink-Gläser füllen, die Spieße mit den Früchten hineinstellen und sofort servieren.
Ergibt 8 Portionen

Farbenprächtige Süßigkeiten aus Kokosmark werden in ganz Mexiko verkauft (oben); Pinturitas, eine beliebte Nascherei aus gesüßtem Maismehl und Schmalz (unten rechts); ein Chiquita Banana mit Ananas und Rum ist ein erfrischendes, aber nicht zu unterschätzendes Getränk (unten links).

Jericalla, ein nahrhaftes eiercremeähnliches Dessert, wird in einer Keramikschale aus Tlaxcalteca serviert.

Jericalla
Überbackener Flan

Dieses Dessert stammt aus Jalisco. Es wird von morgens bis abends auf dem Markt von Guadalajara, San Juan de Dios, verkauft.

1½ l	Milch
2	Zimststangen, je ca. 6 cm lang
1	Vanilleschote
1½	Tassen Zucker
4	Eigelb

Den Backofen auf 175° C (Gasherd Stufe 2) vorheizen.

Milch mit Zimt und Vanilleschote zum Kochen bringen, die Temperatur reduzieren und 10 Minuten lang simmern lassen. Vom Herd nehmen und abkühlen lassen. Den Zucker hineinrühren und auf schwacher Hitze 40 Minuten lang köcheln, dabei hin und wieder umrühren. Vom Feuer nehmen, abkühlen lassen und die Vanilleschote entfernen.

Inzwischen die Eigelb schlagen und in die abgekühlte Milch rühren. Die Mischung auf 8 Auflaufförmchen verteilen und 30–35 Minuten im Wasserbad backen (ein in die Mitte des Desserts gesteckter Zahnstocher muß beim Herausziehen sauber sein.)

Den Flan 3–5 Minuten unter starker Oberhitze überbacken, bis die Oberflächen goldbraun sind. 2 Stunden lang kühl stellen und zum Servieren auf Dessertteller stürzen.
Ergibt 8 Portionen

Pastel de tres leches
Milchcremegetränkter Kuchen

Dieser gehaltvolle Kuchen wird in Mexiko, insbesondere in seiner Heimat Sinaloa, zu festlichen Gelegenheiten serviert.

Für den Teig

2½	Tassen gesiebtes Weizenmehl
2½	Teelöffel Backpulver
¾	Tasse und 2 Eßlöffel Butter
1¾	Tassen Zucker
8	Eigelb
½	Teelöffel Salz
	Mark von 1 Vanilleschote
1	Tasse Milch
6	Eiweiß

Für die Milchcreme

2½	Tassen Kondensmilch
1½	Tassen Crème double
3	Tassen Schlagsahne
2	Eigelb
2	Eßlöffel Zucker

Für die Meringue

6	Eiweiß
2	Tassen Zucker
1¾	Tassen heller Maissirup
	Saft von 2 Limonen

Zum Garnieren

10	Erdbeeren, halbiert

Den Backofen auf 175° C (Gasherd Stufe 2) vorheizen. Eine 20 × 30 cm große Kuchenform mit hohem Rand einfetten und bemehlen.

Zubereitung des Teigs: Die Butter schaumig schlagen, langsam den Zucker hineinrühren und weiterschlagen, bis die Mischung locker und cremig ist. Eigelb dazugeben und löffelweise das mit Backpulver gesiebte Mehl und Salz unterrühren. Anschließend das Vanillemark zufügen und langsam die Milch einrühren, bis der Teig zähflüssig ist.

In einer zweiten Schüssel Eiweiß zu Schnee schlagen und unter den Teig ziehen.

Den Teig in die Kuchenform füllen und 40 Minuten lang backen, bis die Ränder goldbraun sind. Aus dem Ofen nehmen und auf einem Kuchengitter etwas abkühlen lassen.

Zubereitung der Milchcreme: Kondensmilch, Crème double und Sahne mit Eigelb und Zucker im Mixer verschlagen. Die Hälfte der Mischung in einem Topf unter ständigem Rühren bis kurz unter den Siedepunkt erhitzen, vom Herd nehmen und die restliche Mischung hineinrühren. Über den Kuchen gießen und einziehen lassen.

Zubereitung der Meringue: Eiweiß mit Zucker vermischen und im Wasserbad so lange schlagen, daß es fest wird. Nach und nach den Maissirup hineinschlagen, bis die Mischung steife Spitzen bildet. Den Limonensaft dazugeben und weiterschlagen, bis die Masse glänzend wird. Den Kuchen auf eine tiefe Servierplatte stürzen und die Meringue darüberstreichen. Mit Erdbeeren garnieren und auf Zimmertemperatur servieren. Ergibt 8 Portionen

Birnen in Rotwein, mit Zimt gewürzt, sind ein elegantes Dessert, aber dennoch leicht zuzubereiten.

Peras al vino del Brass
Birnen in Rotwein

Alejandro Avalos serviert dieses köstliche Dessert in seinem Restaurant ›Brass‹ in Guadalajara.

16	kleine Birnen, geschält
3 l	Wasser
2 l	Rotwein
675 g	*piloncillo*, ersatzweise brauner Zucker
2	Zimtstangen, je ca. 8 cm lang
1	Vanilleschote

Wasser, Wein, Zucker, Zimt und Vanilleschote in einem mittelgroßen Topf zum Kochen bringen, die Temperatur reduzieren und etwa 1 Stunde lang auf schwacher Hitze weiterkochen, bis der Sirup auf die Hälfte reduziert ist. Die Birnen hineingeben und 15–20 Minuten garen, bis sie eben zart sind (sie sollten nicht zu weich werden). Vom Herd nehmen und abkühlen lassen.

Die Birnen auf 8 Schalen verteilen, etwas Sirup darübergießen und gekühlt oder auf Zimmertemperatur servieren. Ergibt 8 Portionen

DIE SÜDLICHE PAZIFIKKÜSTE

Die Hochländer von Guerrero, Oaxaca und Chiapas bestehen aus einer Folge von tiefen Tälern, die durch kühle, schroffe Bergketten voneinander getrennt werden. Jahrhundertelang blieb jedes Tal eine Welt für sich, und seine Bewohner haben sich ihre eigenständige Kleidung, ihren Dialekt, ihre Folklore und ihre Gerichte bewahrt. Zusammen mit Yucatán bilden die Staaten der südpazifischen Küste die Region Mexikos, in der indianische Kultur und Tradition – und damit auch indianische Küche – am reinsten erhalten geblieben sind.

Obgleich die moderne städtische Zivilisation das indianische Erbe dieser Gegend immer stärker beeinflußt, lebt dennoch vieles von den alten Traditionen fort, da die Städte zum Zufluchtsort vieler verarmter Farmerfamilien wurden. In Oaxaca kann man heute modisch gekleidete Rechtsanwälte finden, die zu Hause immer noch Zapotec sprechen; sie essen noch immer die altüberlieferten Speisen, sie unterbrechen ihre Arbeit zu bestimmten Festzeiten. Und in den Maisfeldern an den Stadtgrenzen kann man die Farmer bei der Aussaat noch immer Gebete murmeln hören.

Das Hochland ist aber nur eine der charakteristischen Regionen an Mexikos Pazifikküste. Mit einem Ambiente, das eher an die Karibik erinnert, sind die südlichen Küstenstriche die Region der verborgenen Buchten und zerklüfteten Strände, der begeisternd fröhlichen Feste und der leidenschaft-lichen Musik. Geschickte Fischer bereiten aus ihrem reichen Fang an Tintenfischen, Garnelen und Haifischen exquisite Fischaufläufe zu. Die Kinder graben aus dem Sand der Fluß-mündungen rosafarbene Muscheln und wissen genau, daß sie ihre Beute vor dem Verzehr mit einem Spritzer Zitronensaft testen müssen: Zieht sich die rohe Muschel nicht zusammen, ist sie tot und muß fortgeworfen werden.

Die südliche Pazifikküste Mexikos ist jedoch nicht nur indianisch. Acapulco, eine großenteils romanische, moderne Stadt, ist die größte dieser Region und wohl Mexikos berühm-tester Badeort. Es überrascht nicht, daß die Speisen hier mitunter sehr raffiniert sind. *Ceviche,* eine Komposition aus verschiedenen rohen Fischsorten, in Limonensaft mariniert, soll am Ort entstanden sein.

Lange bevor es sich in ein Mekka für Touristen verwandelte, war Acapulco der wichtigste Hafen für den Orienthandel. Zur Kolonialzeit brachten spanische Frachtsegler ostasiatische Sei-de und Gewürze nach Acapulco, und dieser orientalische Einfluß findet sich noch heute in einigen Speisen dieser Region. Ein typisches Gericht ist zum Beispiel *Arroz con pulpo al curry* (Reis mit Tintenfischcurry). *Chiles jalapeños* würzen den Reis, und Currypulver verleiht einer Sauce aus Wein und Fischbrühe ihre besondere Note.

Die Guerrero-Küste im Süden von Acapulco, bekannt als *Costa chica,* ist das einzige Gebiet Mexikos, wo afrikanisches Erbe im Gemisch einheimischer Ethnien überwiegt. Weiter entlang der Küste, im südlichen Chiapas, kultivieren Nachkommen deutscher Siedler Kaffee und Baumwolle.

Die wichtigste Zutat auch der südmexikanischen Küche ist der Mais. Im Grunde ist jeder bestellbare Hang mit *milpa* (wörtlich ›Maisfeld‹, bezeichnenderweise aber auch der allgemeine Ausdruck für landwirtschaftliches Gebiet) bepflanzt. Nach den Maisernten richten sich die traditionellen Feste, und die Mahlzeiten in ländlichen Gebieten bestehen immer noch vorwiegend aus der typisch mittelamerikanischen Kombination von Mais, Bohnen und Kürbis.

Mehr als anderswo sind in Chiapas die mexikanisch-indianischen Gerichte auf die traditionellen Zutaten beschränkt. In einer von den einheimischen Zoque-Indianern zubereiteten Suppe zum Beispiel werden Gemüse und Hühnerbrühe mit frischen *masa*-Klößchen angereichert.

Chilis werden in Chiapas, wie in der südmexikanischen Küche allgemein, gewöhnlich nicht als Gemüse verarbeitet, sondern nur als Gewürz verwendet. Und das sicherlich aus gutem Grund, denn die Chilis von Chiapas gehören zu den schärfsten von ganz Mexiko. Der bekannteste Chili ist der kleine *chile de siete caldos,* der so heißt, weil ein einziger ausreicht, um sieben Eintöpfe damit zu würzen. Eine pikante Süße und der zunächst ungewöhnliche Gegensatz von süß und salzig ist charakteristisch für die Rezepte von Chiapas. So wird zu besonderen Gelegenheiten – zu Taufe, Hochzeit oder an hohen kirchlichen Feiertagen – ein saftiges Spanferkel mit zimtgewürzter Hackfleischfarce zubereitet.

Die Märkte von Chiapas rühmen sich, im ganzen Land die größte Auswahl an Kräutern und frischen Gemüsen anzubieten, von denen viele nur einheimische Bezeichnungen haben und anderswo nicht zu kaufen sind. Einige werden vorwiegend zum Würzen verwendet, die meisten jedoch als Gemüsebeilage zu Mais und Bohnen verzehrt. Es ist nicht ungewöhnlich, daß eine Indianerin, die ein Essen zubereitet, plötzlich hinter ihrem Haus verschwindet, im Garten etwas aus dem Boden zieht, was für den Laien wie Unkraut aussieht, und es in den Topf gibt. Auch Blumen werden gegessen; *Tamales de puchulu,* eine Spezialität von Chiapas, werden mit frischen Blütenblättern, Orangenblüten nicht unähnlich, gefüllt. Andere in Chiapas sehr beliebte Tamales sind *Tamales juacane* mit einer Füllung aus Bohnen, getrockneten Garnelen und Melonenkernen. Tamales werden hier nicht in Maishülsenblätter, sondern in die Blätter von *Hierba santa,* einer einheimischen Pflanze, eingewickelt.

Die außergewöhnlichsten Gerichte von ganz Mexiko bekommt man jedoch in Oaxaca serviert, dem Zentrum der südlichen Gebirgsregion. Hier entwickelte sich aus der traditionellen indianischen Küche eine verfeinerte Kochkunst, die an Vielfalt und Erfindungsreichtum unerreicht ist. Oaxacas raffinierte Fleischgerichte stammen zwar ursprünglich aus dem südlichen Spanien, sind aber dennoch völlig mexikanisch in ihrer Verwendung von Dutzenden verschiedener Nüsse und Gewürze. Die Exotik der Küche kulminiert in der ausgiebigen Verwendung von Insekten – lebend und tot, gebraten und frisch. Wo anders in der Welt könnte man Grashüpfer- oder Ameisen-Tacos bestellen? In den besseren Bars der Hauptstadt werden die Ränder der Cocktailgläser oft mit *sal de gusano,* einer Mischung aus Salz, zerdrückten Chilis und getrockneten Agavenraupen, verziert und mit *Mezcal* gefüllt.

Oaxaca gilt darüber hinaus als das ›Land der sieben Moles‹, der sieben Saucen. Die berühmtesten *Moles* sind die *colorado* (rot), die *amarillo* (gelb) und die *negro* (schwarz), aber es gibt auch eine Mole, die mit Avocadoblättern zubereitet wird, und eine, die Ananas und Bananen enthält. In der Zusammenstellung der Zutaten sind der Phantasie keine Grenzen gesetzt.

Die Märkte zeigen eine Vielfalt regionaler Käsesorten, die zumeist weiß und faserig sind. Sie sind zu Bällen verschiedener Größe gerollt oder zu Kränzen geflochten. Eine köstliche Spezialität ist *Quesillo asado en salsa verde* – ein in Scheiben geschnittener Käse, den man grillt, bis er zu schmelzen beginnt, und anschließend mit einer grünen Sauce übergießt, die aus *tomatillos* und *chiles serranos* zubereitet wird.

Um die Küche von Oaxaca kennenzulernen, kann man nichts Besseres tun, als sich in eines der vielen gastlichen Restaurants mit Musikkapelle zu setzen, die rings um den schönen Zocalo der Hauptstadt zu finden sind, und wenn man Glück hat, spielen die Musiker vielleicht gerade. Umgeben von eleganten Kolonialbauten und vielbesuchten Straßencafés, ist der zentrale Platz von Oaxaca einer dieser wunderbaren Orte, an denen die Zeit langsamer voranzuschreiten scheint und die Dämmerung ein Schauspiel bietet, das man erlebt haben muß. Hier sollte man am Abend *Guacamole* (Avocadosauce) nach Mixteken-Art oder eine schmackhafte *Mole negro* mit Huhn oder Schweinefleisch zu sich nehmen und dazu einen scharfen *Mezcal* trinken. Das Leben kann nichts Schöneres bieten, würden die Oaxacaner sagen, und ganz unrecht hätten sie damit nicht.

Guacamole de la Mixteca
Mixtekischer Guacamole

Die Avocado ist eine vitaminreiche Frucht, der man außergewöhnliche medizinische Kräfte nachsagt. Sie wird hauptsächlich in der Oaxaca-Region angebaut.

Für den Guacamole

4	große Avocados, eventuell im voraus gekauft, damit sie reifen können
1	Tasse feingehackte weiße Zwiebeln
4	*chiles serranos,* fein gehackt
½	Tasse feingehackte frische Korianderblätter Salz nach Belieben

Zum Garnieren

½	Tomate, in Würfel geschnitten
¼	Tasse feingehackte weiße Zwiebel
4–6	Stengel frischer Koriander

Die Avocados schälen und entkernen. Das Fruchtfleisch in einem Mörser zerdrücken und mit Salz abschmecken. Zwiebeln, Chilis und Korianderblätter dazufügen. Gut zermusen und durchmischen, bis der Guacamole eine zähflüssige Konsistenz angenommen hat.

Mit Tomaten, Zwiebeln und Koriander garnieren und Mais-Tortillas oder Totopos (knusprig gebratene Tortilla-Streifen) dazu reichen. Sofort servieren.

Salsa verde
Grüne Sauce

Grüne Sauce ist eine klassische, scharfe mexikanische Sauce, die zu vielen verschiedenen Gerichten paßt, von Tortilla bis hin zu geschmortem Fleisch. Im Staat Oaxaca wird diese Grüne Sauce zu Schweineschwarte oder gegrilltem Fleisch serviert.

Für die Sauce

12	*tomatillos,* die Hülsen entfernt
7	mittelgroße Knoblauchzehen
4–8	*chiles serranos* (je nach gewünschter Schärfe)
3	Eßlöffel grobgehackte weiße Zwiebel
1 l	Wasser
¾	Tasse frische Korianderblätter Salz nach Belieben

Zum Garnieren

¼	Tasse gehackte weiße Zwiebel
¼	Tasse gehackte frische Korianderblätter

Das Wasser in einem Topf zum Kochen bringen, *tomatillos,* 4 Knoblauchzehen, 4 oder mehr Chilis und Zwiebeln hineingeben. Auf schwacher Hitze 20 Minuten lang kochen und vom Herd nehmen. Abtropfen (das Kochwasser aufbewahren) und abkühlen lassen.

Inzwischen 3 Knoblauchzehen in einem Mörser oder im Mixer pürieren, salzen, Korianderblätter dazugeben und erneut pürieren. Die *tomatillo*-Mischung und etwas Kochwasser zufügen und noch einmal pürieren. Die Sauce sollte eine dickliche Konsistenz bekommen. Eventuell nachwürzen.

Zum Servieren die Grüne Sauce in eine Schale gießen und mit Zwiebeln und Korianderblättern garnieren.

Die traditionelle Küche von Oaxaca verwendet die ganze Fülle der dort wachsenden Chilis.

Ein mixtekischer Türsturz aus dem 14. Jahrhundert bildet den passenden Hintergrund zu einer Grünen Sauce, einem mixtekischen Guacamole und zu Grüner Sauce mit Chilis (im Uhrzeigersinn).

Salsa de tomatillo con chiles cascabeles y chiles guajillos
Grüne Sauce mit Chilis

Für die Sauce

32	*tomatillos*, die Hülsen entfernt
6	Knoblauchzehen
¼	weiße Zwiebel und 2 Eßlöffel feingehackte weiße Zwiebel
4	*chiles cascabeles* oder *de árbol*, leicht geröstet
3	*chiles guajillos*, geputzt (siehe Seite 21) und leicht geröstet
1 l	Wasser
	Salz nach Belieben

Zum Garnieren

2	Eßlöffel gehackte frische Korianderblätter

Das Wasser in einem großen Topf zum Kochen bringen, *tomatillos*, 4 Knoblauchzehen und ¼ Zwiebel hineingeben. *Chiles cascabeles* und *guajillos* hinzufügen. 20 Minuten kochen lassen und zum Abkühlen zur Seite stellen. Abgießen (das Kochwasser aufbewahren), Knoblauch und Zwiebel entfernen, *tomatillos* und Chilis zur Seite stellen.

Inzwischen 2 Knoblauchzehen im Mörser oder im Mixer pürieren, die gehackten Zwiebeln dazugeben, mit Salz abschmecken und erneut pürieren.

Nach und nach *tomatillos* und Chilis dazugeben und gut vermischen. Etwas Kochwasser angießen, damit eine zähflüssige Sauce entsteht, und mit Salz abschmecken.

Zum Servieren die Grüne Sauce in eine Schale füllen und mit gehackten Korianderblättern bestreuen.

Die mexikanischen Indianer glaubten, daß Chilis nährende und medizinische Eigenschaften besäßen. Um sich bei guter Gesundheit zu halten, integrierten sie daher Chilis in den täglichen Speiseplan und schufen zahlreiche Rezepte, wie etwa Grüne Sauce, die zu einer Vielzahl verschiedener Gerichte, beispielsweise zu gebratenem Käse, serviert werden kann.

Quesillo asado en salsa verde
Gebratener Käse in Grüner Sauce

Oaxaca-Käse ist eine milde, faserige Käsesorte, die oft als Vorspeise serviert wird. In Grüner Sauce geschmort, ist dieser Käse ein beliebtes Gericht im Restaurant des Hotels ›Presidente‹, dem früheren Kloster Santa Catalina, in Oaxaca.

gut 1 ½ kg sehr frischer Oaxaca, in 16 Scheiben geschnitten, ersatzweise Mozzarella

Für die Sauce
1½ kg *tomatillos,* die Hülsen entfernt
2½ weiße Zwiebeln, in dicke Scheiben geschnitten
9 *chiles serranos*
9 Knoblauchzehen
20 Stengel frischer Koriander
2 l Wasser
¾ Tasse Maisöl
Salz nach Belieben

Zubereitung der Sauce: In einem schweren Topf das Wasser zum Kochen bringen, *tomatillos,* Zwiebelscheiben (4 zurückbehalten), 6 Chilis und 6 Knoblauchzehen hineingeben und etwa 30 Minuten kochen lassen, bis die *tomatillos* gar sind. Leicht abkühlen, anschließend abgießen und das Kochwasser aufbewahren.

Die *tomatillo*-Mischung mit 3 Zwiebelscheiben, 3 Chilis, 3 Knoblauchzehen, Korianderblättern und etwas Kochwasser pürieren und zur Seite stellen.

In einem schweren Topf Öl erhitzen, die Zwiebelscheibe darin goldbraun braten und herausnehmen. Das *tomatillo*-Püree in das heiße Öl geben, salzen und auf schwacher Hitze noch etwa 20 Minuten kochen, dann 2 Tassen Kochwasser angießen. Die Sauce sollte zähflüssig sein. Eventuell nachwürzen.

Den Backofen vorheizen.

Zubereitung des Käses: Eine schwere Pfanne erhitzen. Jede Käsescheibe mit etwas Öl bepinseln und kurz in der Pfanne braten. Jeweils 2 Scheiben auf den 8 Tellern anrichten und warm stellen.

Zum Servieren die Käsescheiben mit heißer Sauce überziehen und zu frisch zubereiteten heißen Mais-Tortillas reichen.

Als Variante kann die Sauce vor dem Servieren mit frisch gehackten Zwiebeln und Korianderblättern abgeschmeckt werden.

Ergibt 8 Portionen

Auf den alten steinernen Waschbecken des früheren Klosters Santa Catalina und jetzigen Hotels ist eine Auswahl regionaler Käsesorten Oaxacas ausgebreitet.

Sopa de chipilín con bolitas
Chipilín-Suppe der Zoque-Indianer

Dieses Rezept stammt noch aus vorspanischer Zeit.

Für die Suppe

4	Gemüsezwiebeln oder 20 Frühlingszwiebeln, mit dem Grün, längs halbiert
1	chile serrano
	Kerne von 4 Maiskolben
2	Tassen gehackter chipilín, Brunnenkresse oder Blattspinat
¼	Tasse masa harina, in ½ Tasse Wasser aufgelöst
	Salz nach Belieben
3 l	Wasser oder Hühnerbrühe (siehe Rezept Seite 202), das Fett entfernt

Für die Bolitas

500 g	frische masa oder aus masa harina zubereitete masa (siehe Seite 10)
½	Tasse Schmalz, vorzugsweise hausgemacht
1	Prise Salz
1	Tasse zerkrümelter Frischkäse, zum Beispiel Feta

Zum Garnieren

1	Tasse gehackter chipilín, Brunnenkresse oder Blattspinat
2	Tassen Sahne oder Crème double
2	Tassen gewürfelter Frischkäse, zum Beispiel Feta

Zubereitung der Suppe: Das Wasser zusammen mit Zwiebeln, Chili und Mais in einen Suppentopf geben, aufkochen lassen und salzen. Nach etwa 20minütiger Kochzeit chipilín und aufgelöste masa harina hineingeben, erneut zum Kochen bringen, die Hitze reduzieren und simmern lassen.

Zubereitung der Bolitas: Masa in eine Schüssel geben und etwas warmes Wasser, Schmalz, Salz und Käse zufügen. So lange kneten, bis eine glatte Masse entsteht. Kleine walnußgroße Bällchen daraus formen und in die simmernde Suppe geben.

Etwa 20 Minuten lang köcheln lassen, bis die Suppe sehr sämig ist. Sollte sie zu dickflüssig werden, mit etwas Wasser oder Brühe verdünnen.

Zum Servieren die Suppe auf Suppenschalen verteilen und mit chipilín, Sahne und Käse garnieren.
Ergibt 8 Portionen

Pan integral
Weizenvollkornbrot

Dieses Rezept stammt aus Na Bolon, wo auf ausgewogene Ernährung geachtet wird. Weizenvollkornbrot ist ein nahrhafter Ersatz für die traditionellen Tortillas.

6	Tassen Weizenmehl
2	Tassen Weizenvollkornmehl
1	Tasse Weizenkleie
¼	Tasse Trockenhefe
2 l	warmes Wasser
2	Eßlöffel Zucker
1	Eßlöffel Salz

In einer Schüssel die Trockenhefe in warmem Wasser auflösen und 15 Minuten lang gehen lassen.

Inzwischen die Mehlsorten durchsieben und Kleie, Zucker und Salz zufügen. Die aufgelöste Hefe hineinrühren und kneten, bis der Teig glatt und elastisch ist. 1 Stunde gehen lassen.

2 Kastenformen ausfetten und mit Mehl bestäuben, den Teig in 2 Laibe aufteilen und in die vorbereiteten Formen legen. Zur Seite stellen und nochmals 1 Stunde lang gehen lassen.

Den Backofen auf 175° C (Gasherd Stufe 2) vorheizen und die Brote 40 Minuten lang backen, bis ihre Krusten goldbraun geworden sind.

Mit frischer Butter oder Frischkäse kommt der Geschmack des Brotes am besten zur Geltung.
Ergibt 2 Laibe

Indianische chipilín- oder Kressesuppe, in einer Terrine aus Oaxaca angerichtet

Sopa de pan Na Bolon
Eintopf ›Na Bolon‹

Dieses herzhafte Gericht ist typisch für die Gegend von San Cristobal de las Casas in Chiapas. Das folgende Rezept ist eine Spezialität von Gertrude Duby de Blom, der Besitzerin der bekannten ›Casa de Na Bolon‹.

Für den Eintopf

16	Scheiben Stangenweißbrot, ca. 2 cm dick
6	Zucchini, 8–10 Minuten in Wasser gekocht und in Scheiben geschnitten
1	Tasse 8–10 Minuten lang gekochte Brechbohnen
5	kleine Kartoffeln, 15 Minuten lang gekocht, gepellt und in Scheiben geschnitten
2	weiße Zwiebeln, in Ringe geschnitten
5	Fleischtomaten, 4 davon in Scheiben geschnitten und 1 gewürfelt
2	reife Kochbananen, in dünne Scheiben geschnitten
¾	Tasse frische, enthäutete Mandeln
¾	Tasse Rosinen
1½ l	Hühnerbrühe (siehe Rezept Seite 202), das Fett entfernt
1	Tasse Schmalz
1	Eßlöffel Orlean-Samen (Anatto, Roucou, Bixa orellana), ersatzweise rote Lebensmittelfarbe oder edelsüßen Paprika
1	Teelöffel frisch gemahlener Pfeffer
½	Teelöffel gemahlener Zimt
½	Teelöffel getrockneter Thymian
¼	Teelöffel gemahlene Nelken
½	Teelöffel gemahlener Safran
1½	Teelöffel Zucker
	Salz nach Belieben

Zum Garnieren

6	kleine hartgekochte Eier, in Scheiben geschnitten

Den Backofen auf 190° C (Gasherd Stufe 3) vorheizen. Eine Auflaufform von ca. 20 × 30 cm mit Schmalz einfetten.

Etwas Schmalz in einer Pfanne erhitzen, die Orlean-Samen hineingeben, bis das Schmalz rot wird, dann herausnehmen. Mit zusätzlichem Schmalz die Zwiebeln anbraten, herausnehmen und zur Seite stellen. Erneut Schmalz zugeben, die Tomatenscheiben kurz anschmoren, aus der Pfanne nehmen und aufbewahren. Jetzt die Kochbananen braten, bis sie goldbraun

Oben und links: Dieses Gericht aus Na Bolon ist sättigend genug, um als Hauptgang serviert zu werden.

sind, herausnehmen, auf Küchenkrepp abtropfen lassen und aufbewahren.

Die Brühe mit den Tomatenwürfeln, ½ Teelöffel Pfeffer, einer Prise Zimt und dem Thymian 30 Minuten lang simmern lassen. ½ Teelöffel Pfeffer, Zimt, Nelken und Safran dazugeben, Zucker und Salz hineinrühren.

Um den Eintopf zuzubereiten, 8 Scheiben Brot und die Hälfte der Zwiebeln, Tomaten, Bananen, Zucchini, Bohnen und Kartoffeln in die vorbereitete Auflaufform geben. Mit der Hälfte der Mandeln und Rosinen bestreuen. Die restlichen Zutaten ebenso verteilen und einige Bananenscheiben obenauf legen. Die Brühe angießen und den Eintopf 30 Minuten lang backen. Aus dem Ofen nehmen und mit Eierscheiben garniert servieren.
Ergibt 12 Portionen

Ceviche kann aus einer Fischsorte oder aus einer Kombination verschiedener Sorten zubereitet werden.

Ceviche
Marinierter roher Fisch

Ceviche ist eines der beliebtesten Gerichte in Guerrero. Das folgende Rezept wurde von Susana Palazuelos kreiert, der Inhaberin eines Delikatessengeschäfts im Hafen von Acapulco.

ca. 750 g Filet vom Schnapper oder von Spanischer Makrele (Sierra) gewürfelt, ersatzweise Seebarschfilet
Saft von 12 Limonen
Salz nach Belieben

Für die Marinade

1 ½	weiße Zwiebeln, fein gehackt
4	chiles serranos, gehackt
3	Fleischtomaten, fein gewürfelt
1 ½	Tassen feingehackte mit Paprika gefüllte grüne Oliven
¾	Tasse feingehackte Petersilie
1	Tasse feingehackte frische Korianderblätter
4	Tassen Ketchup
1 ½	Tassen Olivenöl
125 g	chile jalapeño-Streifen aus der Dose, fein gehackt, mit Sud
¼	Tasse Worcestershire Sauce
1	Eßlöffel getrockneter Origano
	Salz nach Belieben

Zum Garnieren

2	Eßlöffel gehackte frische Korianderblätter
	gesalzene Cracker

Zubereitung des Fischs: Die Fischfilets in eine Glasschüssel geben, mit Limonensaft bedecken, nach Belieben salzen und 15 Minuten lang ziehen lassen. Danach die Filets abwaschen, abtropfen lassen und wieder in die Schüssel legen.

Zubereitung der Marinade: Zwiebeln, chiles serranos, Tomaten, Oliven, Petersilie und Korianderblätter vermischen, Ketchup, Öl, chiles jalapeños, Worcestershire Sauce, Origano und Salz hineinrühren. Die Fischfilets mit der Marinade übergießen und 1 Tag lang im Kühlschrank ziehen lassen.

Ceviche in Portionsschalen füllen und mit Korianderblättern und Crackern garnieren. (Ceviche kann 5 Tage lang im Kühlschrank aufbewahrt werden.)
Ergibt 8 Portionen

Die Küchenchefs in den beliebten Touristenorten wetteifern miteinander um die schmackhaftesten Zubereitungsarten traditioneller Rezepte. So entstand im Restaurant des Hotels ›Las Brisas‹ in Acapulco dieses Rezept für Hummer-Ceviche.

Ceviche de langosta Las Brisas
Marinierter Hummer ›Las Brisas‹

Hummer-Ceviche ist eine neue Variante dieses beliebten mexikanischen Gerichtes. Sie stammt von den Küchenchefs des Hotels ›Las Brisas‹ in Acapulco.

6	Hummerschwänze
ca. 2 l	Wasser
	Salz nach Belieben

Für die Marinade
2 l	frischgepreßter Orangensaft
½	Tasse frischgepreßter Limonensaft
⅓	Tasse Tequila
½	Tasse feingehackter Schnittlauch
	Salz nach Belieben

Zum Garnieren
2	Eßlöffel gehackter Schnittlauch

Zubereitung des Hummers: Wasser und Salz in einem Topf zum Kochen bringen, die Hummerschwänze hineingeben und 15 Minuten lang kochen lassen. Im Kochwasser abkühlen

lassen, herausnehmen und aus den Schalen lösen. Das Hummerfleisch kleinschneiden.

Zubereitung der Marinade: Orangensaft, Limonensaft, Tequila, Schnittlauch und Salz verrühren, das Hummerfleisch damit begießen und 2 Stunden lang kühl stellen.

Zum Servieren das marinierte Hummerfleisch auf Portionsschalen verteilen und mit Schnittlauch garnieren. Als Beilage Sesamstangen dazu reichen.
Ergibt 8 Portionen

Ceviche de camarón Las Fuentes
Marinierte Garnelen ›Las Fuentes‹

Diese Vorspeise ist eine weitere Spezialität von Susana Palazuelos.

Für die Zubereitung der Garnelen
32	große Garnelen
5 l	Wasser
	Salz nach Belieben
½	Rezepteinheit Ceviche-Marinade (siehe Seite 112)

Zum Garnieren
2	Eßlöffel gehackte frische Korianderblätter
16	Limonenscheiben
	gesalzene Cracker

Wasser und Salz in einem Topf zum Kochen bringen, Garnelen hineingeben und 5 Minuten lang kochen lassen. Vom Herd nehmen und in kaltem Wasser abkühlen lassen. Die Garnelen auslösen und putzen.

Die Marinade zubereiten und die Garnelen darin 6 Stunden lang im Kühlschrank ziehen lassen.

Zum Servieren die marinierten Garnelen auf 8 Glasschalen verteilen und mit Limonenscheiben und Korianderblättern garnieren. Gesalzene Cracker dazu reichen.
Ergibt 8 Portionen

Huachinango al ajo estilo Beto
Gegrillter Fisch in Knoblauch ›Beto‹

Für die Zubereitung des Fischs

8	Huachinangos (Schnapper), je ca. 750 g, küchenfertig, ersatzweise Seebarsch
14	Knoblauchzehen, 6 davon püriert, der Rest fein gehackt
	Salz und Pfeffer nach Belieben
	Saft von 6 Limonen
1½	Tassen geklärte Butter
1	Tasse Olivenöl
1–2	Tassen Mehl

Zum Garnieren

8	Kartoffeln, gewaschen und mit Öl bepinselt
½	Tasse weiche Butter
3	Eßlöffel gehackte Petersilie
6	Limonen, in Scheiben geschnitten

Den Fisch in eine große Backform legen (falls sie zu eng ist, lieber zwei etwas kleinere Formen verwenden), mit püriertem Knoblauch einreiben, mit Salz und Pfeffer bestreuen und mit Limonensaft beträufeln. 2 Stunden lang im Kühlschrank marinieren.

Den Backofen auf 190° C (Gasherd Stufe 3) vorheizen.

Die mit Öl bepinselten Kartoffeln in Aluminiumfolie wickeln und 45–60 Minuten backen, bis sie gar sind.

Unterdessen die Butter in einer Pfanne aufschäumen lassen, Öl hineingeben und den gehackten Knoblauch auf schwacher Hitze 10 Minuten lang schmoren. Salzen und pfeffern nach Belieben. Das Fett durch ein Sieb passieren, in zwei Portionen teilen und zur Seite stellen.

Die Fische in Mehl wälzen. Den Grill vorheizen. Die Fische mit der aromatisierten Butter einpinseln und 10 Minuten von jeder Seite grillen, bis sich das Fleisch leicht von den Gräten lösen läßt. Während des Garens wiederholt mit Butter bepinseln.

Am Condesa-Strand in Acapulco wird gegrillter Huachinango (Schnapper) in Knoblauch serviert.

Zum Servieren die 8 Fische auf die Teller verteilen und mit der zurückbehaltenen Butter bestreichen. Auf jeden Teller eine Kartoffel legen und mit 1 Eßlöffel Butter und Petersilie anrichten. Mit Limonenscheiben garnieren.
Ergibt 8 Portionen

Camarones en salsa de chipotle estilo Barra Vieja
Garnelen in *chipotle*-Sauce ›Barra Vieja‹

Dieses Rezept wird von den Bewohnern von Barra Vieja beinah wie ein Schatz gehütet und nur selten einem Fremden mitgeteilt.

80	kleine Garnelen, die Köpfe entfernt
8	*chiles guajillos*, gewaschen, geröstet, geputzt und 20 Minuten in Salzwasser eingeweicht (siehe Seite 21)
6	*chiles chipotles*, gewaschen, in Öl gebraten, geputzt, 20 Minuten lang in Salzwasser eingeweicht (siehe Seite 21) und im Mixer püriert
2	weiße Zwiebeln, geröstet (siehe Seite 21)
23	Knoblauchzehen, 10 davon geröstet (siehe Seite 21)
5	Tomaten, geröstet (siehe Seite 21) und in dicke Scheiben geschnitten
1	Teelöffel frisch gemahlener Pfeffer
¼	Teelöffel gemahlene Nelken
1	Zimtstange, ca. 5 cm lang
6	Lorbeerblätter
1	Teelöffel Kreuzkümmel
1	Teelöffel getrockneter Thymian
1	Teelöffel getrockneter Majoran Salz nach Belieben
4½	Tassen Fischbrühe (siehe Rezept Seite 214)
1	Tasse Schmalz

Chiles guajillos und *chipotles*, Zwiebeln, gerösteten Knoblauch, 5 Knoblauchzehen, Tomaten, Pfeffer, Nelken, Zimt, Lorbeerblätter, Kreuzkümmel, Thymian, Majoran und Salz in einen Mixer geben, 3 Tassen Fischbrühe angießen und alles gut pürieren.

Die meisten mexikanischen Rezepte, in denen chiles guajillos verarbeitet werden, schreiben die mäßig scharfe getrocknete Variante vor. Für die Garnelen in chipotle-Sauce ›Barra Vieja‹ werden diese Chilis jedoch frisch verwendet.

Schmalz in einer Pfanne erhitzen, 8 Knoblauchzehen darin bräunen und herausnehmen. Die Garnelen in dem aromatisierten Fett so lange schmoren, bis sich die Schalen zu bräunen beginnen und herausnehmen. Die pürierte Sauce in die Pfanne geben und auf schwacher Hitze etwa 1½ Stunden lang kochen lassen. Eventuell nachwürzen, die restliche Fischbrühe angießen, die Garnelen dazugeben und 25 Minuten simmern lassen (falls nötig, weitere Fischbrühe einrühren).

Die Garnelen als Vorspeise mit frisch zubereiteten, noch warmen Mais-Tortillas servieren. Frische Kokosmilch oder eisgekühltes Bier dazu reichen.
Ergibt 8 Portionen

Rellenitos de platano macho
Fritierte Bananenbällchen mit Bohnenfüllung

Für die Bananenbällchen

4	Kochbananen, geschält und in dicke Scheiben geschnitten
2	große Eier
¼	Tasse Mehl
	Salz nach Belieben
2½	Tassen Pflanzenöl

Für die Füllung

1½	Tassen gebratenes Bohnenpüree (siehe Rezept Seite 187)

Zum Garnieren

⅔	Tasse saure Sahne
⅓	Tasse Crème fraîche
16	Blätter Romana-Salat

Kochbananen mit Wasser bedeckt kochen, bis sie sich leicht mit einer Gabel einstechen lassen, dann abgießen, abkühlen lassen und im Mixer pürieren.

Die Eier schlagen, Mehl unterrühren und die Eimischung zu den pürierten Bananen geben. Den Teig portionsweise mit 1 Eßlöffel Bohnen füllen und zu kartoffelgroßen Bällchen formen. Das Öl erhitzen und die Bananenbällchen darin rundum fritieren. Auf Küchenkrepp abtropfen lassen und warm stellen.

Vor dem Servieren saure Sahne und Crème fraîche vermischen. Je 3 Bananenbällchen auf einen Teller legen, mit Salatblättern und Sauerrahm garnieren und sofort servieren.
Ergibt 8 Portionen

Tostaditas Turulas
Garnelen auf Tortillas

32	kleine getrocknete Garnelen, ohne Schalen, oder 32 frische Babygarnelen

*Seite 116: Fritierte Bananenbällchen mit einer Füllung aus Bohnen und einer Garnitur aus Sauerrahm und Romana-Salat
Seite 117: Für ein leichtes Mittagessen oder eine Vorspeise werden kleine Garnelen mit Tomatensauce auf Tortillas angerichtet.*

Für den Teig

gut 500 g	frische *masa* oder aus *masa harina* zubereitete *masa* (siehe Seite 10)
⅓	Tasse warmes Wasser
½	Tasse Pflanzenöl oder Schmalz
½	Teelöffel Salz

Für die Sauce

1	kleine weiße Zwiebel, fein gehackt
2	Tomaten, gebrüht, enthäutet, entkernt und fein gewürfelt
2–3	*chiles serranos*, fein gehackt
2	Eßlöffel feingehackte frische Korianderblätter
¼	Tasse frischer gehackter Origano oder ¾ Eßlöffel getrockneter Origano
	Salz nach Belieben
	Saft von 1 Limone

Zubereitung des Teigs: *Masa* in eine Schüssel geben, Wasser, Öl und Salz dazufügen und 3 Minuten lang kneten.

Ein *comal* oder eine schwere Pfanne erhitzen. Den Teig in 24 tischtennisballgroße Portionen teilen und daraus Tortillas formen (siehe Seite 10). Die Tortillas backen, bis sie kroß sind und warm stellen.

Zubereitung der Garnelen: Falls die getrockneten Garnelen zu salzig sind, müssen sie 10 Minuten lang in kaltem Wasser eingeweicht werden. Anschließend gut abtropfen lassen und zur Seite stellen.

Zubereitung der Sauce: Zwiebeln, Tomaten, Chilis und Korianderblätter in eine Schüssel geben, gut vermischen und mit Origano, Salz und Limonensaft abschmecken.

Um die Tostaditas zu servieren, Garnelen und Tomatensauce auf den Tortillas verteilen und jeweils 3 Tostaditas pro Teller anrichten.
Ergibt 24 Tostaditas

Bomba de pescado
Fischpasteten

Dieses Rezept wurde von dem Initiator des ersten mexikanischen Kochfestivals kreiert, das im Dezember 1984 in Acapulco stattfand und die mexikanischen Spitzenköche vereinte.

Für die Füllung

Würzmischung:

½	Tasse Essig
½	Tasse Olivenöl
3	Knoblauchzehen, gepreßt
	Salz nach Belieben
1	Teelöffel frisch gemahlener Pfeffer
8	*chiles anchos*, geputzt und leicht geröstet (siehe Seite 21)

Fisch-Zubereitung:

8	Schnapper-, Riesenzackenbarsch- oder Flunderfilets, je 175–225 g
2	Eßlöffel feingehackter Knoblauch
1	Eßlöffel frisch gemahlener Pfeffer
	Salz nach Belieben

Für die Sauce

4	*chiles anchos*, leicht geröstet, geputzt und 20 Minuten in Wasser eingeweicht (siehe Seite 21)
1	mittelgroße weiße Zwiebel
4	Knoblauchzehen
5⅓	Eßlöffel Butter
	Salz nach Belieben
1 l	Fischbrühe (siehe Rezept Seite 214)
1 l	Crème fraîche
2	Tassen Milch und Sahne zu gleichen Teilen
1½	Eßlöffel Maisstärke, die in 1 Tasse Wasser aufgelöst wird
1	Tasse frisch geriebener Parmesan

Für den Teigmantel

gut 1 kg	tiefgefrorener Blätterteig
2	Eigelb
1	Ei
2	Eßlöffel Milch und Sahne zu gleichen Teilen

Zubereitung der Würzmischung: Essig, Öl, Knoblauch, Salz und Pfeffer in einer Schüssel gut vermischen, dann die Chilis dazufügen und 2 Stunden ziehen lassen.

Zubereitung des Fischs: Die Fischfilets nebeneinander in eine ausreichend große Auflaufform legen, mit Knoblauch, Pfeffer und Salz bestreuen. Zugedeckt 1 Stunde lang kühl stellen.

Zubereitung der Sauce: Die Fischbrühe auf 1½ Tassen einkochen lassen und die Chilis im Mixer mit Zwiebeln und Knoblauch pürieren. Butter in einer Pfanne erhitzen, die Chili-

Mexikanische Fischgerichte können sehr aufwendig sein, so zum Beispiel diese Fischpastete, die für ein Kochfestival kreiert wurde.

mischung darin schmoren, bis alles Wasser verdampft ist, und mit Salz würzen. Die reduzierte Fischbrühe, Crème fraîche, Milch-Sahne-Mischung und die aufgelöste Maisstärke dazugeben. 25 Minuten lang simmern lassen, bis die Sauce dickflüssig geworden ist. Sollte sie zu dick werden, etwas mehr Milch-Sahne-Mischung hineingeben. Den Käse hineinrühren.

Den Backofen auf 190° C (Gasherd Stufe 3) vorheizen. Ein Backblech mit kaltem Wasser befeuchten.

Zubereitung des Teigs: Den Blätterteig gemäß der Pakkungsaufschrift auftauen und zu einer zusammenhängenden, 3 mm dünnen Lage ausrollen. 8 ca. 9 cm und 8 ca. 12 cm große Kreise ausschneiden.

Die kleinen Kreise auf das Backblech legen, die Würzmischung darauf verteilen und jeweils ein Fischfilet darauflegen. Mit den großen Kreisen bedecken und den Teig an den Rändern fest zusammendrücken.

Eigelb, Ei und Milch-Sahne-Mischung verquirlen und die Pasteten damit einpinseln. 40 Minuten lang backen lassen, bis sie goldbraun sind, und aus dem Ofen nehmen.

Zum Servieren jeweils etwas Sauce auf den Tellern verteilen und die Pasteten darauf anrichten. Restliche Sauce in einer Saucière dazu reichen.

Ergibt 8 Portionen

Käse aus Ocotzingo schmeckt besonders gut zu frisch gebackenem Weizenvollkornbrot (siehe Rezept Seite 109).

Enchiladas de Ocotzingo
Enchiladas ›Ocotzingo‹

Für die Sauce

15	*chiles anchos,* geröstet, geputzt und in Wasser eingeweicht (siehe Seite 21)
1½	weiße Zwiebeln, geröstet (siehe Seite 21), und 2 dicke Zwiebelscheiben
6	Knoblauchzehen, geröstet (siehe Seite 21)
1½	reife Kochbananen, in Scheiben geschnitten
¼	Tasse Pflanzenöl
10	Backpflaumen, entsteint und püriert
2	Tortillas, geröstet oder gebraten und in Streifen oder Vierecke geschnitten
2	Tomaten, geröstet (siehe Seite 21)
1	Eßlöffel aufbewahrte geröstete Chilisamen (siehe Seite 21)
1	Teelöffel Pfeffer

1	Teelöffel Pimentkörner
1	Stange Zimt, ca. 8 cm lang
2	frische Thymianzweige oder ½ Teelöffel getrockneter Thymian
3	kleine Tafeln (175 g) mexikanische Schokolade (mit gemahlenen Mandeln und Zimt) Salz nach Belieben

Für die Enchiladas

24	dünne Tortillas
1	Tasse Pflanzenöl
1	Rezepteinheit ›Schwarze Mole‹ (siehe Seite 122)
3	Hähnchenbrüste, gekocht und sehr fein geschnitten

Zum Garnieren

2	Tassen zerkrümelter frischer Enchilado, Ocotzingo oder Ziegenkäse
1	Tasse feingehackte weiße Zwiebeln
¾	Tasse gehackte Petersilie

Zubereitung der Sauce: In einem Mixer Chilis, Zwiebeln und Knoblauch getrennt pürieren und zur Seite stellen. Die Kochbananen in Öl braten, Backpflaumen, Tortilla-Streifen, Tomaten, Chilisamen, Pfeffer, Pimentkörner und Zimt dazugeben und leicht schmoren. Nun die pürierten Zutaten unterrühren und die Sauce eventuell mit etwas Wasser verdünnen.

In einer schweren Pfanne 1 Tasse Öl erhitzen und die Zwiebelscheiben darin bräunen. Herausnehmen und zur Seite stellen. Die Sauce durch ein Sieb passieren und zu dem Öl geben. Mit Thymian, Schokolade und Salz würzen, dann so lange schmoren, bis die Sauce eine zähflüssige Konsistenz bekommt.

Zubereitung der Enchiladas: Öl erhitzen und die Tortillas darin von beiden Seiten braten (sie sollten nicht kroß werden). Jede Tortilla in die Mole tauchen, etwas Hähnchenfleisch darauf legen und zu Tacos zusammenrollen.

Zum Servieren die heißen Enchiladas auf einer Platte anrichten und mit Käse, Zwiebeln und Petersilie bestreuen. Gebratenes Bohnenpüree dazu reichen (siehe Rezept Seite 187).

Die Tortillas können auch mit Frischkäse, gehackten Zwiebeln und Petersilie gefüllt und mit Mole bedeckt werden.
Ergibt 24 Enchiladas

Zu den Zutaten für Enchiladas ›Ocotzingo‹ gehören chiles anchos, Kochbananen, Schmalz, Zimt und Thymian.

Mole negro oaxaqueño
Schwarze Mole ›Oaxaca‹

Oaxaca ist berühmt für seine vielen Mole-Saucen und wird daher scherzhaft ›Land der sieben Moles‹ genannt. Schwarze Mole, die reichhaltigste dieser Saucen, wird traditionsgemäß zur Zubereitung von Enmoladas verwendet: Zwei gebratene Tortillas werden zu einem Dreieck zusammengefaltet, mit der Sauce getränkt und mit Zwiebelringen und frischem Oaxaca-Käse serviert (nach einem Rezept von Vazquez Colmenars).

2	Tassen Schmalz, nach Möglichkeit hausgemacht, oder Pflanzenöl
1	süßes Brötchen oder 1 Croissant
75 g	frische Mandeln, enthäutet
75 g	frische Erdnüsse oder Walnüsse

Schwarze Mole ist auf den Tischen in Oaxaca so alltäglich wie das charakteristische schwarze Steingutgeschirr.

125 g	Sesamsamen
1	mittelgroße Kochbanane, in 1½ cm dicke Scheiben geschnitten
2	weiße Zwiebeln, 1½ davon geröstet (siehe Seite 21), der Rest in 4 Scheiben geschnitten
10	Knoblauchzehen, geröstet (siehe Seite 21)
10	*chiles mulatos*, geröstet, geputzt und in Wasser eingeweicht (siehe Seite 21)
10	*chiles pasillas* (vorzugsweise schwarze), geröstet, geputzt und in Wasser eingeweicht (siehe Seite 21)
2	*chiles chipotles*, geröstet, geputzt und in Wasser eingeweicht (siehe Seite 21)
2–3	Eßlöffel geröstete gemischte Samen von den oben angegebenen Chilis
4	große Eiertomaten, geröstet (siehe Seite 21)
4	Tortillas, dunkelbraun gebraten
6	Avocadoblätter (nach Belieben) oder ¼ Teelöffel getrockneter gerösteter Anis (siehe Seite 21)
1	Eßlöffel geröstete Pimentkörner (siehe Seite 21)
½	Teelöffel geröstete schwarze Pfefferkörner (siehe Seite 21)
ca. 1½ l	Hühnerbrühe (siehe Rezept Seite 202), das Fett entfernt
75–100 g	mexikanische Schokolade (mit Zimt), in Stückchen
	Salz nach Belieben

Etwas Schmalz in einer Pfanne erhitzen und das Brötchen bzw. Croissant darin bräunen, dann herausnehmen und auf Küchenkrepp abtropfen lassen. Im gleichen Fett Mandeln, Erdnüsse und Sesam goldgelb braten, herausnehmen und abtropfen lassen. Zusätzlich Schmalz erhitzen, die Kochbanane darin braten und abtropfen lassen.

Geröstete Zwiebeln, Knoblauch und Chilis mit etwas Einweichwasser im Mixer pürieren. Das Püree zur Seite stellen und nun das Brötchen, Mandeln, Erdnüsse, Sesam, Kochbanane, Chilisamen, Avocadoblätter, Piment- und Pfefferkörner, Tomaten und Tortillas mit genügend Brühe (etwa 1–2 Tassen) zu einer glatten, sämigen Masse pürieren (eventuell in mehreren Etappen). Anschließend durch ein Sieb passieren und beiseite stellen.

Das restliche Schmalz in einem schweren Topf erhitzen. Die Zwiebelscheiben darin bräunen und herausnehmen. Das Nuß-Tomaten-Püree hineingießen und auf schwacher Hitze ca. 20 Minuten schmoren. Das Chilipüree unterrühren und weitere 20 Minuten köcheln. Mit Salz abschmecken, die Schokolade in der Sauce schmelzen lassen und so viel von der restlichen Brühe angießen, daß die Mole die Konsistenz einer dicken Creme bekommt.

Die Mole mit Tortillas oder gekochtem Truthahn-, Hähnchen-, oder Schweinefleisch servieren. Mole paßt auch ausgezeichnet zu Tauben.
Ergibt 8 Portionen

Huevos a la oaxaqueña
Omelett ›Oaxaca‹

Dieses leichte vegetarische Gericht kann als Frühstück oder Mittagessen serviert werden.

Für die Sauce
8   Fleischtomaten
2½   weiße Zwiebeln und 2 Zwiebelscheiben
12   Knoblauchzehen
6   *chiles serranos* oder *California (Anaheim)-chiles*
¾   Tasse Pflanzenöl
2½ l   Wasser
3   Zweige *epazote* (ersatzweise Zitronenmelisse) oder 3 Stengel frischer Koriander
   Salz nach Belieben

Für das Omelett
24   frische Eier
¾   Tasse Pflanzenöl
   Salz nach Belieben
8   *epazote*- oder Korianderblätter

Zum Garnieren
8   *epazote*- oder Korianderblätter

Zubereitung der Sauce: Tomaten, 2 Zwiebeln, 8 Knoblauchzehen und Chilis mit Wasser aufsetzen und auf schwacher Hitze 40 Minuten lang kochen. Abgießen (das Kochwasser aufbewahren), das Gemüse abkühlen lassen und mit ½ Zwiebel, 4 Knoblauchzehen und etwas Kochwasser im Mixer pürieren.

Öl in einer Pfanne erhitzen, die Zwiebelscheiben darin bräunen und herausnehmen, die ungesiebte Sauce hineingießen und mit Salz und *epazote* würzen. Auf schwacher Hitze etwa 20 Minuten lang kochen lassen.

Zubereitung des Omeletts: Eine schwere Pfanne von 30–40 cm Durchmesser erhitzen, das Öl hineingeben und heiß werden lassen. Die Eier verquirlen, mit Salz und *epazote* würzen, in die Bratpfanne gießen und so lange backen, bis die Eimasse zu stocken beginnt. Das Omelett mit Hilfe eines ausreichend großen Topfdeckels wenden. Wenn die Eimasse durch fest ist (sie sollte nicht trocken werden), das Omelett in Stücke schneiden und einige Minuten in der heißen Sauce ziehen lassen.

Zum Servieren Omelett und Sauce in einer tiefen Platte anrichten und mit *epazote* garnieren. Frisch zubereitete Tortillas und ›Frijoles de olla‹ (siehe Rezept Seite 187) dazu reichen.
Ergibt 8 Portionen

Omelett ›Oaxaca‹ wird in der Küche des früheren Klosters Santa Catalina serviert.

Chilapitas

Die Chilapita ist nach einer bedeutenden Stadt in Guerrero benannt. In der Sprache der Nahuatl-Indianer bedeutet das Wort ›Fluß in der Nähe des Chilifeldes‹. Das Gericht kann mit Bohnen, Hühnchen, Wurst oder anderen Füllungen serviert werden.

Für den Teig

1 kg	*masa*, aus *masa harina* zubereitet (siehe Seite 10)
2	Eßlöffel Weizenmehl
½	Teelöffel Backpulver
1	Teelöffel Salz
1½	Tassen Schmalz
1½	Tassen Pflanzenöl

Für die Füllung

2	Hähnchenbrüste, gekocht und sehr fein geschnitten
1½	Tassen Crème fraîche
1	Tasse feingehackte Avocado
24	eingelegte *chile chipotle*-Streifen
48	dünngeschnittene Zwiebelscheiben

Die *masa* mit *masa harina*, Weizenmehl, Backpulver und Salz zubereiten und zu einem glatten Teig verkneten. In 24 etwa golfballgroße Portionen teilen und jeden Teigball mit Hilfe einer eingefetteten kleinen Schale zu kleinen Schüsseln formen. Die Teigschälchen in Schmalz und Öl goldgelb backen, herausnehmen und auf Küchenkrepp abtropfen lassen.

Die Chilapitas mit Hähnchenfleisch füllen, mit Sahne, Avocados, Chilistreifen und Zwiebeln garnieren und heiß servieren. Ergibt 24 Chilapitas

Oben: Ein Blick auf die Pyramide der Inschriften in Palenque

Links: Chilapitas und Pozole, serviert in typischer Guerrero-Keramik

In der Küche von Chiapas werden Kräuter nicht nur als Gewürze dem fertigen Gericht beigegeben, sondern wie Gemüse mitgekocht, so auch im Hühnertopf ›Diego de Masariego‹.

Pollo en estofado Diego de Masariego
Hühnertopf ›Diego de Masariego‹

Die Speisen in Chiapas sind in der Regel weniger scharf ge-würzt als die in anderen Gebieten, dafür verbinden sie süßen mit salzigem Geschmack.

Für die Zubereitung der Hähnchen

2	Brathähnchen, küchenfertig und in portionsgerechte Stücke zerteilt
½	Tasse Pflanzenöl
6	Eßlöffel Butter
3	Tassen trockener Weißwein
1 l	Wasser oder Hühnerbrühe (siehe Rezept Seite 202)
4	Lorbeerblätter
2	frische Thymianzweige oder ½ Teelöffel getrockneter Thymian

	Salz nach Belieben
1 ½	Tassen entsteinte Backpflaumen
1 ½	Eßlöffel Maisstärke, die in ¾ Tasse Wasser aufgelöst wird

Würzmischung:

1	weiße Zwiebel, sehr fein gehackt
6	Knoblauchzehen, gepreßt
¼	Teelöffel gemahlene Nelken
1	Zimtstange, gemahlen
1	Teelöffel Salz

Für die Gemüse

2	Tassen Zucchinischeiben
2	Tassen Karottenscheiben
2	Tassen geschälte neue Kartoffeln
2 l	Salzwasser

Zubereitung der Hähnchen: Die Zutaten der Würzmischung vermengen, die Hähnchenstücke mit der Marinade einreiben und 2 Stunden lang ziehen lassen.

Öl und Butter in einem schweren Schmortopf erhitzen und die Hähnchenstücke darin bräunen. Wein, Wasser, Lorbeerblätter und Thymian dazugeben und im offenen Topf auf schwacher Hitze 25 Minuten lang köcheln. Die Backpflaumen zufügen, salzen nach Belieben und die aufgelöste Maisstärke einrühren. Anschließend weitere 20 Minuten simmern lassen.

Zubereitung der Gemüse: Wasser zum Kochen bringen, die Zucchinischeiben 6 Minuten darin kochen lassen, herausnehmen und in Eiswasser tauchen. Die Karottenscheiben in kochendem Wasser 10 Minuten garen, herausnehmen und ebenfalls in Eiswasser tauchen. Die Kartoffeln im Blanchierwasser 20 Minuten lang kochen, abkühlen lassen und in Scheiben schneiden. Kurz vor dem Servieren das Gemüse zu der Hähnchenstücken geben und noch 10 Minuten in der Brühe ziehen lassen.

Zum Servieren den Hühnertopf in einer flachen Schale anrichten.
Ergibt 8 Portionen

Oaxaca ist bekannt für seine würzigen Speisen, von denen viele mit einer erstaunlichen Menge Knoblauch gekocht werden.

Ajos y chiles chipotles a la oaxaqueña
Eingelegter Knoblauch und *chiles chipotles* ›Oaxaca‹

Das rauchige Aroma der *chiles chipotles* von Oaxaca verleiht dieser Beilage ihre besondere Note.

1 kg	*chiles pasillas* oder *chipotles,* gewaschen, mit einer Nadel durchstochen und 2 Stunden lang in Wasser eingeweicht (siehe Seite 21)
6	weiße Zwiebeln, geviertelt
60	Knoblauchzehen
8	frische Thymianzweige oder 1 Teelöffel getrockneter Thymian
1	Teelöffel Nelken
2	Eßlöffel schwarze Pfefferkörner Salz nach Belieben
3 l	milder Obstessig (siehe Rezept Seite 128)

Abwechselnd Chilis, Zwiebeln, Knoblauch, Thymian, Nelken, Pfefferkörner und Salz in ein verschließbares 6-Liter-Gefäß aus Glas oder Steingut schichten, bis alle Zutaten verbraucht sind. Mit Essig auffüllen und 4–5 Tage ziehen lassen. Das Gefäß muß dabei fest verschlossen sein.

Jeweils 2 oder 3 Chilis auf einem kleinen Teller mit Zwiebeln, Knoblauch und Essig als Vorspeise anrichten, oder die Chilis mit Fischkroketten füllen. Sie können auch als Würze für Saucen verwendet werden.

Geflügelgerichte sind im südwestlichen Mexiko sehr beliebt.

Vinagre de frutas
Obstessig

Dieser Obstessig ist leichter als Branntwein- oder Weinessig und eignet sich daher besonders gut zum Einlegen.

1 l	Pulque, ersatzweise helles Bier
2 l	Wasser
	Schale einer großen Ananas
1	Banane
2	Äpfel
1	Tasse nicht raffinierter brauner Zucker (ersatzweise Honig)

Alle Zutaten vermischen, in einen 5-Liter-Glaskrug gießen und etwa 5 Tage lang bei Zimmertemperatur stehenlassen, bis sie fermentieren.

Der Geschmack des Essigs kann abgewandelt werden, indem man statt der aufgeführten Früchte grüne Pflaumen, Zwiebeln, *chiles pasillas* und *chiles de árbol* verwenden.

Ebenso kann man Quitten oder Mangos zu Essig ansetzen und geröstete *chiles chipotles, pasillas* oder *oaxaqueños* und Knoblauch dazufügen.

Ergibt 4–5 Liter

Lomo de puerco relleno estilo chiapaneco
Gefüllte Schweinelende ›Chiapas‹

Dieses elegante Gericht ist eine der berühmtesten Spezial tä-
ten der Region und wird nur an hohen Feiertagen, Hochzeiten
und Taufen zubereitet.

1½ kg Lendenstück vom Schwein, ausgelöst, der Länge
      nach eingeschnitten und auseinandergebreitet
      Salz und Pfeffer nach Belieben

Für die Füllung
500 g Schweinefleisch, gewürfelt
2½   weiße Zwiebeln, eine davon mit Nelken gespickt,
     der Rest gehackt
1   Knoblauchknolle, und 5 Knoblauchzehen, kleingehackt
1   Zimtstange
2   Tomaten, geröstet (siehe Seite 21) und gewürfelt
½   Tasse Rosinen
½   Tasse enthäutete und feingehackte frische Mandeln
2 l   Wasser
1½   Tassen trockener Weißwein
½   Tasse Olivenöl
1   Eßlöffel frisch gemahlener Pfeffer
     Salz nach Belieben

Für die Sauce
8   *chiles anchos,* geröstet, geputzt, in Wasser
     eingeweicht (siehe Seite 21) und püriert
1½   weiße Zwiebeln, 1 davon geröstet (siehe Seite 21)
18   Knoblauchzehen, 8 davon geröstet (siehe Seite 21)
     und geschält
1   Teelöffel frisch gemahlener Pfeffer
¼   Teelöffel gemahlene Nelken
½   Zimtstange, gemahlen
¾   Tasse nicht raffinierter brauner Zucker oder
     dunkler brauner Zucker
⅓   Tasse Obstessig (siehe Rezept Seite 128) oder
     ein anderer milder Essig
¾   Tasse Schmalz
4   frische Thymianzweige oder ½ Teelöffel
     getrockneter Thymian
     Salz nach Belieben

Zum Garnieren
8   Blätter Romana-Salat
16   Radieschen, in Blütenform geschnitten
6   Frühlingszwiebeln, wie kleine Bürsten
     zurechtgeschnitten

Zubereitung des Schweinefleischs: Den Backofen auf 175° C
(Gasherd Stufe 2) vorheizen. Das ausgebreitete Fleisch flachklopfen und mit Salz und Pfeffer würzen.

Zubereitung der Füllung: Schweinefleisch, mit Nelken
gespickte Zwiebel, Knoblauchknolle und Zimt etwa 1½ Stunden lang in Wasser simmern. Das Fleisch in der Brühe abkühlen
lassen und anschließend in sehr feine Würfel schneiden. Die
Brühe aufbewahren.

Öl in einem schweren Topf erhitzen und darin gehackte
Zwiebeln und Knoblauch bräunen. Tomaten, Rosinen, Mandeln und Wein dazugeben und auf schwacher Hitze kochen, bis
die Sauce dicklich wird. Das kleingeschnittene Schweinefleisch
einrühren, die Farce mit Salz und Pfeffer abschmecken und so
lange kochen, bis sich alle Aromen gut vermischt haben. Die
Füllung auf das ausgebreitete Schweinefleisch streichen, das
Fleisch der Länge nach zusammenlegen und mit einem Bindfaden umwickeln.

Zubereitung der Sauce: Die Chilis mit der gerösteten
Zwiebel, ½ Zwiebel, geröstetem Knoblauch, 4 Knoblauchzehen, Pfeffer, Nelken, Zimt, Zucker und Essig im Mixer
pürieren und die Masse beiseite stellen. Schmalz in einem Topf
erhitzen, 6 Knoblauchzehen darin bräunen und herausnehmen.
Die Chilimischung hineingeben, kurz anbraten und auf schwacher Hitze etwa 20 Minuten einkochen lassen. Mit Thymian
würzen und salzen. Sollte die Sauce zu dickflüssig werden, mit
etwas Brühe oder Wasser verdünnen. Das zusammengerollte
Lendenstück großzügig mit einem Teil der Sauce bestreichen
und etwa 2 Stunden lang im Backofen garen. Währenddessen
wiederholt mit Sauce einpinseln.

Zum Servieren die Bindfäden vom Fleisch lösen und den
Braten in Scheiben schneiden. Auf einer Platte anrichten und
mit Salat, Radieschen und Zwiebeln umgeben. Den heißen
Bratenfond mit etwas Brühe oder Wasser ablöschen und zur
restlichen Sauce gießen. Gebratene Kochbananenscheiben
dazu reichen.
Ergibt 8 Portionen

Taxcalate

Dieses in Chiapas sehr beliebte Getränk stammt noch aus vorspanischer Zeit.

1 kg   Maisschrot
¾   Tasse Kakaobohnen
1½   Tortillas
2½   Tassen Zucker, nach Belieben
1   Teelöffel Orlean-Samen (Anatto, Roucou, Bixa orellana) ersatzweise rote Lebensmittelfarbe

1   Zimtstange, ca. 8 cm lang
        Eiswürfel

Den Backofen auf 175°C (Gasherd Stufe 2) vorheizen.

Den Maisschrot auf ein Backblech geben, im Ofen backen und zur Seite stellen. Ebenso die Kakaobohnen backen und anschließend schälen. Die Tortillas rösten und in kleine Stücke schneiden. Alle Zutaten vermischen oder in einem Mixer in kleinen Mengen pürieren (oder durch einen Fleischwolf drehen). Die Paste in einem gut verschließbaren Gefäß aufbewahren.

Um Taxcalate zuzubereiten, 2 gehäufte Eßlöffel Paste mit 1 Tasse Wasser und Zucker nach Belieben vermischen, Eiswürfel dazufügen und kalt servieren.

Die Zutaten für zwei berühmte einheimische Getränke, Taxcalate und Pozol

Pozol de cacao
Kaltes Schokoladengetränk

Pozol ist ein Erfrischungsgetränk, das in Chiapas zur heißesten Tageszeit serviert wird.

750 g Maiskörner, gekocht und enthäutet (siehe Seite 10)
10   Kakaobohnen, geröstet (siehe Seite 21) und geschält
        Zucker nach Belieben
        Wasser nach Belieben
        Eiswürfel

Mais und Kakaobohnen im Mixer zu einer dicken Paste pürieren, Zucker dazugeben und mit so viel Wasser verdünnen, daß ein sämiges Getränk entsteht. Eiswürfel hineingeben und kalt servieren.

Pozol wird traditionsgemäß in ausgehöhlten Kürbissen serviert, die in Mexiko Jícaras genannt werden.
Ergibt 8 Portionen

Agua fresca de limón verde
Frisches Limonengetränk

Erfrischende Fruchtsaftgetränke sind charakteristisch für Oaxaca. Auf dem Markt sieht man Indianerinnen, die in ihren *molcajetes* Limonenschalen zerreiben, um auf diese Weise das grüne Öl zu gewinnen, das dem beliebten Limonengetränk die gewünschte Farbe verleiht.

2 l   Wasser
1   Tasse Zucker, nach Belieben
      Schale von 10 unbehandelten Limonen, fein gerieben
      Saft von 10 Limonen,
      Eiswürfel

Wasser und Zucker in einen Krug geben und so lange rühren, bis sich der Zucker aufgelöst hat. Die Limonenschale hinzufügen und gut umrühren. Den Limonensaft hineingießen, die Eiswürfel dazugeben, umrühren und in hohen Gläsern servieren.
Ergibt etwa 3 Liter

Agua de sandia
Getränk aus Wassermelonen

2 kg   Wassermelone am Stück und 3 Tassen feingehackte Wassermelone
3 l   Wasser, nach Belieben
2   Tassen Zucker, nach Belieben
       Eiswürfel

Das Melonenfleisch auslösen, in Stücke schneiden und die Kerne entfernen. Portionsweise mit Wasser und Zucker im Mixer pürieren und das Getränk in einem Krug mit Eiswürfeln und gehackten Wassermelonenstückchen vermischen und sofort servieren.
Ergibt etwa 5 Liter

Ein ›Baum‹ mit Paradiesäpfeln für den Markt in Oaxaca

Postre del Virreinato
Vizekönigskuchen

Desserts, die während der Kolonialzeit serviert wurden, waren gehaltvoll und wurden gewöhnlich mit Alkohol angereichert. Viele dieser Süßspeisen sind Kreationen aus Klosterküchen und waren für die Tafel der königlichen Familie bestimmt.

Für den Teig

125 g Kartoffelmehl oder Maisstärke, zweimal gesiebt
125 g (gut 1 Tasse voll) Weizenmehl, gesiebt
½ Teelöffel Backpulver
12 Eier, getrennt
¾ Tasse Zucker

Für die Eiercreme

16 Eigelb
1 Tasse Wasser
3⅓ Tassen Zucker
1 Eßlöffel gemahlener Zimt
½ Tasse süßer Sherry, nach Belieben

Für die Füllung

½ Tasse gehackte getrocknete Feigen
½ Tasse gehackte kandierte Orangenschale
½ Tasse gehackte kandierte Zitronenschale
⅓ Tasse gehackte kandierte Limonenschale
1 Tasse trockener Sherry

Für die Glasur

4 Eiweiß
2½ Tassen Sahne, 1 Stunde lang tiefgefroren
1 Tasse Puderzucker

Zum Garnieren

½ Tasse süßer Sherry
3 getrocknete Feigen, in Streifen geschnitten
4 kandierte Orangenscheiben, in Streifen geschnitten
2 kandierte Limonen, in Streifen geschnitten
12 Mandeln, geröstet
¼ Tasse rosa oder hellgelbe Pinienkerne

Den Backofen auf 175 °C (Gasherd Stufe 2) vorheizen. 2 Kuchenformen von 20 cm Durchmesser ausfetten und mit Mehl bestäuben.

Zubereitung des Teigs: Eigelb mit dem Handrührgerät schlagen, bis sie cremig sind, nach und nach den Zucker einrieseln lassen und weiterschlagen, bis die Masse zähflüssig ist und sich der Zucker vollständig aufgelöst hat. Kartoffelmehl, Weizenmehl und Backpulver vermischen, langsam in die Eigelbmasse rühren und zur Seite stellen.

Eiweiß in einer großen Schüssel zu Schnee schlagen und vorsichtig unter die Eigelbmischung ziehen. Den Teig in die zwei Kuchenformen verteilen und auf mittlerer Schiebeleiste ca. 30 Minuten backen. Garprobe machen. Die Kuchen aus dem Ofen nehmen, 10 Minuten in den Formen abkühlen lassen, auf Kuchengitter stürzen und erkalten lassen.

Zubereitung der Eiercreme: Wasser und Zucker in einem schweren Topf erhitzen und so lange rühren, bis sich der Zucker aufgelöst hat. Ohne Umrühren kochen lassen, bis der Sirup den Festen-Ball-Grad erreicht hat (118–121 °C auf einem Zucker-Thermometer). Den Topf vom Herd nehmen, kurz in Eiswasser tauchen und abkühlen lassen. Eigelb in einer Schüssel cremig schlagen und allmählich den Sirup hineinrühren, bis die Masse dicklich wird. Den Zimt zugeben und die Creme im Wasserbad unter ständigem Rühren 20–30 Minuten eindicken lassen. Vom Herd nehmen und den Sherry hineinrühren. Die Creme abkühlen lassen und einige Stunden in den Kühlschrank stellen.

Zubereitung der Füllung: Feigen, Orangen, Zitronen und Limonen in eine Schüssel geben und 1 Stunde lang in Sherry mazerieren.

Zubereitung der Glasur: Eiweiß zu Schnee schlagen. In einer zweiten Schüssel die eisgekühlte Sahne so lange schlagen, bis sie dick wird, Zucker hineingeben und weiterschlagen, bis sich weiche Spitzen bilden. Vorsichtig den Eischnee unterziehen und bis zum Gebrauch in den Kühlschrank stellen.

Zur Fertigstellung des Kuchens einen Tortenboden auf eine gebutterte Tortenplatte legen und mit ¼ Tasse Sherry beträufeln. Mit der Hälfte der Eiercreme bedecken, die Hälfte der eingelegten Früchte darauf verteilen. Den zweiten Tortenboden auflegen, mit Sherry beträufeln, die restliche Eiercreme darüberstreichen und die verbliebenen Früchte anordnen. Oberfläche und Seiten des Kuchens mit Glasur bestreichen und mit Feigen, Orangen, Limonen, Mandeln und Pinienkernen garnieren.

Vor dem Servieren 2 Stunden lang in den Kühlschrank stellen.
Ergibt 8–12 Stücke

Der gehaltvolle Vizekönigskuchen besteht aus Schichten von Teig, Eiercreme und eingelegten Früchten.

DIE BAJÍO-REGION

Is riesige fruchtbare Hochebene, umgeben von zerklüfteten Bergen, ähnelt die Bajío-Region, die die Staaten San Luis Potosí, Querétaro, Guanajuato und Michoacán umfaßt, den Ebenen Zentralspaniens, der Heimat der ersten Kolonisten. Aquädukte im römischen Stil rahmen den Blick auf Weinberge und Glockentürme, die fast bis zur Zeit der spanischen Eroberung zurückdatieren. Blühende Bäume in einer sanftgeschwungenen Hügellandschaft, grün und schattenspendend im Sommer, verleihen der Gegend eine stille Schönheit ganz anderer Art als die unnahbare Größe der mexikanischen Sierra. Im Gegensatz zu den dort ansässigen indianischen Bauern, die mit Hacken und spitzen Pflanzstöcken arbeiten, benutzen die Bauern im Bajío Esel, Ochsen und Pflüge, was das mediterrane Ambiente der Region verstärkt. Auch viele der typischen Gerichte dieser Gegend sind deutlich spanischen Ursprungs: *Lengua rellena* (gefüllte Zunge), *Puchero* (ein gehaltvoller Auflauf) und *Fiambre* (kaltes Fleisch) gehören mit zu den besten.

Ungeachtet der iberischen Tradition war die Bajío-Region die Wiege des mexikanischen Unabhängigkeitskampfes. Priester und Aristokraten führten die Truppen in die Schlacht, und die alten Städte des Bajío tragen seitdem ihre Namen: Dolores Hidalgo, San Miguel de Allende, Morelia. Guanajuato, reich an revolutionärer Geschichte, ist eines der kulturellen Zentren und die Heimatstadt so bekannter Künstler wie des

Balladensängers und Filmstars Jorge Negrete und des Malers Diego Rivera. In Querétaro, wo Erzherzog Maximilian von Österreich, der von den Franzosen eingesetzte Kaiser Mexikos, gefangen und 1867 hingerichtet wurde und wo 50 Jahre später die revolutionären Schlüsselsätze der mexikanischen Verfassung formuliert wurden, kann man, auf den Spuren der mexikanischen Unabhängigkeit wandelnd, einige der kulinarischen Spezialitäten der Bajío-Region kennenlernen, wie etwa die berühmten *Pichones en lodo,* mit Kräutern und Knoblauch gefüllte Tauben, die in Lehm gebacken werden.

Äußerlich unverkennbar im Gewand einer spanischen Kolonie, ist die Bajío-Region dennoch unlöslich mit ihrer präkolumbischen Vergangenheit verknüpft. Ihr indianischer Ursprung wird vor allem auf den Marktplätzen erfahrbar, wo Händler Delikatessen wie *cabuche* (Kaktusblüten) und *nopal* (Kaktus-›Blätter‹) anbieten. Verschiedene Kakteensorten sind ein Teil der täglichen Ernährung, und vielfarbige stachelige Kaktusfrüchte – *tunas,* wie sie vom Aztekischen abgeleitet heißen – sind ein beliebtes Dessert. Sie werden roh serviert, in Sirup gekocht oder zu einer Paste verarbeitet, die *Queso de tuna* genannt wird. *Pulque,* das bierähnliche, fermentierte Kaktusgetränk, dient nicht nur der Geselligkeit, sondern auch als wichtige Zutat für Saucen und Eintöpfe.

Die vorherrschende lokale Kultur der Region ist eine Mischung aus dem Erbe der ansässigen Otomi-Indianer und den Gebräuchen eingewanderter spanischer Bauern, den Vorfahren der mexikanischen *Gambusinos* – umherziehende

Der Eingang des Museo Regional de Querétaro

Die Kathedrale von Morelia bei Nacht

Bergleute, die ein kümmerliches, aber unabhängiges Leben führen auf der Suche nach Edel- und Halbedelsteinen. Unzählige Gambusino-Ansiedlungen mit ihren massigen spanischen Kirchen umgeben die großen Bergbauzentren der Kolonialzeit, und während in manchen von ihnen noch reges Leben herrscht, sind andere beinahe völlig verlassen. Aus kulinarischer Sicht ist die Gegend bekannt für ihre süßen Desserts wie zum Beispiel *Cajeta* (Ziegenmilchkaramel), *Chongos zamoranos* (Quark in Sirup), *Arroz con leche* (Reispudding) und *Buñuelos* (fettgebackene Hefefladen).

Dem zunehmenden Verfall der alten Bergwerkszentren steht das wirtschaftliche Wachstum der Städte San Luis Potosí und Querétaro gegenüber. Die steigenden Verdienstmöglichkeiten halten die jungen Leute davon ab zu emigrieren, und ein gehobenerer Lebensstil beginnt sich nicht zuletzt in der Qualität der Restaurants niederzuschlagen. San Miguel de Allende, eine aufstrebende Stadt mit noch kolonialem Charme und einer lebhaften ausländischen Künstlerkolonie, entwickelt sich zu einem Zentrum exquisiter mexikanischer Kochkunst, wo so raffinierte Gerichte wie zum Beispiel Schweinelende in Mandelsauce angeboten werden.

In Morelia, neben Guanajuato wohl die schönste Stadt der Bajío-Region, kann man abseits der schicken Restaurants mit teilweise schon ›internationaler‹ Küche noch immer ein einfaches *Pollo de plaza* (Huhn von der Plaza) genießen, das in unmittelbarer Umgebung von Morelias begrüntem Zentrum mit der eindrucksvollen Kathedrale an Straßenständen zubereitet und verkauft wird. Zusammen mit Enchiladas und einer kräftigen *chile ancho*-Sauce kann ein *Pollo de plaza* einen sonnigen Nachmittag in Michoacán wunderbar abrunden.

Um eine andere bekannte kulinarische Spezialität zu genießen, unternimmt man eine kurze Fahrt in die Berge. Der Weißfisch von Patzcuaro wird in dem dortigen See von Fischern gefangen, die gekonnt ihre schmetterlingsförmigen Netze auswerfen. Der frische Fisch wird in Eierteig getaucht, fritiert und mit Limonen garniert serviert.

Patzcuaro und die im See gelegene Insel Janitzio sind berühmt für die Rituale, mit denen ihre Einwohner zu Allerseelen (2. November) ihrer verstorbenen Verwandten gedenken. Kunstvolle Skelette oder Schädel aus Zucker mit den Namen der Toten werden auf die Gräber gelegt, und die Bäcker der Gegend bereiten *Pan de muerto* (Brot für die Toten). Das mit vielen Eiern gebackene und nach Orangen duftende Brot ist ein Festtagsschmaus für die Lebenden.

Der Templo San Diego in Guanajuato

Enchiladas potosinas
Enchiladas ›Potosí‹

Auf dem Markt von Tangamanga in San Luis Potosí wird dieses typische Gericht über Holzkohlenfeuer zubereitet, und hungrige Marktbesucher warten ungeduldig auf die frischen Enchiladas.

Für die Füllung

½	Tasse gehackte weiße Zwiebeln
1	Tasse ›Grüne Sauce‹ (siehe Rezept Seite 104)
	Salz nach Belieben (sparsam verwenden, wenn der Käse salzig ist)
2½	Tassen Ricotta oder Feta
¼	Tasse Pflanzenöl

Für den Teig

1 kg	frische *masa* oder aus *masa harina* zubereitete *masa* (siehe Seite 10)
175 g	*chiles anchos,* leicht geröstet, geputzt und 25 Minuten eingeweicht (siehe Seite 21)
2	Knoblauchzehen
1	Teelöffel Salz
3	Tassen Pflanzenöl

Zum Garnieren

1	Tasse zerkrümelter Ricotta oder Feta
1	Tasse feingehackte weiße Zwiebeln
2	Tassen Guacamole (siehe Rezept Seite 33)

Zubereitung der Füllung: Öl in einer Pfanne erhitzen und die Zwiebeln darin schmoren, bis sie weich sind. Die Grüne Sauce dazugeben, salzen und auf schwacher Hitze 10 Minuten lang kochen. Vom Feuer nehmen, abkühlen lassen und den Käse hineinrühren.

Zubereitung des Teigs: Chilis abgießen (das Einweichwasser aufbewahren) und mit Knoblauch, Salz und etwas Einweichwasser im Mixer pürieren. Das Chilipüree zur *masa* geben und so lange kneten, bis der Teig glatt und nicht mehr klebrig ist. Falls nötig, mehr Einweichwasser dazugeben.

Den Teig in 24 golfballgroße Portionen aufteilen und zu Tortillas formen (siehe Seite 10), die dann in einer aufgeheizten schweren Pfanne von beiden Seiten gebacken werden. Sofort auf jede fertige Tortilla 1 Teelöffel Füllung geben und zusammenklappen. Auf diese Weise mit allen Tortillas verfahren. Heiß halten.

Öl in einem schweren Topf langsam erhitzen und die Enchiladas auf schwacher Hitze 3–4 Minuten darin braten (sie sollten weich bleiben). Auf Küchenkrepp abtropfen lassen.

Die Enchiladas auf einer Platte anrichten, mit Käse und Zwiebeln garnieren und mit Guacamole servieren.

Gefüllt und zusammengefaltet werden können Enchiladas im voraus, sie sind gefroren längere Zeit haltbar. Vor dem Verzehr werden sie kurz angetaut und aufgebraten.
Ergibt 24 Enchiladas

Tartara estilo Guanajuato
Tartar ›Guanajuato‹

Tartar oder rohes Rinderhack wird in der ganzen Welt zubereitet. In Guanajuato ist dieses wie viele andere internationale Gerichte übernommen und mit typischen Gewürzen aus der Gegend variiert worden.

1 kg	Rinderfilet, sehr frisch und fein gehackt

Zum Garnieren

3½	Tassen feingehackte weiße Zwiebeln
½	Tasse feingehackte *chiles serranos*
3	Tassen feingewürfelte Tomaten
1	Tasse feingehackte frische Korianderblätter
	Salz und frisch gemahlener Pfeffer nach Belieben
32	Limonen, halbiert
	Worcestershire Sauce
	Olivenöl

Jeweils 150 g Tartar auf die einzelnen Teller verteilen, flachdrücken und mit Zwiebeln, Chilis, Tomaten, Korianderblättern, Salz, Pfeffer und Limonen garnieren. Worcestershire Sauce und Olivenöl zum Würzen dazu reichen. Mit Totopos (knusprig gebratenen Tortilla-Streifen) servieren.
Ergibt 8 Portionen

Die Bewohner von Guanajuato haben das internationale Rezept für Rindertartar ihrem Geschmack angepaßt.

Sopa tarasca estilo Patzcuaro
Bohnensuppe der Tarasco-Indianer

Diese Suppe stammt aus Patzcuaro, dem Zentrum des Gebiets der Tarasco-Indianer.

Für die Suppe

350 g   getrocknete Bayo-, Pinto- oder andere helle
        Bohnen, über Nacht eingeweicht
3   weiße Zwiebeln, die Hälfte davon geviertelt
8   Knoblauchzehen
3   kleine Tomaten, geröstet (siehe Seite 21)
4   Eßlöffel Schmalz
ca. 1 l heiße Hühnerbrühe (siehe Rezept Seite 202)
1   *chile ancho,* geputzt (siehe Seite 21) und in
        etwas Öl leicht gebraten
        Salz nach Belieben

Zum Garnieren

1½   Tassen Crème fraîche oder saure Sahne
6   Eßlöffel Milch und Sahne zu gleichen Teilen
2   Tassen gewürfelter Feta oder Mozzarella
16   Tortillas, in schmale Streifen geschnitten,
        in Öl knusprig gebraten und abgetropft
4   *chiles pasillas* oder *anchos,* in etwas Öl
        gebraten und in Streifen geschnitten
1   *chile chipotle,* getrocknet oder aus der Dose
1   Avocado, in Scheiben geschnitten (nach Belieben)

Callas in Fülle gibt es in San Miguel de Allende.

Bohnen im Einweichwasser mit geviertelten Zwiebeln, 4 Knoblauchzehen und Salz 1½–2 Stunden lang kochen, bis sie zart sind (im Schnellkochtopf 45–60 Minuten). Mit Salz abschmecken, vom Herd nehmen und abkühlen lassen. Die Bohnen mit der Brühe im Mixer pürieren, zweimal durch ein Sieb passieren und zur Seite stellen.

1 Zwiebel, 4 Knoblauchzehen, Tomaten und *chile ancho* im Mixer pürieren. Schmalz in einem großen Topf erhitzen, Zwiebelscheiben darin bräunen und entfernen, anschließend das Tomatenpüree in das Fett rühren. Etwa 20 Minuten kö-

cheln lassen, bis die Mischung dicklich geworden ist. Das Bohnenpüree dazugeben und auf schwacher Hitze einkochen lassen. Hühnerbrühe angießen, mit Salz abschmecken und noch einmal erhitzen.

Vor dem Servieren Crème fraîche und Milch-Sahne-Mischung verrühren. Die heiße Suppe in einer Ton-Terrine servieren und die zum Garnieren bestimmten Zutaten wie Sahne, Käse, Tortillas, Chilis und Avocadoscheiben in einzelnen Schälchen am Tisch dazu reichen.
Ergibt 8 Portionen

In Öl gebratene Tortilla-Streifen sind eine knusprige Beilage zu einer Tarasco-Suppe ›Patzcuaro‹, die in Keramikschalen aus Michoacán serviert wird.

Uchepos de leche
Frische Mais-Tamales mit Milch

Das folgende Rezept ist Carmen Arriaga de Zaraletas Version dieser winzigen süßen Tamales.

30   frische Maishülsenblätter, Spitzen entfernt

Für die Füllung

        Körner von 12 Maiskolben
1 ¼   Tassen abgekochte Milch
1 ½–2 Tassen Zucker
½   Teelöffel Salz
2   Zimtstangen, je ca. 8 cm lang

Die Maiskörner mit Milch im Mixer pürieren, die Mischung durch ein Sieb passieren und in einen mittelgroßen Topf gießen. Zucker, Salz und Zimt hinzufügen und auf schwacher Hitze etwa 45 Minuten unter Rühren kochen, bis die Mischung dick wird. Abkühlen lassen und die Zimtstangen entfernen.

Je 2 Eßlöffel Maisbrei auf ein Maishülsenblatt geben, und zunächst die Längsseiten, dann oberes und unteres Ende des Blattes zur Mitte falten. Mit Bindfaden oder einem Hülsenblattstreifen umwickeln.

Den Einsatz eines Dampfkochtopfes mit einer Schicht Maishülsenblätter auslegen, die Tamales aufrecht stehend einsortieren und mit weiteren Maishülsenblättern und einem Geschirrtuch bedecken. Im zugedeckten Topf etwa 1 ½ Stunden dämpfen, bis sich die Hülsenblätter leicht vom Teig schälen lassen. Eventuell während des Garens kochendes Wasser nachgießen, dabei darauf achten, daß die Tamales nicht mit Wasser in Berührung kommen.

Die Uchepos auf einer Platte anrichten und heiß oder kalt servieren. Als Beilage können Sahne, eingelegte Chilistreifen, Zwiebeln und Butter gereicht werden. Sie können auch als Füllung für *chiles poblanos* verwendet und mit saurer Sahne serviert werden.
Ergibt etwa 20 Uchepos

Ensalada de cabuches y palmitos
Salat mit Kaktusblüten und Palmherzen

Cabuches sind die Blüten des Biznaga-Kaktus, der im Staat San Luis Potosí wild wächst. Neben anderen Verwendungsmöglichkeiten lassen sie sich zusammen mit Palmherzen zu einem delikaten Salat verarbeiten.

32   Scheiben Palmherzen aus der Dose
8   Tassen *cabuches* aus der Dose, ersatzweise gekochte Artischockenherzen

Für die Vinaigrette

2   weiße Zwiebeln, fein gehackt
4   Fleischtomaten, fein gewürfelt
1   Tasse feingehacktes, hartgekochtes Eiweiß
1   Tasse feingehackte grüne Oliven
1   Tasse feingehackte Petersilie
1 ½   Tassen Obstessig
1 ½   Tassen Pflanzenöl
        Salz und Pfeffer nach Belieben

Zum Garnieren

¼   Tasse gehackte frische Korianderblätter

Zubereitung der Vinaigrette: Zwiebeln, Tomaten, Eiweiß, Oliven, Petersilie, Salz, Pfeffer und Essig in eine Schüssel geben. Langsam das Öl angießen und alle Zutaten mit einer Gabel verrühren, bis sich das Öl gut verteilt hat. 2–3 Stunden in den Kühlschrank stellen.

Zubereitung des Salats: Jeweils 4 Palmherzscheiben und 1 Tasse *cabuches* auf Salattellern anrichten, die Vinaigrette darübergießen und den Salat mit Korianderblättern garnieren. Ergibt 8 Portionen

Dieser außergewöhnliche Salat wird aus Kaktusblüten und Palmherzen zubereitet.

Blanco de Patzcuaro
Weißfisch aus Patzcuaro

Diese Art Süßwasserfisch gibt es nur im Staat Michoacán.

Für die Zubereitung des Fischs

8	Weißfische, vorzugsweise aus Patzcuaro, je 275 g, küchenfertig und entgrätet, oder 8 filetierte Seezungen oder Flunderfilets, je 150 g
	Saft von 3 Limonen
	Salz und Pfeffer nach Belieben
2	Tassen Mehl
	Pflanzenöl zum Fritieren

Weißfisch aus Patzcuaro wird mit einem Eierteig überzogen und in Öl ausgebacken.

Für den Teig

10	Eiweiß
5	Eigelb
2	Eßlöffel Mehl
	Salz nach Belieben

Zum Garnieren

6	Eiertomaten
8	Blätter Romana-Salat
	Limonenschnitze und Limonenblätter

Zubereitung des Fischs: Den Fisch gut waschen und trocknen, mit Limonensaft beträufeln, salzen und pfeffern und 45 Minuten ruhen lassen, anschließend in Mehl wälzen und das überschüssige Mehl abschütteln. Öl in einem schweren Topf erhitzen.

Den Teig zubereiten: Die Eiweiß mit einer Prise Salz zu Schnee schlagen. Die Eigelb leicht verquirlen und vorsichtig unter den Eischnee ziehen. Dann langsam das Mehl dazugeben.

Den Fisch in den Teig tauchen und in heißem Öl fritieren, dabei einmal wenden. Aus dem Öl nehmen und auf Küchenkrepp abtropfen lassen. Auf diese Weise mit allen Fischen verfahren. Die Fische im Backofen heiß halten.

Zum Servieren die Fische auf einer Platte anrichten und mit Tomaten, Salatblättern, Limonenschnitzen und Limonenblättern garnieren.
Ergibt 8 Portionen

Pichones en lodo
Tauben in Lehm

Für die Zubereitung der Tauben

8		Tauben mit Federn, frisch geschlachtet
16		Knoblauchzehen
½		Teelöffel Salz
1½		Eßlöffel getrockneter Origano
8		Lorbeerblätter
8		Eßlöffel Schmalz oder Butter
4 kg		Lehm
		Feuerholz

Das Feuerholz anzünden und 2–3 Stunden lang niederbrennen lassen. Den Lehm mit Wasser zu einer dicken Paste vermischen.

Die Tauben ausnehmen, waschen und trockentupfen. Knoblauch, Salz, Origano, Lorbeerblätter und Schmalz verrühren und die Tauben mit dieser Gewürzmischung füllen. Die Tauben gegen die Laufrichtung der Federn dick mit Lehmpaste einstreichen und etwa 45 Minuten zur Seite stellen, bis der Lehm hart geworden ist. Nun die Lehmpakete direkt auf die Glut legen und ca. 1 Stunde lang backen, dabei mehrmals wenden. Die Backzeit ist abhängig von der Art des verwendeten Lehms.

Zum Servieren den gebrannten Lehm mit einem Hammer oder Messer zerbrechen. Dabei lösen sich Haut und Federn von den Vögeln. Die Tauben auf die einzelnen Teller verteilen und mit Grüner Sauce oder eingelegten Chilis und heißen Tortillas servieren.
Ergibt 8 Portionen

Enchiladas verdes estilo Mesón Santa Rosa
Grüne Enchiladas ›Mesón Santa Rosa‹

| 24 | Tortillas, je ca. 13 cm Durchmesser |
| 1½ | Tassen Pflanzenöl |

Für die Sauce

25	*tomatillos*, die Hülsen entfernt
1½	weiße Zwiebeln, halbiert, und 2 Zwiebelscheiben
10	Knoblauchzehen
9–11	*chiles serranos*
30	Stengel frischer Koriander
3 l	Wasser
⅔	Tasse Pflanzenöl
	Salz nach Belieben

Für die Füllung

3	Hähnchenbrüste, halbiert
1	weiße Zwiebel, in dicke Scheiben geschnitten
4	Knoblauchzehen
2 l	Wasser
	Salz nach Belieben

Zum Garnieren

| 1 l | Crème fraîche |
| 4 | Tassen zerkleinerter milder Frisch- oder halbfester Schnittkäse |

Zubereitung der Sauce: In einem Topf Wasser zum Kochen bringen, *tomatillos*, 2 Zwiebelhälften, 6 Knoblauchzehen und 6–8 Chilis hineingeben. Die Zutaten 30 Minuten lang simmern, leicht abkühlen lassen, anschließend abgießen (das Kochwasser aufbewahren) und im Mixer mit ½ Zwiebel, 4 Knoblauchzehen, 3 Chilis, Korianderblättern und etwas Kochwasser pürieren. Öl in einem Topf erhitzen, die Zwiebelscheiben darin bräunen und herausnehmen. Die pürierte Sauce und Salz dazugeben. Die Sauce etwa 45 Minuten auf schwacher Hitze einkochen. Falls sie zu dickflüssig wird, mit etwas Kochwasser verdünnen.

Zubereitung der Tortillas: Die Tortillas in heißem Öl kurz fritieren (sie müssen noch geschmeidig sein) und auf Küchenkrepp abtropfen lassen.

Zubereitung der Füllung: Wasser in einem Topf zum Kochen bringen und Hähnchenbrüste, Zwiebeln, Knoblauch und Salz hineingeben. Auf schwacher Hitze ca. 30 Minuten garen. Abkühlen lassen, die Hähnchenbrüste herausnehmen und in sehr feine Würfel schneiden.

Den Backofen auf 175°C (Gasherd Stufe 2) vorheizen und 8 rechteckige Auflaufformen einfetten.

Die Tortillas mit Hähnchenfleisch füllen und zu Enchiladas zusammenrollen. Jeweils 3 Enchiladas in eine Backform legen und Grüne Sauce darübergießen. Mit Crème fraîche bedecken und mit Käse bestreuen. 25 Minuten im Ofen überbacken und mit ›Frijoles de olla‹ servieren (siehe Rezept Seite 187).
Ergibt 24 Enchiladas

Pollo de plaza estilo Morelia
Hähnchen-Enchiladas ›Morelia‹

Dieses Rezept stammt aus Morelia. Jeden Nachmittag um 18 Uhr locken die Stände auf der Plaza San Francisco mit ihrem würzigen Duft die Kunden an.

Für die Zubereitung des Hähnchens

4	Hähnchenbrüste, halbiert, mit Knochen
1 ½	weiße Zwiebeln, halbiert
6	Knoblauchzehen
2	Lorbeerblätter
1	frischer Thymianzweig oder ¼ Teelöffel getrockneter Thymian
1	Teelöffel frisch gemahlener Pfeffer Salz nach Belieben
1½ l	Wasser

Für die Enchiladas

24	mittelgroße Tortillas
6	*chiles anchos* oder *pasillas,* geröstet, geputzt (siehe Seite 21) und gewaschen
4	Knoblauchzehen
½	weiße Zwiebel, grob gehackt
1	Teelöffel getrockneter Origano
1	Messerspitze gemahlener Kreuzkümmel
½	Teelöffel frisch gemahlener Pfeffer Salz nach Belieben
½	Tasse Essig
3	Tassen Wasser
1	Tasse Pflanzenöl oder Schmalz

Zum Garnieren

16	Blätter Romana-Salat
1½	Tassen feingehackte weiße Zwiebeln, vermischt mit 1 Teelöffel Salz und 1 Teelöffel getrockneter Origano

3	Tassen selbstzubereitete Tomatensauce
2	Tassen zerkrümelter Feta
8	*chiles jalapeños*
6	Tassen gehackte und gekochte Karotten
6	Tassen gekochte Kartoffelscheiben

Zubereitung des Hähnchens: Wasser in einem mittelgroßen Topf zum Kochen bringen, die Hähnchenbrüste mit Zwiebeln, Knoblauch, Lorbeerblättern, Thymian, Pfeffer und Salz hineingeben und 25 Minuten simmern lassen. Vom Herd nehmen, das Fleisch in der Brühe etwas abkühlen lassen und anschließend herausnehmen.

Zubereitung der Enchiladas: Wasser mit Essig vermischen und die Chilis 30 Minuten lang darin einweichen. Abgießen und die Flüssigkeit aufbewahren. Die Chilis mit Knoblauch, Zwiebeln, Origano, Kreuzkümmel, Pfeffer und Salz und ½–1 Tasse Einweichwasser im Mixer pürieren. Die Sauce in eine flache Schale gießen.

Eine schwere Pfanne mit hohem Rand erhitzen, Öl hineingeben und die kurz in Chilisauce getauchten Tortillas nacheinander darin braten. Während des Bratens die Tortillas auf die Hälfte zusammenfalten und wenden. Sie dürfen nicht zu spröde werden. (Vorsicht! die feuchten Tortillas spritzen im heißen Fett.) Die Tortillas aus der Pfanne nehmen und im Backofen warm halten. Eventuell Öl nachfüllen.

Im gleichen Öl das gekochte, ausgelöste Hähnchenfleisch von allen Seiten bräunen.

Zum Servieren auf jeden Teller 2 Salatblätter legen, 3 Enchiladas darauf anrichten und mit einem Stück Hähnchenbrust bedecken. Mit Zwiebeln, Tomatensauce, Käse und Chilis garnieren und frisch gekochte Karotten und Kartoffeln dazu reichen.
Ergibt 24 Enchiladas

Auf der Plaza San Francisco in Morelia wird ein köstlicher Imbiß aus gebratenen Tortillas serviert, die mit gut gewürzten Hähnchenstücken belegt und mit verschiedenen Zutaten garniert sind.

Oben: Das Museo regional de Querétaro
Links: Das Wappenschild des ehemaligen Hauses des Grafen von Ecala

Pierna de venado marinada en vino tinto
Rehkeule in Rotweinteig

1	Rehkeule, knapp 4 kg, entbeint

Für die Marinade

1½	Tassen Olivenöl
8	Knoblauchzehen, gehackt
1	Tasse feingehackte Schalotten
3	weiße Zwiebeln, in dünne Scheiben geschnitten
8	Karotten, geschält und in Streifen geschnitten
2	Tassen gehackter Sellerie
20	Stengel Petersilie
2	Eßlöffel Zucker
1	Eßlöffel Salz
10	schwarze Pfefferkörner
1	Eßlöffel gehackte frische Ingwerwurzel

6   frische Thymianzweige oder 1 Teelöffel
        getrockneter Thymian
1   Eßlöffel getrocknetes Basilikum
1   Teelöffel Nelken
1   Teelöffel zerstoßene Pimentkörner

Für den Teig
1 kg   Weizenmehl
1–1½ Flaschen trockener Rotwein
1   Eßlöffel Salz

Zum Garnieren
8   rote Äpfel, geschält und vom Kerngehäuse befreit
2   Tassen Zucker
2   Zimtstangen, je ca. 6 cm lang
1 l   Wasser
1   Bund frischer Koriander

Für die Sauce
1   Tasse süßer Sherry
7   Eßlöffel Butter
2   Eßlöffel Maisstärke, die in etwas von dem Sherry
        aufgelöst wird

Die Zutaten für Rehkeule in Rotweinteig

Zubereitung der Marinade: Öl in einem Topf erhitzen, Knoblauch, Schalotten und Zwiebeln darin bräunen. Karotten, Sellerie, Petersilie, Zucker, Salz, Pfefferkörner, Ingwerwurzel, Thymian, Basilikum, Nelken und Piment dazugeben. Die Zutaten kurz anbraten, dann die Hitze reduzieren und die Gewürze 25 Minuten lang schmoren.

Zubereitung der Rehkeule: Das Fleisch in eine große Schüssel legen und die Marinade darübergießen. 2–3 Stunden lang im Kühlschrank ziehen lassen, dabei mehrmals wenden. Unmittelbar vor dem Braten die Rehkeule aus der Marinade nehmen und trockentupfen. Die Marinade aufbewahren.

Den Backofen auf 190°C (Gasherd Stufe 3) vorheizen und ein Backblech einfetten.

Zubereitung des Teigs: Mehl und Salz miteinander vermischen, dann langsam den Wein dazugeben und so lange kneten, bis ein fester Teig entstanden ist (die Menge des benötigten Weins hängt vom Mehl ab). Den Teig ungefähr auf die Größe der Rehkeule ausrollen. Die Rehkeule auf das Backblech legen und sorgfältig mit Teig bedecken. Etwa 4 Stunden lang backen, bis das Fleisch gar ist. Die Keule aus dem Backofen nehmen, die Teighülle entfernen und den Bratenfond aufbewahren.

Zubereitung der Garnierung: Zucker und Zimt in heißem Wasser 25 Minuten lang kochen lassen, dann die Äpfel in den Sirup geben und zugedeckt etwa 20 Minuten kochen, bis das Obst gar ist.

Zubereitung der Sauce: Bratensaft und Marinade vermischen und 20 Minuten lang vorsichtig erhitzen. Sherry, Butter und Maisstärke einrühren. Die Sauce 10 Minuten lang unter Rühren kochen, dann durch ein Haarsieb passieren.

Zum Servieren die gebratene Rehkeule auf einer Platte anrichten (vor dem Anschneiden 20 Minuten lang ruhen lassen), mit den gekochten Äpfeln und frischem Koriander garnieren und die Bratensauce getrennt dazu reichen.
Ergibt 12 Portionen

Fiambre potosino
Kaltes Fleisch ›Potosí‹

Kaltes Fleisch ist eines der typischsten Gerichte in der Stadt San Luis Potosí. Das Rezept geht zurück bis ins späte 17. und frühe 18. Jahrhundert.

Für die Zubereitung des Fleischs

1	große Ochsenzunge
4	Schweinsfüße, gesäubert und halbiert
4	mittelgroße Hähnchenbrüste
2	Knoblauchknollen, halbiert
2	weiße Zwiebeln oder 4 Frühlingszwiebeln
3	Karotten, geschält
2	weiße Rüben
6	Lorbeerblätter
20	Stengel Petersilie
2	frische Thymianzweige oder ½ Teelöffel getrockneter Thymian
2	Stengel frischer Majoran oder ½ Teelöffel getrockneter Majoran
½	Eßlöffel Pimentkörner
	Salz nach Belieben
6 l	Wasser

Für die Vinaigrette

6	Knoblauchzehen, gepreßt
1	Eßlöffel getrockneter Origano
1	Eßlöffel getrockneter Thymian
1	Eßlöffel getrockneter Majoran
1	Teelöffel frisch gemahlener Pfeffer
½	Teelöffel Pimentkörner
	Salz nach Belieben
½	Tasse Dijon-Senf
1½	Tassen Apfelessig
4½	Tassen Pflanzenöl

Zum Garnieren

6	rote Kartoffeln, geschält und mit einem Messer mit gewellter Klinge in Scheiben geschnitten
8	große Karotten, geschält und mit einem Messer mit gewellter Klinge in Scheiben geschnitten
1	Romana-Salat, in feine Streifen geschnitten
1	Tasse *chiles jalapeños* aus der Dose
2	Eßlöffel gehackter Schnittlauch

Zubereitung des Fleischs: Wasser in einem Suppentopf erhitzen. Ochsenzunge, Schweinsfüße, Knoblauch, Zwiebeln, Karotten, weiße Rüben, Lorbeerblätter, Petersilie, Thymian, Majoran, Pimentkörner und Salz hineingeben und erneut zum Kochen bringen. Die Hitze reduzieren und etwa 2½ Stunden lang kochen lassen, bis die Zunge weich ist und die Schweinsfüße gar sind.

Die Hähnchenbrüste hinzufügen und weitere 30 Minuten kochen lassen. Den Topf vom Herd nehmen, die Gemüse entfernen und beiseite stellen. Das Fleisch in der Brühe abkühlen lassen und dann herausnehmen. Die Zunge im Kühlschrank erkalten lassen, anschließend schälen und in dünne Scheiben schneiden. Die Hähnchenbrüste auslösen und das Fleisch schräg aufschneiden.

Zubereitung der Vinaigrette: Knoblauch, Origano, Thymian, Majoran, Pfeffer, Pimentkörner, Salz, Senf und Essig 3 Minuten lang im Mixer pürieren, dabei das Öl langsam in einem dünnen Strahl hineinlaufen lassen. Nachwürzen. Zunge, Hähnchen, Schweinsfüße und Gemüse in eine Schüssel geben, mit der Vinaigrette bedecken und vorsichtig umrühren. 24 Stunden lang kühl stellen.

Zubereitung der Garnierung: In einem Topf Salzwasser zum Kochen bringen und die Kartoffeln mit den Karotten darin garen (sie sollten nicht zerkochen). Die Gemüse abtropfen lassen und zu dem Fleisch in der Vinaigrette geben. Weitere 24 Stunden lang kühl stellen.

Zum Servieren die Zunge in der Mitte einer großen Platte anrichten und mit den in Scheiben geschnittenen Hähnchenbrüsten und den Schweinsfüßen umgeben. Salatstreifen, Kartoffel- und Karottenscheiben dazwischen verteilen, mit Chilis garnieren und mit Schnittlauch bestreuen.
Ergibt 8–12 Portionen

Tostadas mineras
Tostadas der Bergleute

Tostadas werden in Guanajuato am Rande des örtlichen Hidalgo-Markts verkauft. Diese Version des klassischen mexikanischen Gerichts erinnert an die Bergleute der Gegend.

Für die Tostadas

16	Tortillas, je ca. 10 cm Durchmesser
3	Tassen Pflanzenöl

Für die Beilagen

3	Tassen Bohnenpüree (siehe Rezept Seite 43)
3	Hähnchenbrüste, halbiert
1½ l	Wasser

2½ weiße Zwiebeln, 1 davon geviertelt,
der Rest fein gehackt

6 Knoblauchzehen

2 Lorbeerblätter

1 frischer Thymianzweig
Salz nach Belieben

½ Tasse Olivenöl oder Pflanzenöl

4 reife Fleischtomaten (ca. 1¼ kg), fein gewürfelt

4 chiles serranos, fein gehackt

½ Tasse feingehackte frische Korianderblätter

1 Teelöffel frisch gemahlener Pfeffer

Zum Garnieren

4 Tassen in feine Streifen geschnittener Romana-Salat

16 Tomatenscheiben

16 Avocadoscheiben

1 Tasse saure Sahne

16 Streifen chiles jalapeños

Zubereitung der Tostadas: Das Öl in einer schweren Pfanne mit hohem Rand so lange erhitzen, bis es fast zu rauchen beginnt, die Tortillas darin knusprig braten und auf Küchenkrepp abtropfen lassen.

Zubereitung der Beilagen: Das Bohnenpüree auf schwacher Hitze eindicken, bis eine streichfähige Paste entsteht. Warm halten.

Wasser in einem mittelgroßen Topf erhitzen und Hähnchenbrüste mit geviertelter Zwiebel, Knoblauch, Lorbeerblättern, Thymian und Salz 40 Minuten lang darin simmern lassen. Das Hähnchenfleisch in der Brühe abkühlen lassen, herausnehmen und in kleine Stücke schneiden.

Öl in einer Pfanne erhitzen und die feingehackten Zwiebeln darin bräunen. Tomaten, Chilis, Korianderblätter, Salz und Pfeffer zufügen und auf schwacher Hitze 30 Minuten lang köcheln lassen. Das kleingeschnittene Hähnchenfleisch dazugeben und weitere 25 Minuten lang sanft kochen. Die Pfanne vom Herd nehmen, zur Seite stellen und abkühlen lassen.

Zum Servieren die gebratenen Tortillas mit der warmen Bohnenpaste bestreichen. Die Hähnchenmischung darauf verteilen und mit Salat bedecken. Jede Tostada mit 1 Tomatenund 1 Avocadoscheibe und 1 Eßlöffel saure Sahne garnieren. Zuletzt auf jede fertige Tostada einen Chilistreifen legen und sofort servieren.

Ergibt 16 Tostadas

Oben: Kaltes Fleisch ›Potosí‹
Rechts: Tostadas der Bergleute

Puchero estilo Ex-Hacienda de Santiago
Rindfleischtopf ›Hacienda de Santiago‹

Eintopfgerichte sind typisch für das Gebiet um die ehemalige Hacienda de Santiago, ein Hochplateau im Staat von San Luis Potosí, wo heute Stiere auf ihre Wildheit getestet werden.

Für die Brühe

1 kg	Hüfte vom Rind
ca. 1½ kg	Zungenstück (Fehlrippe) vom Rind, in 5 cm große Würfel geschnitten
1 kg	Suppenknochen vom Rind
2	weiße Rüben, geschält
2	weiße Zwiebeln, in Scheiben geschnitten
2	Knoblauchknollen, ungeschält halbiert
6	Frühlingszwiebeln, mit dem Grün
3	Maiskolben, gereinigt und in je 3 Stücke zerteilt
6	Karotten, geschält und in Scheiben geschnitten
2	große *chayotes* (Eierkürbisse), geschält und geviertelt
7	Zucchini, in Scheiben geschnitten
6½ l	Wasser
4	Stengel frische Minze oder ½ Teelöffel getrocknete Minze
30	Stengel frischer Koriander
6	Lorbeerblätter
20	Stengel Petersilie
4	frische Thymianzweige oder 1 Teelöffel getrockneter Thymian
4	Stengel frischer Majoran oder 1 Teelöffel getrockneter Majoran
	Salz oder gekörnte Rindfleischbrühe nach Belieben

Für die Sauce

15	*tomatillos,* die Hülsen entfernt
	Salz nach Belieben
4	Knoblauchzehen
8	*chiles de árbol* oder kleine getrocknete rote Chilis, leicht in Öl gebraten

Zum Garnieren

½	Tasse Frühlingszwiebeln, mit dem Grün
4	Tassen weißer gekochter Langkornreis (siehe Rezept Seite 202)

Die Zutaten für Rindfleischtopf ›Hacienda de Santiago‹

Die Rindfleischbrühe wird vom Eintopf getrennt serviert.

2	Tassen gekochte Kichererbsen
½	Tasse gehackte *chiles poblanos* oder *serranos* oder *California (Anaheim)-chiles*
¾	Tasse gehackte frische Korianderblätter

Zubereitung der Brühe: In einem großen Topf Wasser zum Kochen bringen. Frische Kräuter gebündelt, getrocknete Kräuter zusammen mit weißen Rüben, Zwiebeln, Knoblauch, Frühlingszwiebeln und Mais in das kochende Wasser geben

Hüfte, Zungenstück und Rinderknochen dazugeben und salzen. Auf schwacher Hitze die Brühe ungefähr 2½ Stunden simmern lassen. Den Topf vom Herd nehmen, Schaum und Fett abschöpfen, die Gemüse aus der Brühe nehmen und das Rindfleisch im Sud abkühlen lassen (wenn die Brühe 1 Tag im voraus zubereitet wird, kann das Fett leichter abgenommen werden).

Zubereitung der Sauce: Die *tomatillos* 10 Minuten in Wasser kochen, bis sie zart sind, abgießen und das Kochwasser aufbewahren. Salz, Knoblauch und Chilis im Mörser oder Mixer pürieren und portionsweise die *tomatillos* dazugeben. Da die Sauce recht dünnflüssig sein sollte, eventuell etwas Kochwasser einrühren. Beiseite stellen.

Die Rindfleischbrühe erneut erhitzen und Karotten und *chayotes* 25 Minuten lang darin kochen lassen. 8 Minuten vor dem Servieren die Zucchini dazugeben. Das gekochte Gemüse und das Rindfleisch aus der Brühe nehmen.

Zum Servieren die Brühe in eine Suppenterrine gießen. Das Rindfleisch auf einer Platte anrichten und mit dem gekochten Gemüse und Frühlingszwiebeln garnieren. Reis, Kichererbsen, Chilis, Korianderblätter und Sauce getrennt in Schüsseln dazu stellen. Frisch zubereitete heiße Tortillas dazu reichen.
Ergibt 8 Portionen

Filete estilo San Miguel de Allende
Rinderfilet ›San Miguel de Allende‹

Die Farmen in der Umgebung von San Miguel de Allende versorgen die Märkte mit frischem Gemüse, unter anderen Chilis, Tomaten, Mais und Broccoli.

| 1½ kg | Rinderfilet am Stück |

Für die Marinade

3	Knoblauchzehen, gepreßt
½	Teelöffel frisch gemahlener Pfeffer
½	Tasse Olivenöl
½	Tasse Butter, geschmolzen und abgekühlt Salz nach Belieben

Für die Sauce

20	*tomatillos*, die Hülsen entfernt
14	kleine *chiles anchos*, geputzt (siehe Seite 21) und gebraten
7	lange *chiles pasillas*, geputzt (siehe Seite 21) und gebraten
1½	mittelgroße weiße Zwiebeln, halbiert, und 2 Zwiebelscheiben
10	Knoblauchzehen
2½ l	Wasser
½	Tasse Pflanzenöl Salz nach Belieben

Zum Garnieren

| 6 | *chiles serranos*, in Streifen geschnitten |

Das Rinderfilet in eine Schüssel geben, die Zutaten für die Marinade vermischen und das Fleisch damit einreiben. Mindestens 30 Minuten ziehen lassen.

Zubereitung der Sauce: 10 *chiles anchos*, 5 *chiles pasillas*, 1 halbierte Zwiebel und 6 Knoblauchzehen in kochendem Wasser 30 Minuten garen. Abkühlen, abgießen und das Kochwasser aufheben. Die gekochten Zutaten mit 4 *chiles anchos*, 2 *chiles pasillas*, ½ Zwiebel und 4 Knoblauchzehen in einem Mixer pürieren. 2 Tassen Kochwasser dazugeben und erneut pürieren, bis die Sauce glatt und von dickflüssiger Konsistenz ist. Öl erhitzen, die Zwiebelscheiben darin schmoren und die pürierte Sauce einrühren. Eventuell nachwürzen. 40 Minuten lang auf schwacher Hitze einkochen lassen.

Für das Rinderfilet eine schwere Pfanne erhitzen. Das Fleisch 35 Minuten lang braten, dabei mit Marinade bepinseln und alle 5 Minuten wenden, damit es gleichmäßig gart. Vom Herd nehmen, mit Aluminiumfolie bedecken und 15 Minuten lang stehenlassen, bevor es angeschnitten wird.

Zum Servieren das Filet auf einer Platte anrichten und mit Chilis garnieren. Die Sauce getrennt dazu reichen.
Ergibt 8 Portionen

Tortillas ›San Luis‹ werden mit Rindfleisch, Bohnenpüree und Feigenkaktus-›Blättern‹ gefüllt und mit Salat, Tomaten und Käse garniert.

Gorditas de San Luis
Gefüllte Tortillas ›San Luis‹

Diese gefüllten Tortillas werden gern zum Frühstück gegessen und sind ein beliebter Imbiß der Sonntagsspaziergänger im Morales-Park. Überall auf dem Parkgelände werden die pikanten Gorditas in offenen Ständen frisch zubereitet und mit heißem, schwarzem Kaffee serviert.

Für den Teig
1 kg   frische *masa* oder aus *masa harina* zubereitete *masa* (siehe Seite 10)
      Salz nach Belieben

Für die Bohnenfüllung
3   Tassen gekochte Pintobohnen (siehe Rezept Seite 43)

Für die nopal-Füllung
2   Tassen zarte *nopales* (Feigenkaktus-›Blätter‹), die in dünne Streifen geschnitten werden
4   Knoblauchzehen und 1 Eßlöffel feingehackter Knoblauch
4–6   *chiles de árbol*, fein gehackt
½   Tasse Pflanzenöl

Für die Chilistreifen
6   *chiles poblanos*, vorbehandelt (siehe Seite 16) und in dünne Streifen oder in Würfel geschnitten
½   Tasse Olivenöl
1 ½   Frühlingszwiebeln, fein gehackt
      Salz und Pfeffer nach Belieben

Für die Zubereitung des Fleischs

300 g Rindfleisch, etwa 1½ Stunden mit 1 Zwiebel, 6 Knob-
    lauchzehen und Salz gekocht und kleingeschnitten
1   Tasse gehackte Frühlingszwiebeln
½   Tasse Pflanzenöl
3   mittelgroße Tomaten, gebrüht, enthäutet, entkernt
    und püriert
4   Knoblauchzehen, gepreßt
½   Tasse gekochte, kleingeschnittene Kartoffeln
½   Tasse eingelegte *chile jalapeño*-Streifen

Zubereitung des Teigs: *Masa* in eine Schüssel geben, etwas
Wasser und Salz zufügen und so lange kneten, bis der Teig
glatt ist und nicht mehr klebt. Zur Seite stellen.

Zubereitung der Bohnenfüllung: Die Bohnen erhitzen und
mit dem Löffelrücken zerdrücken, bis ein dickes Püree entsteht; heiß halten.

Zubereitung der *nopal*-Füllung: Öl in einem Topf erhitzen,
die ganzen Knoblauchzehen darin bräunen, herausnehmen
und den gehackten Knoblauch in dem Öl goldbraun schmoren. Chilis und *nopal*-Streifen zufügen, 8–10 Minuten schmoren lassen, salzen und pfeffern und heiß halten.

Zubereitung der Chilistreifen: Öl in einem Topf erhitzen,
Zwiebeln darin glasig dünsten, die Chilistreifen dazugeben
und 8 Minuten lang schmoren. Mit Salz und Pfeffer abschmecken.

Zubereitung des Rindfleischs: Zwiebeln in Öl bräunen,
Rindfleisch, Tomatenpüree und Knoblauch dazugeben und
auf schwacher Hitze unter Rühren einkochen lassen. Kartoffeln und Chilistreifen hinzufügen und weitere 20 Minuten
köcheln lassen.

Ein *comal* oder eine schwere Pfanne erhitzen. Kleine Tortillas von 5 cm Durchmesser backen (siehe Seite 10). Mit
einem trockenen Geschirrtuch leicht auf die Tortillas drük-
ken, damit sie sich gleichmäßig aufblähen. Mit einem spitzen
Messer die aufgeblähte Tortilla am Rand entlang halb aufschneiden. Das Innere mit dem Bohnenpüree ausstreichen,
dann mit etwas *nopal*-Mischung, Chilistreifen und Fleisch
ausfüllen. Die gefüllten Tortillas vor dem Servieren noch
einmal erhitzen.

Die Tortillas auf einer Platte anrichten und heiß servieren.
Ergibt 24 Tortillas

Carnitas al estilo Santa Rosa de Jauregui
Schweinefleisch ›Santa Rosa de Jauregui‹

Dieses berühmte Gericht wird in Querétaro an zahlreichen
Taco-Ständen zubereitet.

Für die Zubereitung des Fleischs

2 kg   Schweinshaxe, ausgelöst und in große Würfel
    geschnitten
1½ kg Lendenstück vom Schwein, in große Würfel geschnitten
7   Tassen Schmalz
2 l   Wasser
6   frische Thymianzweige oder 1 Teelöffel
    getrockneter Thymian
2   Lorbeerblätter
6   Stengel frischer Majoran oder 1 Teelöffel
    getrockneter Majoran
3   Knoblauchknollen, halbiert
2   weiße Zwiebeln, halbiert
1   Teelöffel frisch gemahlener Pfeffer
    Salz nach Belieben

Zum Garnieren
3   Tassen gehackte Korianderblätter
2   Tassen feingehackte weiße Zwiebeln

3 Tassen Schmalz mit Salz und Pfeffer 20 Minuten lang schlagen
und die Fleischstücke damit einreiben. Die Hälfte von Thymian,
Lorbeerblättern, Majoran, Knoblauch und Zwiebeln in einer
flachen Schale verteilen, das Schweinefleisch darauf legen und
mit den restlichen Kräutern, Knoblauch und Zwiebeln bedecken. 2 Stunden lang im Kühlschrank ziehen lassen.

Einen tiefen, schweren Topf langsam erhitzen, ½ Tasse
Schmalz hineingeben und das Schweinefleisch auf schwacher
Hitze bräunen. Restliches Schmalz und Wasser dazugeben,
Kräuter, Knoblauch und Zwiebeln der Marinade einrühren
und 1½–2 Stunden auf mittlerer Hitze garen.

Den Topf vom Herd nehmen, mit Aluminiumfolie bedecken
und das Fleisch 10 Minuten lang in der Brühe abkühlen lassen.

Das Schweinefleisch kleinschneiden, in einer Schüssel anrichten und mit Korianderblättern und Zwiebeln garnieren. Grüne
und rote Saucen und frisch zubereitete Tortillas dazu reichen.
Jeder am Tisch kann die Tacos nach seinem eigenen Geschmack zusammenstellen.
Ergibt 16 Portionen

Almendrado con lomo de puerco a Las Bugambilias
Schweinelende in Mandelsauce ›Las Bugambilias‹

Die traditionsreiche und raffinierte Küche von San Miguel de Allende, einer malerischen Gebirgsstadt in Guanajuato, beginnt Feinschmecker zunehmend zu interessieren. Dieses Rezept wird im Restaurant ›Las Bugambilias‹ serviert.

Für die Zubereitung des Fleischs

gut 1½ kg	Lendenstück vom Schwein
½	weiße Zwiebel
4	Knoblauchzehen
6	Lorbeerblätter
1	Teelöffel frisch gemahlener Pfeffer
	Salz nach Belieben
½	Tasse Olivenöl
1½ l	Wasser

Für die Sauce

400 g	chiles anchos, geputzt (siehe Seite 21)
80–100 g	chiles pasillas, geputzt (siehe Seite 21)
300 g	frische Mandeln, enthäutet
2	große weiße Zwiebeln, halbiert und 1 Hälfte davon in Scheiben geschnitten
4	große Tomaten (etwa 1 kg)
6	Knoblauchzehen
2	Zimtstangen, je ca. 7 cm lang
1	Teelöffel frisch gemahlener Pfeffer
¼	Teelöffel gemahlene Nelken
75–100 g	Sesamsamen
½	Croissant
3	Lorbeerblätter
	Salz nach Belieben
3	Tassen Schmalz
1½–2 l	Hühnerbrühe (siehe Rezept Seite 202)

Zum Garnieren

8	Stiele Broccoli, 4 Minuten lang in Salzwasser gekocht
8	Frühlingszwiebeln, in Blütenform geschnitten
8	Karotten, geschabt und in Scheiben geschnitten
½	Tasse frische Mandeln, in Butter geschmort

Den Backofen auf 175 °C (Gasherd Stufe 2) vorheizen.

Zubereitung des Schweinefleischs: Das Lendenstück in einen Bräter legen. Zwiebel, Knoblauch, Lorbeerblätter und Pfeffer im Mixer pürieren, Salz und Öl hineinmischen, das Fleisch damit einreiben und 1 Stunde marinieren.

Anschließend das Fleisch 30 Minuten lang im Backofen braten, Wasser angießen und weitere 1½ Stunden braten, bis das Fleisch gar ist. Aus dem Ofen nehmen, mit Aluminiumfolie bedecken und vor dem Aufschneiden 40 Minuten lang abkühlen lassen.

Zubereitung der Sauce: Etwas Schmalz in einem Topf erhitzen und chiles anchos und pasillas darin anbraten, herausnehmen und auf Küchenkrepp abtropfen lassen. Etwas mehr Schmalz erhitzen und die Zwiebelhälften, Knoblauch, Zimt, Pfeffer, Nelken, Sesamsamen und Mandeln darin schmoren, dann herausnehmen und abtropfen lassen. Erneut Schmalz in den Topf geben und Croissant und Lorbeerblätter darin bräunen, herausnehmen und ebenfalls abtropfen lassen. Nochmals Schmalz nachfüllen und die Tomaten kurz schmoren und abtropfen lassen. Die Chilis mit allen gebratenen Zutaten im Mixer gut pürieren und die Masse durch ein Sieb passieren.

1 Tasse Schmalz in einem Topf erhitzen, die Zwiebelscheiben darin bräunen und herausnehmen. Löffelweise die passierte Sauce in das aromatisierte Fett geben, mit Salz abschmecken und etwa 1 Stunde lang simmern lassen, bis nahezu alle Feuchtigkeit verdampft ist. Nun die Hühnerbrühe angießen und ca. 45 Minuten auf schwacher Hitze einkochen lassen.

Zum Servieren jeweils 4 Scheiben Schweinelende auf einen Teller legen, mit Mandelsauce bedecken und mit Broccoli, Zwiebeln und Karotten garnieren. Sautierte Mandeln über das Schweinefleisch streuen. Als Beilage frisch zubereitete Mais-Tortillas dazu reichen.
Ergibt 8 Portionen

Corundas
Aschen-Tamales ›Michoacán‹

Corundas unterscheiden sich von gewöhnlichen Tamales nicht nur durch ihre dreieckige Form, auch das Aroma ist durch die mit dem Mais gekochte Holzasche ein anderes. Sie werden in Patzcuaro, ihrem Ursprungsort, an fast jeder Straßenecke verkauft. Dazu trinkt man heißes Atole oder starken schwarzen Kaffee.

80   frische Maisblätter (*keine* Maishülsenblätter)

Für den Teig

1¼ kg getrocknete Maiskörner und 3 l Wasser oder
      1 kg *masa harina* und 4½ Tassen Wasser
2   Tassen Holzasche
¼   Tasse gemahlener Kalkstein
1   Eßlöffel Salz und Salz nach Belieben
2   Tassen Schmalz
1   Tasse Wasser
¾   Teelöffel Natron
1   Teelöffel Backpulver
1   Tasse Crème fraîche
250 g Ricotta, zerkrümelt
2   weiße Zwiebeln, diagonal in Scheiben geschnitten
6   große *chiles poblanos* oder 10 *chiles chilacas*,
      geröstet, geputzt (siehe Seite 16) und in Streifen
      geschnitten

Für die Sauce

20   *tomatillos,* die Hülsen entfernt
3   Tomaten
8   *chiles serranos*
1   weiße Zwiebel, geviertelt
6   Knoblauchzehen
      Salz nach Belieben
1½ l Wasser

Zum Garnieren

3   Tassen Crème fraîche oder zu gleichen Teilen saure
      mit süßer Sahne vermischt

Zubereitung des Teigs: Mais, Wasser, Asche, Kalkstein und Salz in einen großen Topf geben und 45 Minuten lang sprudelnd kochen lassen. Die Maiskörner sind gar, wenn ihre Häute leicht entfernt werden können. Vom Herd nehmen und abkühlen lassen.

Die Maiskörner zwischen den Handflächen reiben, damit sich die Häute lösen. Unter fließendem Wasser waschen und die Häute entfernen, die Kerne im Mixer pürieren oder durch den Fleischwolf drehen. (Alternativ *masa harina* mit lauwarmem Wasser verkneten.)

1½ Tassen Schmalz schlagen, bis es leicht und flockig ist. Wasser, Natron und Backpulver einrühren und erneut schlagen, bis alle Zutaten gut vermischt sind. Crème fraîche und Käse dazufügen und zu einer lockeren Masse verarbeiten.

½ Tasse Schmalz in einem Topf erhitzen, Zwiebeln und Chilis darin schmoren, salzen und auf schwacher Hitze 20 Minuten lang kochen lassen. Abkühlen lassen und mit dem Tamales-Teig vermischen.

Zubereitung der Sauce: Wasser aufkochen und *tomatillos,* Tomaten, Chilis, Zwiebeln und Knoblauch 25 Minuten kochen lassen. Abgießen und das Kochwasser aufbewahren. Die Zutaten im Mixer pürieren und mit Salz abschmecken. Eventuell zu dickflüssige Sauce mit etwas Kochwasser verdünnen. Warm halten.

2 Eßlöffel Teig mitten auf ein Maisblatt geben und das Blatt zu einem Dreieck zusammenfalten. In der Weise fortfahren, bis der ganze Teig verbraucht ist.

In einem Dampfkochtopf Wasser zum Kochen bringen (wenn eine im Wasser liegende Münze nicht mehr klappert, ist das Wasser verdampft und muß ergänzt werden). Den Einsatz mit einer Schicht Maisblätter auskleiden.

Die Tamales aufrecht in den Dämpfeinsatz stellen, mit einer Blätterschicht bedecken, den Dampfkochtopf fest verschließen und das Wasser zum Kochen bringen. Die Tamales 1 Stunde lang im Dampf garen, bis die Blätter leicht vom Teig abgezogen werden können.

Zum Servieren je 2–3 dampfendheiße ausgelöste Tamales auf einem Teller anrichten, mit Sauce überziehen und mit Crème fraîche garnieren.

Ergibt etwa 30 Tamales

Aschen-Tamales ›Michoacán‹ werden auf einem antiken Kupferteller serviert.

Buñuelos
Fettgebackene Hefefladen

Buñuelos sind ein traditionelles mexikanisches Dessert, das besonders gern in der Vorweihnachtszeit gebacken wird. Das nachfolgende Rezept stammt von Maria Dolores Torres Yzabal, die in Mexico City einen Delikatessenladen führt.

Für die Hefefladen

450 g Weizenmehl
1   Eßlöffel Trockenhefe
½   Tasse warme Milch
1   Teelöffel Salz
8   Eigelb, cremig geschlagen
4   Eiweiß, zu Schnee geschlagen
2   Eßlöffel Zucker
2   Eßlöffel weiche Butter
1   Teelöffel Anis
2⅓   Tassen Schmalz
½–1 Tasse kochendes Wasser mit 10 *tomatillo*-Hülsen
      Pflanzenöl zum Ausbacken

Für den Sirup

6   Kegel *piloncillo*, ersatzweise 3 Tassen dunkler, brauner Zucker
4   Zimtstangen, je ca. 10 cm lang
6   Guaven, in dünne Scheiben geschnitten

Zubereitung der Hefefladen: Hefe in Milch und 1 Eßlöffel Mehl auflösen und 15 Minuten gehen lassen. Mehl, Salz, Eigelb und Eiweiß in einer Schüssel verrühren und den Hefevorteig dazugeben. In einer zweiten Schüssel Zucker, Butter, Anis und ⅓ Tasse Schmalz vermischen, die Hefemasse hineingeben und den Teig mit den Händen kneten. Etwas kochendes Wasser einarbeiten und den Hefeteig auf einem bemehlten Brett so lange kneten, bis er elastisch ist und nicht mehr klebt. Den Teig zu einen Ball formen, mit etwas Schmalz einfetten und zugedeckt zur Seite stellen, bis sich sein Volumen verdoppelt hat.

Öl und 2 Tassen Schmalz in einer schweren Pfanne mit hohem Rand erhitzen. Den Teig in 20 Portionen teilen. Einen Tontopf mit dem Boden nach oben auf den Tisch stellen und ein bemehltes Tuch darüberlegen. 1 Teigbällchen auf einer bemehlten Fläche zu einem Kreis von 8–10 cm Durchmesser ausrollen, über den Topfboden legen und den Teig vorsichtig auseinanderziehen, bis er fast durchscheinend dünn ist und der Fladen einen Durchmesser von ca. 22 cm erreicht hat.

Den Fladen in heißem Öl von beiden Seiten knusprig braten und auf Küchenkrepp abtropfen lassen. Auf die gleiche Weise mit den restlichen 19 Teigbällchen verfahren.

Zubereitung des Sirups: In einem mittelgroßen Topf Zucker, Zimt und Guavenscheiben mit Wasser bedecken und 45–60 Minuten auf starker Hitze zu einem dicklichen Sirup einkochen.

Zum Servieren die Buñuelos in Viertel brechen, jeweils 4 Viertel auf flache Schälchen verteilen und mit heißem Sirup überziehen.
Ergibt 20 Buñuelos

Churros
Schmalzgebäckstreifen

Dieser süße Imbiß stammt noch aus der Kolonialzeit. Damals wurden die frisch gebackenen Churros mit einer Tasse dampfendheißer Schokolade oder einer Tasse Milchkaffee serviert.

3   Tassen Weizenmehl
1   Teelöffel Backpulver
4   Eigelb
11   Wasser
1½–2 Teelöffel Salz
2   Limonen, halbiert
3   Tassen Maisöl oder Schmalz zum Ausbacken
      Zucker nach Belieben

Wasser und Salz in einem Topf aufkochen lassen und vom Herd nehmen. Mehl mit Backpulver vermischen, ins Wasser geben und zu einem elastischen Teig verrühren. Den Topf erneut auf den Herd stellen und den Teig unter ständigem Rühren zum Kochen bringen. Abkühlen lassen und nacheinander die Eigelb unterziehen, den Teig dabei fortwährend kräftig schlagen, bis er glatt und elastisch wird. Erkalten lassen.

In einer schweren Pfanne mit hohem Rand Öl und Limonen erhitzen (etwas Teig hineingeben, wenn das Öl dann spritzt, ist es heiß genug). Den Teig in einen Spritzbeutel mit sternförmiger Spitze füllen und ca. 10 cm lange Streifen herausdrücken, die im Öl von allen Seiten gleichmäßig gebräunt werden. Auf Küchenkrepp abtropfen lassen und anschließend in Zucker wälzen.

Zum Servieren die heißen Churros auf einem Tablett anrichten.
Ergibt etwa 25 Churros

Gelatina de zapote negro
Gelee aus schwarzen Sapote-Früchten

Diese tropische Frucht gedeiht im Staat Michoacán. Die Sapote ist außen grün und innen bräunlich-schwarz, und ihr weiches, melonenartiges Fruchtfleisch wird zu Kompotts, Gelees und Sorbets verarbeitet.

Für den Sirup

1 l	heißes Wasser
1¾	Tassen Zucker
2	Zimtstangen, je ca. 8 cm lang
½	Teelöffel gemahlene Nelken

Für das Gelee

3½	Tassen Sapote-Püree (die Früchte werden geschält, entkernt und durch ein Sieb passiert)
2	Tassen frischgepreßter Orangen- oder Tangerinensaft
1	Tasse Wasser
5	Eßlöffel gemahlene Gelatine
6	Eßlöffel trockener oder süßer Sherry

Zum Garnieren

1¼	Tassen Sahne, 45 Minuten lang tiefgefroren
1¼	Tassen Crème fraîche oder saure Sahne, 45 Minuten lang tiefgefroren
¾	Tasse Zucker
1 kg	Erdbeeren

Zubereitung des Sirups: Wasser zum Kochen bringen, Zucker, Zimt und Nelken hineinrühren und 35 Minuten auf schwacher Hitze zu einem dicken Sirup einkochen. Abkühlen lassen.

Zubereitung des Gelees: Das Sapotepüree in einer Schüssel mit Orangensaft und dem lauwarmen (nicht kalten) Sirup vermischen. In einem Topf Gelatine in Wasser quellen lassen und anschließend mäßig erhitzen, bis sie sich völlig aufgelöst hat. Mit dem Sherry in das Fruchtpüree geben und sehr sorgfältig verrühren. Eine Ringform von ca. 22 cm Durchmesser mit Pflanzenöl leicht ausfetten, das Sapotepüree hineingießen und 4 Stunden in den Kühlschrank stellen.

Zubereitung der Garnierung: Die gekühlte Sahne und Crème fraîche vermischen und mit einem Rührgerät oder von Hand so lange schlagen, bis sich feste Spitzen bilden. Den Zucker langsam einrieseln lassen und weiterschlagen. 30 Minuten lang in den Kühlschrank stellen.

Zum Servieren das Gelee auf eine Platte stürzen (die Form vorher ein paar Sekunden in heißes Wasser tauchen), die geschlagene Sahnecreme in die Mitte des Geleerings geben und mit Erdbeeren garnieren.
Ergibt 8–12 Portionen

Jamoncillo de leche
Nußkonfekt (Fudge)

Querétaro ist berühmt für seine vielen unterschiedlichen Süßigkeiten, die überall in der Stadt angeboten werden. Zu den hausgemachten Leckereien zählen Erdnußkrokant, Kokospastetchen, kandierte Früchte und Fudge.

4 l	Milch
1	Messerspitze Natron
10	Tassen Zucker
1	Tasse Pinienkerne oder gehackte Pekan-Nüsse
½	Tasse gemahlene Pekan-Nüsse

Milch mit Natron in einem Kupfer- oder antihaftbeschichteten Topf zum Kochen bringen, vom Feuer nehmen und abkühlen lassen. Die Hälfte der Milch in eine Schüssel gießen und zur Seite stellen.

Zucker zu der restlichen Milch in den Topf geben, aufkochen lassen und die zur Seite gestellte Milch langsam hineinrühren. Auf mittlerer Hitze weiterkochen lassen und dabei gelegentlich umrühren, bis der Sirup den Weichen-Ball-Grad erreicht hat (112–116°C auf dem Zucker-Thermometer). Vom Herd nehmen, in Eiswasser tauchen und mit der Hand oder einem elektrischen Rührgerät kräftig schlagen, bis die Masse kristallisiert und dickflüssig wird. Die Pinienkerne hineinrühren.

Eine 10 × 15 cm große Kastenform einfetten, die Masse gleichmäßig darin verteilen und 3 Stunden lang abkühlen lassen. Mit den gemahlenen Pekan-Nüssen bestreuen, aus der Form nehmen und in Würfel schneiden.
Ergibt ungefähr 70–80 Stücke Konfekt

Chongos zamoranos
Quark in Sirup

Zamora ist bekannt für seine Süßigkeiten. *Chongo,* mexikanisch für Haarknoten, bezieht sich auf den Quark, der sich von der Molke trennt, die zusammen mit Zucker zu einem Sirup verarbeitet wird.

4	Eigelb
3 l	Rohmilch (kann nicht durch homogenisierte Milch ersetzt werden)
2	Labtabletten
4	Zimtstangen, je 15 cm lang, in Stücken
4½	Tassen Zucker

Eigelb mit etwas von der Milch verquirlen, dann mit der restlichen Milch verrühren. Die Eigelbmilch in einen Tontopf gießen (es muß unbedingt ein irdenes Gefäß sein).

Die Labtabletten in etwas Milch auflösen und zur Eigelbmilch geben. Den Topf an einen warmen Ort stellen und die Milch über Nacht gerinnen lassen. Sobald sie fest geworden ist, die Oberfläche kreuzförmig einschneiden und die Stücke der Zimtstangen hineinlegen. Zucker darüberstreuen und die Dickmilch so lange stehenlassen, bis sich der Zucker vollständig gelöst hat.

Den Milchtopf auf sehr schwacher Hitze etwa 3½ Stunden vorsichtig erwärmen, bis die Dickmilch eine goldbraune Farbe angenommen hat. Sobald sich Quark bildet, herausnehmen und abkühlen lassen. Zuletzt sollte nur noch Molkesirup im Topf sein, der etwa 20 Minuten lang auf schwacher Hitze eingedickt wird. 4 Stunden lang kühl stellen.

Zum Servieren den Quark in kleine Tonschalen verteilen, mit Sirup tränken und mit Zimtstücken garnieren.
Ergibt 8 Portionen

Arroz con leche
Reispudding

Für den Pudding

5 l	Wasser
1¾	Tassen unbehandelter weißer Langkornreis
2 l	abgekochte Milch
3	Tassen Kondensmilch
3	Tassen Zucker, nach Belieben
2	Zimtstangen, je ca. 8 cm lang
½	Tasse Rosinen, nach Belieben

Zum Garnieren
gemahlener Zimt nach Belieben

2 l Wasser in einem mittelgroßen Topf zum Kochen bringen. Vom Herd nehmen, den Reis hineingeben und 20 Minuten lang stehenlassen. Den Reis gut abwaschen und abtropfen lassen. 3 l Wasser in einem zweiten Topf zum Kochen bringen und den Reis darin unbedeckt ca. 30 Minuten lang kochen lassen, bis er weich ist. (Manche Reissorten brauchen deutlich weniger Garzeit, daher besonders darauf achten, daß der Reis nicht zerkocht.) Das überschüssige Wasser abtropfen lassen.

Die abgekochte und die kondensierte Milch mit Zucker und Zimt in einem mittelgroßen Topf verrühren und etwa 45 Minuten lang köcheln lassen, bis die Mischung dicklich wird und Farbe anzunehmen beginnt. Reis und Rosinen dazugeben und weitere 40 Minuten lang schwach kochen, bis der Pudding dick wird. Vom Herd nehmen und gelegentlich umrühren, bis er ganz abgekühlt ist.

Zum Servieren den Reispudding auf einer Platte anrichten und mit Zimt bestreuen.

Der Pudding kann auch länger eingedickt werden, bis er sehr fest ist. In diesem Zustand läßt er sich zu kleinen Pasteten formen, die in Ei und Semmelbrösel paniert und in Öl und Butter hellbraun gebraten werden können. Vor dem Servieren werden die Pasteten dann mit Zimtzucker bestreut.
Ergibt 12 Portionen

Rechts: Reispudding, ein traditionelles mexikanisches Dessert, kann mit Orangenblättern, Zimtstangen und Rosinen gewürzt werden.
Seite 162/163 (im Uhrzeigersinn von links): Fettgebackene Hefefladen, Brot aus Michoacán, Gebäck, ein Tonkrug, gefüllt mit piloncillo-Sirup (aus nicht raffiniertem braunen Zucker), der über die Hefefladen gegeben wird, Schokoladentaler für Heiße Schokolade ›Morelia‹, gezuckerte Schmalzgebäckstreifen, Quark in Sirup in einer grünen Schale und Guavenpaste

Pan de Muerto
Brot für die Toten

Dieses Brot wird gewöhnlich zu Allerheiligen und zu Allerseelen am 1. und 2. November gebacken. In Patzcuaro ist es als Gabe für verstorbene Verwandte mit einem beinahe fröhlichen Fest verbunden, zu dem sich die Hinterbliebenen an den Gräbern versammeln und Altäre errichten, die kunstvoll mit aus Zucker gefertigten Schädeln, Scherenschnitten, Kerzen, Früchten, Blumen und den Lieblingsspeisen der Verstorbenen geschmückt werden.

Für den Teig

2¼	Tassen Weizenmehl
½	Tasse warmes Wasser
18–25 g	Trockenhefe
¾	Tasse Zucker
½	Teelöffel Salz
4	Eier
8	Eigelb
1	Tasse Butter
½	Tasse Schmalz
1	Eßlöffel geriebene Orangenschale
2	Eßlöffel Orangenblütenwasser
3	Eßlöffel Anisaroma
7½	Eßlöffel Milch

Für die Glasur

1	Eßlöffel Weizenmehl
½	Tasse Wasser
2	Eigelb
1	Ei
	Zucker nach Belieben

Zum Garnieren

kandierte Früchte, gehackt

Zubereitung des Teigs: Die Trockenhefe mit dem warmen Wasser in einer Schüssel verrühren, bis sie sich aufgelöst hat

An einen warmen Ort in die Nähe des Ofens stellen, 6–8 Eßlöffel Mehl in die Hefelösung geben und einen festen Teig daraus formen. Gehen lassen, bis sich sein Volumen verdoppelt hat.

In einer zweiten Schüssel das restliche Mehl mit dem Zucker, Salz, 3 Eiern, 7 Eigelb, Butter, Schmalz, Orangenschale, Orangenblütenwasser, Anisaroma und 6½ Eßlöffeln Milch vermischen und kurz kneten.

Den Hefevorteig dazugeben und zu einem glatten, elastischen Teig verarbeiten. Zu einer Kugel formen, in eine eingefettete Glasschale legen und etwas Butter auf die Teigoberfläche streichen. Die Schüssel mit einem Küchentuch bedecken und 12 Stunden lang an einen warmen Ort stellen, bis der Teig sein Volumen verdoppelt hat.

Noch einmal kurz kneten. Aus einer großzügigen Handvoll Teig 2 tischtennisballgroße und 8 mirabellgroße Kugeln sowie 8 ca. 5 cm lange Streifen formen. Den restlichen Teig halbieren, zu 2 Kreisen von je 15 cm Durchmesser ausrollen und auf ein eingefettetes Backblech legen.

1 Ei, 1 Eigelb und 1 Eßlöffel Milch miteinander verquirlen und die Fladen damit bepinseln. Jeweils 1 große Teigkugel in die Mitte auf das Brot legen, und die kleinen Bällchen sowie die Streifen darum verteilen. Das Brot noch 1 Stunde lang an einem warmen Ort gehen lassen.

Den Backofen auf 190° C (Gasherd Stufe 3) vorheizen und die Brote 30–40 Minuten lang backen.

Zubereitung der Glasur: Mehl, Wasser, Eigelb und Ei in einen kleinen Topf geben und ca. 5 Minuten lang unter ständigem Rühren auf mittlerer Hitze kochen lassen, bis die Mischung die Konsistenz einer dicken Creme angenommen hat. Das frisch gebackene Brot mit der Glasur bestreichen, mit Zucker bestreuen und nochmals 5 Minuten lang backen. Aus dem Ofen nehmen, erneut mit Zucker bestreuen und auskühlen lassen.

Zum Servieren das Brot mit kandierten Früchten garnieren und heiße Schokolade dazu reichen.

Ergibt 2 runde Brotlaibe

Die ehemalige Hacienda de Santiago im Staat San Luis Potosí

Chocolate moreliano
Heiße Schokolade ›Morelia‹

Schon in präkolumbischer Zeit wurden Kakaobohnen zu heißer Schokolade verarbeitet. Gesüßt mit Honig, kam das hochangesehene Getränk in kunstvoll mit Goldfäden verzierten ausgehöhlten Kürbissen auf die königliche Tafel. Eines der altüberlieferten Rezepte für heiße Schokolade stammt aus Morelia, wo sie mit Vanilleschoten gewürzt wird.

Für die Schokoladenpaste

1 kg   Kakaobohnen
25 g   Zimtstange, zerbröselt
2   Tassen zerkrümelte Croissants
1 kg   Zucker

Für die heiße Schokolade

4 l   Milch
1   Zimtstange
1   Vanilleschote
   Zucker nach Belieben

Zubereitung der Schokoladenpaste: Die Kakaobohnen auf einem heißen *comal* oder im Backofen rösten, bis sie dunkel sind, abkühlen lassen und schälen wie Nüsse.

In einem speziellen mit Kohlen beheizten Mörser die Kakaobohnen zu einer glatten Paste zerreiben. Die Konsistenz der Paste variiert je nach Frische der Bohnen. Die Paste auf ein Tablett streichen.

In demselben Mörser Zimt, Croissants und Zucker stampfen, die Kakaopaste hinzufügen und bei schwacher Hitze zu einer zähen Paste verarbeiten. Noch warm in 50 g schwere Bällchen formen und zu kleinen Talern flachdrücken. Bei Zimmertemperatur fest werden lassen und in einem verschließbaren Gefäß aufbewahren.

Zubereitung der heißen Schokolade: Milch in einem Tontopf mit Zimt und Vanilleschote aufkochen lassen, dann 5 Schokoladentaler hineingeben und nach Belieben mit Zucker abschmecken. So lange erhitzen, bis sich Schokolade und Zucker auflösen und die Milch wieder kocht. Mit einem elektrischen Rührgerät schlagen, bis die heiße Schokolade dick und schaumig wird.

Heiß in Tonbechern servieren und frisch zubereitete süße Teigwaren wie Buñuelos oder Churros dazu reichen. Die hausgemachten Schokoladentaler können durch kommerziell hergestellte mexikanische Schokoladentaler ersetzt werden, die Zucker, Mandeln und Zimt enthalten.
Ergibt 8 Portionen

Tunas y pina a la mexquitic
Kaktusfrüchte und Ananas ›Mexquitic‹

Dieses mit Mezcal aromatisierte Dessert ist eine köstliche Erfrischung an trocken heißen Sommertagen.

16   Kaktusfrüchte
2   Ananas, je 1½ kg
¾   Tasse frisch gepreßter Ananassaft
¾   Tasse Zucker
½   Tasse Mezcal oder Tequila

Feigenkaktus-›Blätter‹ und rote cardona, Kaktusfrüchte, *in einem Agaven-›Blatt‹.*

Zum Garnieren

2   Bougainvilleazweige (nach Belieben)

Die Kaktusfrüchte schälen und vierteln, die Ananas halbieren.
Mit einem Messer das Fruchtfleisch aus der Schale lösen und
in kleine Dreiecke schneiden. Die Schalen aufbewahren. Die
Früchte in einer Glasschüssel mit Ananassaft, Zucker und
Mezcal vermischen. 25 Minuten lang bei Zimmertemperatur
oder 1 Stunde im Kühlschrank ziehen lassen.

   Die mazerierten Früchte in den ausgehöhlten Ananasschalen anrichten, mit Zucker bestreuen, Mezcal darüberträufeln
und eisgekühlt servieren. Besonders reizvoll wirkt eine Dekoration aus Bougainvilleazweigen.
Ergibt 8 Portionen

Agua de melon
Melonengetränk

3   sehr reife gelbe oder grüne Melonen
        (wie Honig- oder Ogenmelonen)
        Wasser
        Zucker oder Honig nach Belieben
        Eiswürfel

Die Melonen halbieren, die Kerne entfernen und das Fruchtfleisch auslösen (Saft auffangen). Das Fruchtfleisch wiegen und
in einer Schüssel mit der gleichen Menge Wasser bedecken.
10 Minuten ziehen lassen, dann durch ein Sieb passieren und
mit Zucker oder Honig süßen.

   Das Melonengetränk in einen großen Krug füllen und in
hohen Gläsern mit Eiswürfeln servieren.

Zahlreiche mexikanische Erfrischungsgetränke werden aus Fruchtextrakten hergestellt.

KAPITEL 5

DIE GOLF-REGION

Von der schneebedeckten Spitze des erloschenen Vulkans Orizaba, mit 5700 m die höchste Erhebung Mexikos, öffnet sich westwärts – über die Kirchtürme Pueblas hinweg – der Blick auf die große zentralmexikanische Hochebene und auf die mächtigen Vulkane Popocatepetl und Ixtacihuatl. Noch faszinierender ist der Blick vom Orizaba nach Osten. Zu Füßen eines der längsten Berghänge der Welt breitet sich die üppige tropische Landschaft der Golf-Region mit Palmen und Bananenhainen aus.

Die Staaten am Golf von Mexiko mit ihrem heiteren, leichtlebigen Flair scheinen kulturell wie geographisch eher der Welt der Karibik als dem mexikanischen Hinterland verbunden. Der beschwingtere Lebensstil der Golf-Region, insbesondere der Staaten Tabasco und Veracruz, findet seinen sprechendsten Ausdruck in den temperamentvollen lateinamerikanischen Rhythmen der regionalen Folklore und in einem überschäumenden exotischen Karneval.

Ein Abstieg an der dem Golf zugewandten Seite des Orizaba wird zu einer Reise durch verschiedene Klimazonen mit üppiger Vegetation. Während der Fischreichtum des Golfs von Mexiko die Grundlagen für die Hauptgänge der regionalen Küche liefert, stammen die Zutaten der phantasievollen Desserts von den Berghängen der östlichen Sierra Madre. Die Hänge des Orizaba hinuntersteigend, durchquert man zunächst reiche Birnen- und Apfelhaine. Darunter beginnt dann

das duftende Königreich der mexikanischen Kaffeeplantagen, und noch weiter unten, in den dunstigen Vorgebirgen, werden Mexikos berühmteste Gewürzpflanzen, Kakao und Vanille, angebaut. (Vanilleextrakt, eine Spezialität von Veracruz, wird in Broten, Likören und Desserts verwendet, etwa in der hochgeschätzten *Natilla,* einer reichhaltigen Eiercreme.) Näher zur Küste sind die Hügel mit Kokospalmen, Bananenplantagen und Feldern bedeckt, auf denen der aromatische Tabak für die Veracruz-Zigarren angebaut wird.

Die Reise den Orizaba hinunter endet fast zwangsläufig am Strand von Veracruz. Die Altstadt um den einst wichtigsten Hafen der Kolonialzeit ist erfüllt von einem seltsamen Gemisch verschiedenster Düfte: der scharfe Geruch des frischen Hochlandkaffees, der süße Hauch von Mangos und anderen tropischen Früchten und – besonders charakteristisch – die salzigen Aromen einer verwirrenden, aber verlockenden Vielfalt von Mollusken, Fischen und Krustentieren.

Die *Jarochos,* wie die Einheimischen von Veracruz genannt werden, sind in ganz Mexiko für ihre drei Leidenschaften bekannt: die Lust zu feiern, sich zu unterhalten und zu kochen. Am besten lernt man Veracruz und seine Bewohner kennen, wenn man sich in einem der kleinen Straßencafés mit Blick auf den schattigen Hauptplatz *Mariscos* (Meeresfrüchte), *Salpicón de jaiba* (zerkleinertes Krabbenfleisch) oder *Camarón para pelar* (Garnelen zum Auslösen) bestellt, das Essen genießt und dabei einfach dem Treiben der Menschen zuschaut. Da spielen

Musikanten, in blütenweiße Baumwolle gekleidet, für promenierende Liebespaare heitere, elegante Harfenrhythmen; alte Männer, die Dominowettkämpfe beobachten, lassen sich von den Klängen zu fast vergessenen Tanzschritten verleiten, während von den Nachbartischen Bruchstücke von politischen Diskussionen herüberdringen. Im Idealfall ist das Mittagessen sehr umfangreich und zieht sich über Stunden hin. Mindestens drei Stunden lang sollte es dauern und erst in der Dämmerung beendet sein. Ein typisches Essen beginnt mit *Sopa de camarón* (Garnelensuppe) und umfaßt *Pescado a la veracruzana* (Gebackener Fisch ›Veracruz‹) und *Picadas* – Tortillas, die mit einer würzigen roten Sauce bedeckt und mit gehackten Zwiebeln und Bohnen oder Käse garniert werden. Den Abschluß bildet möglicherweise dampfender *Café con leche* oder *Café de olla* zu *Natilla* oder einer dicken handgerollten Zigarre, um die man mit einem Straßenverkäufer gefeilscht hat.

Veracruz war lange Zeit der bevorzugte Hafen für die vielen Einwanderer nach Mexiko. Hier ging 1519 Hernando Cortés vor Anker, von hier aus wurde Mexiko erobert. Seitdem war Veracruz immer wieder Opfer spanischer Truppen, holländischer Piraten, französischer Seeleute und amerikanischer Marines. Alle diese Eindringlinge hinterließen ihre Spuren, und das mag der Grund dafür sein, daß Veracruz die am wenigsten mexikanische unter den größeren Kolonialstädten des Landes ist. In vielerlei Hinsicht hat Veracruz Ähnlichkeit mit den kolonialen Hafenstädten der Karibik – Havanna, San Juan, Cartegena, sogar mit New Orleans – und auch die Küche ist nicht frei von kreolischem Einfluß, was Gerichte wie *Calabaza criolla* (Kreolischer Kürbis-Salat) beweisen. Andere Rezepte wie *Pescado a la veracruzana* verdanken dem mediterranen Spanien und seinen grünen Oliven und Kapern viel. Daneben gibt es jedoch auch Spezialitäten in Veracruz – zum Beispiel in Bananenblätter eingewickelte Austern-Tamales oder Gurken- und *jícama*-Scheiben, mit atemberaubend scharfem *chile piquín* bestäubt – die unverwechselbar mexikanisch sind.

Obwohl man in Veracruz aus einem reichen und guten Angebot mexikanischer Spezialitäten anderer Regionen wählen kann, empfiehlt es sich doch zuweilen, die Speisen in ihrem Ursprungsort zu kosten. Tabasco, ein Staat, der weite Flußdel-

tas und Meeresbuchten aufweist, hat viel mehr als nur seine berühmte scharfe Sauce zu bieten. Die Vielfalt der Meeresfrüchte von Tabasco mit seinen örtlichen Gewässern voller verschiedener Krabben- und Krebssorten ist unübertroffen. Der größte Krebs erreicht fast die Ausmaße der Hummer von Maine. Tampico, die Heimat phantasievoller Garnelenrezepte, ist ein kulinarisches Zentrum, das mit Veracruz hinsichtlich Reichhaltigkeit und Einfallsreichtum lokaler Kochkunst durchaus konkurrieren kann und einige der charakteristischsten mexikanischen Gerichte aus Meeresfrüchten bewahrt. *Mariscos* in der Art von Tampico etwa werden in speziellen Chilipasten geschmort, mit köstlichen Saucen aus Kürbissamen angereichert oder in aromatische frische Tamales gefüllt. Garnelen werden zuweilen als Füllung für delikate gebratene Omeletts wie *Empanadas al achiote rellenas de camarón* verwendet.

In den kleineren Städten der Golf-Region, rings um das große Marschland an der Küste, haben sich, abseits der Touristenrouten, kulinarische Besonderheiten halten und entwickeln können. So bestehen die Gewürze hier nicht nur aus den beißend scharfen Chilis des indianischen Mexiko oder aus den von den Spaniern ererbten Knoblauchknollen und Zwiebeln, sondern auch aus den viel subtileren Aromen, die aus der kreolischen und der akadischen Küche Louisianas stammen.

Vielleicht die berühmteste dieser Kleinstädte ist Tlacotalpan, ein Werfthafen aus dem 17. Jahrhundert. Spanische Ansiedler wurden hier von den tiefen, geschützten Gewässern angezogen, in denen sich eine einzigartige Mischung aus See- und Flußfischen angesiedelt hat. Tlacotalpan, eine Insel in der Lagune im Süden von Veracruz, wurde kürzlich durch eine Autobrücke mit der Außenwelt verbunden – ein Fortschritt, der nicht nur begrüßt wurde. Dennoch bieten die kleinen Kneipen an den Flußufern der Stadt immer noch Spezialitäten der Gegend an – zum Beispiel Fischwurst und riesige, fast durchsichtige Garnelen. Ausflügler nehmen sogar mehrstündige Anfahrten in Kauf, um hier zu essen und anschließend in der frischen Brise an den pastellfarbenen Fassaden und den einladend offenen Türen der Häuser im Kolonialstil vorbeizuschlendern: In Tlacotalpan ist die ganze Schönheit der mexikanischen Golfküste komprimiert.

Sopa de camarón Rinconada
Garnelensuppe ›Rinconada‹

In Rinconada, einem kleinen Dorf zwischen Veracruz und Xalapa, bekommt man diese köstliche Garnelensuppe als herzhaftes Frühstück.

Für die Suppe
120 Garnelen, vorzugsweise Süßwasser-Garnelen in Schalen
4 mittelgroße weiße Zwiebeln, diagonal in Scheiben geschnitten
6 große Tomaten, fein gewürfelt
4 chiles jalapeños, in Streifen geschnitten
⅔ Tasse Olivenöl
2 l Fischbrühe (siehe Rezept Seite 214)

Oben: Garnelensuppe ›Rinconada‹
Links: Frisch gekochte Garnelen zum Auslösen

3 Stengel epazote oder frischer Koriander, ersatzweise 1 Teelöffel getrockneter Origano
Salz nach Belieben

Zum Garnieren
Limonen

Öl in einem Suppentopf erhitzen und die Zwiebeln darin schmoren.

Die Tomaten hinzufügen und so lange simmern lassen, bis die Mischung dicklich zu werden beginnt. Mit Salz abschmecken, dann Chilis und Fischbrühe dazugeben. Wenn die Mischung zu kochen beginnt, Kräuter und Garnelen hineingeben. Auf mittlerer Hitze 15 Minuten lang weiterkochen lassen.

Zum Servieren die Garnelen auf 8 Suppenschalen verteilen und jede Schale mit Brühe füllen; mit Limonen garnieren. Dazu paßt eisgekühltes Bier.
Ergibt 8 Portionen

Camarón para pelar
Garnelen zum Auslösen

Garnelen zum ›Pulen‹ werden in den eleganten Restaurants ebenso angeboten wie in kleinen Uferkneipen in Boca del Río oder an Straßenständen um die Ecke.

Für die Zubereitung der Garnelen
80 mittelgroße Garnelen, in Schalen
1 Knoblauchknolle, halbiert
1 weiße Zwiebel, halbiert
1 Teelöffel Orlean-Samen (Anatto, Roucou, Bixa orellana; ersatzweise rote Lebensmittelfarbe oder edelsüßer Paprika)
6 l Wasser
Salz nach Belieben

Zum Garnieren
15 Limonen, halbiert

Wasser in einem großen Topf zum Kochen bringen, Knoblauch, Zwiebel, Orlean-Samen und Salz hineingeben. Aufkochen lassen, die Garnelen dazugeben, 8 Minuten kochen und 5 Minuten lang im Wasser ziehen lassen.

Zum Servieren die Garnelen auf einer Platte anrichten und mit Limonen garnieren.
Ergibt 8 Portionen

Empanadas al achiote rellenas de camarón
Empanadas mit Garnelen

Für den Teig

625 g	frische *masa* oder aus *masa harina* zubereitete *masa* (siehe Seite 10)
6	Eßlöffel Pflanzenöl
1	Eßlöffel Orlean-Samen (Anatto, Roucou, Bixa orellana, ersatzweise rote Lebensmittelfarbe oder edelsüßer Paprika)
1	Eßlöffel Würzmischung aus Orlean-Samen (siehe Rezept Seite 267)
½	Tasse Weizenmehl
	Salz nach Belieben
3	Tassen Pflanzenöl zum Fritieren

Für die Füllung

2	Tassen gekochte und feingehackte Garnelen
1	weiße Zwiebel, sehr fein gehackt
4	Knoblauchzehen, gepreßt
2	Tomaten, geröstet (siehe Seite 21) und püriert
2	*chiles jalapeños,* fein gehackt
½	Tasse Olivenöl
1	Teelöffel Würzmischung aus Orlean-Samen (siehe Rezept Seite 267)
1	Teelöffel frisch gemahlene Pimentkörner
1	Teelöffel getrockneter Origano
	Salz nach Belieben

Zubereitung des Teigs: *Masa* in eine große Schüssel geben und zur Seite stellen.

Pflanzenöl in einer Pfanne erhitzen und die Orlean-Samen darin so lange schmoren, bis sie weich und fast aufgelöst sind. Aus dem Öl nehmen, die Würzmischung hineingeben und zu einer glatten Paste verrühren.

Die Würzmischung in die *masa* geben, Mehl, etwas Wasser und Salz zufügen und zu einem glatten Teig verarbeiten; zur Seite stellen.

Zubereitung der Füllung: Öl in einem Topf erhitzen und Zwiebeln mit Knoblauch darin glasig schmoren, dann Tomatenpüree, Garnelen und Chilis hinzufügen. Mit Würzmischung,

Piment, Origano und Salz abschmecken und so lange kochen, bis die Flüssigkeit aus der Mischung verdampft ist; abkühlen lassen.

Mit einer Tortilla-Presse aus der *masa* Tortillas von ca. 7 cm Durchmesser herstellen. Die Füllung auf die Tortillas geben, den Fladen auf die Hälfte zusammenfalten und die Teigränder fest zusammendrücken. Die Empanadas mit Frischhaltefolie bedecken und bis zum Gebrauch kühl stellen.

Kurz vor dem Servieren die Empanadas in heißem Öl goldbraun backen. Auf Küchenkrepp abtropfen lassen und sofort auftragen. Guacamole oder kalte Tomatensauce dazu reichen.

Ergibt etwa 20 Empanadas

Bocoles
Frische *masa*-›Kuchen‹

Bocoles gehören zu den traditionellen Beilagen in der Küche der Huaxteken, Nachfahren der Maya.

650 g	frische *masa* oder aus *masa harina* zubereitete *masa* (siehe Seite 10)
ca. ½	Tasse Wasser
¾	Tasse Schmalz, auf Zimmertemperatur
	Salz nach Belieben

Masa in eine Schüssel geben und mit etwas Wasser verkneten (darauf achten, nicht zuviel Wasser anzugießen). Schmalz hinzufügen, salzen und so lange kneten, bis der Teig glatt und elastisch ist. Den Teig 1 Stunde lang ruhen lassen.

Ein *comal* oder eine schwere Pfanne erhitzen. Die *masa* in 24 eigroße Portionen teilen und mit den Fingern zu dicken, runden Bocoles flachdrücken. Die Bocoles auf mittlerer Hitze von jeder Seite 3 Minuten lang goldbraun backen. Sie sollten eine feste Kruste haben, jedoch innen noch weich sein.

Mit Eiern, gebratenem Fleisch und mexikanischem Kaffee servieren. Die Bocoles können mit Frischkäse und gehackten grünen Chilis, mit gehackten *epazote*-Blättern, *chorizo*-Wurst oder mit Bohnen gefüllt werden.

Ergibt 24 Bocoles

Empanadas werden mit Garnelen, Tomaten, chiles jalapeños *und Gewürzen gefüllt, dann gebraten und mit Guacamole serviert.*

Salpicón de jaiba
Zerkleinertes Krabbenfleisch

Dieses Gericht wird gewöhnlich vor dem Mittagessen als Vorspeise gereicht. Vorspeisen sind in Mexiko eine feste Einrichtung, und eine Zusammenkunft – öffentlich oder privat, mit Familie, Freunden oder Geschäftspartnern – ist ohne einen kleinen Imbiß undenkbar. Das folgende Rezept stammt aus dem Restaurant ›Pardino‹ im Hafen von Veracruz.

gut 1 kg	Krabbenfleisch, geputzt
4	mittelgroße Tomaten, gewürfelt
⅓	Tasse eingelegte Karotten, gehackt
5	*chiles jalapeños* aus der Dose, gehackt und
½	Tasse des Chilisuds
2	weiße Zwiebeln, gehackt
6	Knoblauchzehen, gehackt
6	Eßlöffel Butter
¾	Tasse Olivenöl
½	Tasse gehackte Petersilie
½	Tasse gehackte frische Korianderblätter
	Salz und Pfeffer nach Belieben

Öl und Butter in einer Pfanne erhitzen und Knoblauch mit Zwiebeln darin schmoren.

Tomaten, Karotten, Chilis, Chilisud, Petersilie und Korianderblätter dazugeben, salzen und pfeffern und auf schwacher Hitze etwa 25 Minuten kochen lassen, bis eine sämige Sauce entsteht.

Das Krabbenfleisch hineingeben und noch ca. 15 Minuten mitschmoren. Eventuell nachwürzen.

Zum Servieren das Krabbenfleisch auf einer Platte anrichten und frisch zubereitete Tortillas, zu Tacos zusammengerollt, als Beilage dazu reichen.

Das Krabbenfleisch kann auch in den Krabbenpanzern mit geschmolzener Butter übergossen, mit Semmelbröseln und Petersilie bestreut und 25 Minuten lang im Backofen überbacken werden.

Ergibt 8 Portionen

Eine Imbißbude für frisch zubereitete Meeresfrüchte im Hafen von Veracruz

Krabben werden auf verschiedene Weise zubereitet: in Semmelbrösel gewälzt und gebraten, kleingeschnitten und geschmort oder einfach gekocht.

Manitas de cangrejo
Krebsscheren

Austernbars, die den städtischen Markt im Hafen von Veracruz säumen, servieren dieses köstliche Gericht dampfendheiß aus irdenen Töpfen.

64   große Krebsscheren
        Salz nach Belieben

Zum Garnieren
16   Limonen, halbiert

Wasser in einem großen Suppentopf zum Kochen bringen, salzen, die Krebsscheren hineinwerfen und etwa 25 Minuten lang kochen.

Zum Servieren die Scheren mit einem Nußknacker aufbrechen, auf die Teller verteilen und mit Limonen garnieren. Die Krebsscheren können heiß oder auf Eisstückchen gekühlt serviert werden.

Krebsscheren können auch aufgeknackt, in Eierteig getaucht und in Semmelbrösel gewälzt werden. Anschließend in Pflanzenöl braten, abtropfen lassen und mit Limonen servieren. Ergibt 8–12 Portionen

Filete relleno de salpicón
Fischfilet mit Krabbenfleisch gefüllt

Für die Zubereitung des Fischs

8 dünne Schnapper-, Riesenzackenbarsch- oder
   andere Seebarschfilets, je ca. 150 g,
   ersatzweise 16 Seezungenfilets

16 kleine Knoblauchzehen

12 schwarze Pfefferkörner
   Salz nach Belieben

Für die Füllung

½ Rezepteinheit ›Zerkleinertes Krabbenfleisch‹
   (siehe Seite 174)

500 g kleine Garnelen, ausgelöst

1½ Tassen Mayonnaise

2 Eßlöffel frischer Limonensaft

Zum Garnieren

½ Tasse glattblättrige Petersilie
   eingelegte rote Paprika
   Limonensaft

Den Backofen auf 200° C (Gasherd Stufe 3–4) vorheizen und
ein Backblech einfetten.

Die Zubereitung des Fischs: Knoblauch mit Pfefferkörnern
und Salz zerstoßen, die Fischfilets mit der Paste einreiben und
1 Stunde lang marinieren.

Inzwischen für die Füllung das Krabbenfleisch nach Rezept
zubereiten und die Garnelen hinzufügen. So lange schwach
kochen lassen, bis die Mischung dicklich wird. Die Farce auf
den Fischfilets verteilen und diese locker zusammenrollen,
dann auf das Backblech legen. Mayonnaise mit Limonensaft
vermischen und jede Fischroulade mit 3 Eßlöffeln davon
überziehen.

20–30 Minuten backen, bis die Fischrollen goldbraun sind.

Zum Servieren die Fischrouladen auf einer Platte anrichten,
mit Petersilie und eingelegtem Paprika garnieren und mit
Limonensaft beträufeln. Als Beilage weißen Langkornreis dazu
reichen.

Ergibt 8 Portionen

*Oben: Fischfilets werden mit einer Farce aus zerkleinertem
Krabbenfleisch und Garnelen gefüllt.*
Links: Das Filet wird zusammengerollt und goldbraun überbacken.

Pescado a la veracruzana
Gebackener Fisch ›Veracruz‹

In der Sauce dieses weltweit berühmten Gerichts verbinden sich die Aromen spanischer Oliven und Kapern und mexikanischer Chilis zu einem unverwechselbaren Geschmack.

Für die Tomatensauce

2 kg   Tomaten, gebrüht, enthäutet, entkernt und grob gewürfelt
4   Tassen feingehackte weiße Zwiebeln
14   Knoblauchzehen, davon 8 fein gehackt
1½   Tassen feingehackte paprikagefüllte Oliven
½   Tasse Kapern
1½   Tassen Olivenöl
12   frische oder 6 getrocknete Lorbeerblätter
1   Eßlöffel getrockneter Origano
3   frische Thymianzweige oder 1 Teelöffel getrockneter Thymian
3   Stengel frischer Majoran oder 1 Teelöffel getrockneter Majoran
1   Teelöffel frisch gemahlener Pfeffer
   Salz nach Belieben

Für die Chiltomate-Sauce

1   Dose *chiles güeros* oder *jalapeños* (225 g)
1   Dose eingelegte *chiles jalapeños* mit Marinade (225 g)
8   Tomaten, geröstet (siehe Seite 21)
1½   weiße Zwiebeln, halbiert
6   Knoblauchzehen
3   Tassen Fischbrühe (siehe Rezept Seite 214)
¾   Tasse Olivenöl
4   Lorbeerblätter
3   frische Thymianzweige oder ½ Teelöffel getrockneter Thymian
3   Stengel frischer Majoran oder ½ Teelöffel getrockneter Majoran
   Salz nach Belieben

Für die Zubereitung des Fischs

1   Schnapper, ca. 3 kg, küchenfertig, ersatzweise Seebarsch
6   Knoblauchzehen, gepreßt
4   Lorbeerblätter
1   Teelöffel getrockneter Origano
6   Eßlöffel Limonensaft
1½   Tassen Olivenöl
   Salz und Pfeffer nach Belieben

Zum Garnieren

4   frische Lorbeerblätter
6   frische Thymianzweige
6   Stengel frischer Majoran
⅓   Tasse gehackte glattblättrige Petersilie

Zubereitung der Tomatensauce: Öl in einem schweren Topf erhitzen, 6 Knoblauchzehen darin bräunen, herausnehmen und in dem Öl die Zwiebeln und den feingehackten Knoblauch schmoren. Tomaten, Oliven, Kapern, Lorbeerblätter, Origano, Thymian, Majoran, Salz und Pfeffer hineingeben und 2½ Stunden lang simmern lassen, dabei gelegentlich umrühren. Vom Feuer nehmen und zur Seite stellen.

Zubereitung der Chiltomate-Sauce: Tomaten, Zwiebeln und Knoblauch mit Fischbrühe im Mixer pürieren. Die Mischung durch ein Sieb passieren, Öl in einer schweren Pfanne erhitzen und das Tomatenpüree hineingeben. Mit Lorbeerblättern, Thymian, Majoran und Salz würzen. Die Hälfte der *chiles güeros* und der eingelegten *chiles jalapeños* und 1 Tasse der Marinade dazugeben und 1 Stunde lang simmern lassen.

Zubereitung des Fischs: Knoblauch mit Lorbeerblättern, Origano, Limonensaft, Öl, Salz und Pfeffer im Mixer pürieren und den Fisch in dieser Marinade 1 Stunde lang im Kühlschrank ziehen lassen.

Den Backofen auf 175° C (Gasherd Stufe 2) vorheizen.

Tomaten- und Chiltomate-Sauce zusammenrühren und 25 Minuten lang einkochen lassen.

Den Fisch aus der Marinade nehmen, in eine ausreichend große Auflaufform legen und mit Sauce bestreichen. Etwa 1½ Stunden backen, dabei in den ersten 30 Minuten wiederholt mit Sauce einpinseln.

Zum Servieren den Fisch auf einer Platte anrichten, mit heißer Sauce überziehen und mit den restlichen Chilis, Lorbeerblättern, Thymian, Majoran und Petersilie garnieren. Eventuell verbliebene Sauce getrennt dazu stellen. Als Beilage weißen Langkornreis reichen.
Ergibt 8 Portionen

Seite 178/179: Gebackener Fisch ›Veracruz‹ ist eines der typischsten Gerichte der Golf-Region.

Pampano al ajillo
Fisch in Knoblauchsauce

In der Kombination von Zutaten aus der Alten Welt (Olivenöl und Knoblauch) und der Neuen Welt (Chilis) liegt das Geheimnis dieser einzigartigen Sauce.

8	*pampanos*, je ca. 1 kg, küchenfertig
500 g	Butter
2	Tassen Olivenöl
48	Knoblauchzehen, die Hälfte davon püriert, der Rest fen gehackt
200 g	*chiles serranos*
200 g	getrocknete *chiles serranos* oder *de árbol*
	Salz und Pfeffer nach Belieben

In einer großen Paella-Pfanne Butter und Öl langsam erhitzen und den Knoblauch mit den frischen und getrockneten Chilis hineingeben. Salzen und pfeffern nach Belieben und auf schwacher Hitze schmoren. Die Hälfte der Mischung in eine zweite große Paella-Pfanne geben, die Fische auf die Pfannen verteilen und etwa 20–25 Minuten sanft kochen lassen, bis sie gar sind, dabei einmal wenden. (Falls die Fische nacheinander geschmort werden müssen, bereits fertige mit etwas Sauce übergießen und im Backofen warm stellen.)

Zum Servieren den *pampano* mit der Knoblauchsauce überziehen. Die Sauce paßt auch gut zu Schellfisch oder Fleisch. Ergibt 8 Portionen

Pejelagarto wird gegrillt, bis er leicht verkohlt ist. Das Fleisch wird anschließend zerfasert, mit Chilis und Limonen garniert und als Vorspeise serviert.

Pejelagarto
Gegrillter Fisch

Pejelagarto ist ein Fisch, der im Staat Tabasco heimisch ist. Er wird gern gegrillt als Hors d'œuvre serviert.

4	*pejelagartos*, je ca. 1¾ kg, küchenfertig

Zum Garnieren

	eingelegte *chiles jalapeños*
8	Limonen, halbiert

Ein Holz- oder ein Holzkohlenfeuer auf einem Grill mit Bratspießvorrichtung entzünden und so lange brennen lassen, bis die Kohlen weiß werden. Die Fische längs auf Bratspieße stecken und auf kleinem Feuer etwa 2½ Stunden grillen, dabei mehrmals wenden, bis sie goldbraun und leicht angekohlt sind.

Zum Servieren das Fleisch von den Gräten lösen und zerfasern, auf Tellern anrichten und mit Chilis und Limonen garnieren. Als Beilage bieten sich frisch zubereitete Tortillas an. Ergibt 8 Portionen

Mexikanischer pampano wird mit frischen und getrockneten chiles serranos zubereitet.

Ein Räucherfeuer am Strand von Ceiba für geräucherte Austern ›Tapesco‹

Ostiones al Tapesco
Geräucherte Austern ›Tapesco‹

Pfefferblätter, die zum Räuchern der Austern verwendet werden, verleihen diesem Gericht ein exotisches Aroma.

Für die Zubereitung der Austern

160	Austern
40	Bananenblätter
10	Zweige Pfefferblätter
15	Kokospalmenblätter, getrocknet
	Brennspiritus

Zum Garnieren

10	Limonen, halbiert
	Tabasco-Sauce

Unter freiem Himmel einen Grill mit einer erhöhten Plattform vorbereiten. Das Rost mit 20 Bananenblättern bedecken und 5 Pfefferzweige darauf verteilen. Die Austern darauflegen und mit den restlichen Pfefferzweigen und Bananenblättern bedecken. Die Palmblätter unter den Grill legen, mit Spiritus tränken, anzünden und brennen lassen. Auf diese Weise werden die Austern geräuchert und können das Aroma der Blätter aufnehmen. 30 Minuten lang räuchern und anschließend abkühlen lassen. Die Blätter entfernen und die Austern mit Messern aufbrechen. Mit Limonensaft und Tabasco-Sauce beträufeln und noch heiß verzehren.

Die Austern können auch auf einem Holzkohlengrill zubereitet werden. Alternativ zu Pfeffer- und Palmblättern können auch nur Bananenblätter verwendet werden.
Ergibt 8–12 Portionen

Pollo cubierto de masa estilo la Huasteca veracruzana
Hähnchen in *masa* nach Huaxteken-Art

Für die Zubereitung der Hähnchen

8	Hähnchenbrüste, halbiert, mit Knochen
8	Hähnchenschenkel
20	Knoblauchzehen
10	große weiße Zwiebeln, in dünne Scheiben geschnitten
1½	Tassen eingelegte grüne Oliven, eventuell 24 Stunden gewässert
1	Dose *chiles güeros* oder *jalapeños,* mit Marinade (450 g)
2½	Tassen Olivenöl
21	Apfelessig
30	frische oder 15 getrocknete Lorbeerblätter
20	frische Thymianzweige oder 1½ Eßlöffel getrockneter Thymian
20	Stengel frischer Majoran oder 1½ Eßlöffel getrockneter Majoran
1	Teelöffel getrockneter Origano
1	Eßlöffel Pimentkörner
1	Eßlöffel frisch gemahlener Pfeffer
	Salz nach Belieben
2	Eßlöffel Zucker
2 kg	frische *masa* oder aus *masa harina* zubereitete *masa* (siehe Seite 10)
2	Tassen warmes Wasser

Zum Garnieren

1	Bund gemischte frische Kräuter, wie Thymian, Lorbeerblätter und Majoran
1	Tasse eingelegte grüne Oliven

Öl in einem großen Topf erhitzen, den Knoblauch hineingeben und bräunen. Die Hälfte davon herausnehmen, pürieren und wieder zurück in das Öl geben. Zwiebeln, Lorbeerblätter, Thymian, Majoran, Origano, Pimentkörner, Salz, Pfeffer und Zucker zufügen. Etwa 40 Minuten lang auf schwacher Hitze simmern lassen, bis die Zwiebeln ganz gar sind. Die Hähnchenstücke dazugeben und 10 Minuten lang schmoren, dabei gelegentlich umrühren. Nun Essig, Oliven und die Hälfte

In der Endphase der Zubereitung dient die masa *zum Versiegeln des Topfes.*

der eingelegten Chilis samt Sud einrühren und aufkochen lassen.

Die *masa* mit etwa 2 Tassen Wasser zu einem elastischen Teig verarbeiten und auf einer Aluminiumfolie groß genug ausrollen, um damit den Topf abdecken zu können. Die Teiglage auf die richtige Größe zuschneiden, vorsichtig über den Topf legen, die Folie abziehen und die Ränder gut festdrücken. Den Eintopf 45 Minuten lang simmern lassen, bis die Hähnchenstücke gar sind.

Zum Servieren die Hähnchenstücke auf einer Platte anrichten (die *masa* fortwerfen) und mit Kräutern, Oliven und den restlichen Chilis garnieren. Das Gericht kann heiß oder kalt serviert werden.
Ergibt 8 Portionen

Misantla-Chili – aus Maishülsenblättern serviert – dient als Aufstrich für Tortillas oder Brot, paßt aber auch hervorragend zu Fleisch, Fisch und Geflügel.

Chile de Misantla
Misantla-Chili

In Misantla, einem kleinen Dorf in der Nähe der Stadt Xalapa im Staat Veracruz, kennt und bewahrt man das Rezept für diesen köstlichen Aufstrich aus gemahlenen Kürbis-, Sesamsamen und Chilis schon seit Generationen.

3   Tassen frische Kürbissamen, enthülst
1½   Tassen Sesamsamen
3   *chiles moritas* oder *chipotles*, in Wasser eingeweicht und geputzt (siehe Seite 21)

4   *chiles anchos,* leicht geröstet und geputzt (siehe Seite 21)
     Salz nach Belieben
8   getrocknete Maishülsenblätter, in Wasser eingeweicht und trockengetupft (nach Belieben)

Die Kürbissamen in einer schweren Pfanne rösten und anschließend in einem Mörser oder im Mixer zerkleinern.

Die Sesamsamen ebenfalls rösten, zu den zerriebenen Kürbissamen geben und zusammen mit *chiles moritas (chipotles), anchos* und Salz zu einer dicken Paste pürieren.

Die Chilipaste auf 8 Maishülsenblätter verteilen, die anschließend wie Tamales gewickelt werden (oder in ein fest verschließbares Gefäß füllen). Bis zum Gebrauch kühl stellen.

Als Aufstrich zu frisch bereiteten Tortillas, Brot, Fleisch, Fisch oder Geflügel servieren.
Ergibt 8 Portionen

Chiles rellenos a la Huasteca
Gefüllte Chili-Beignets nach Huaxteken-Art

Die folgende Version der klassischen gefüllten Chilis ist eine Delikatesse von Veracruz. Anstatt der weitverbreiteten *chiles poblanos* schreibt dieses Rezept *chiles jalapeños* vor.

Für die Chilis
24   *chiles jalapeños,* vorbehandelt (siehe Seite 16)
2 l Wasser, vermischt mit etwas Holzkohlenasche, oder 2 l Wasser, vermischt mit ¾ Tasse Essig und 1 Teelöffel Salz
24   dünne Scheiben Raclette-Käse oder Mozzarella
     Mehl

Für die Sauce
25   *tomatillos,* die Hülsen entfernt
2   weiße Zwiebeln, 1 davon geviertelt, die andere grob gehackt
9   Knoblauchzehen

Die Schärfe der chiles jalapeños *variiert von Schote zu Schote. Deshalb muß man bei den gefüllten Chili-Beignets nach Huaxteken-Art auf Überraschungen gefaßt sein.*

Zubereitung des Eierteigs: Eiweiß zu Schnee schlagen und mit Salz abschmecken. In einer zweiten Schüssel Eigelb mit etwas Mehl leicht verquirlen und vorsichtig unter den Eischnee ziehen.

Öl in einer schweren Pfanne mit hohem Rand erhitzen. Die Chilis in den Eierteig tauchen und rundum goldgelb ausbacken; herausnehmen, auf Küchenkrepp abtropfen lassen und im vorgeheizten Ofen heiß halten.

Zum Servieren die heiße Sauce auf 8 Teller verteilen und die Chilis in die Mitte legen. Als Beilage frisch zubereitete Tortillas reichen. Die Chilis können auch mit zerfasertem Hüftsteak, das mit Zwiebeln und Chilis gebraten wurde, oder mit Hackfleisch gefüllt werden.

Ergibt 8 Portionen

3	*chiles chipotles,* vorzugsweise aus Veracruz, oder 2 *chiles pasillas,* leicht gebraten
	heißes Wasser
⅔	Tasse Pflanzenöl
	Salz nach Belieben

Für den Eierteig

10	Eier, getrennt
	Salz nach Belieben
	Mehl
	Pflanzenöl zum Ausbacken

Zubereitung der Chilis: Die Chilis an einer Seite aufschlitzen und 1 Stunde lang in Holzkohlenasche-Wasser einweichen, um ihnen etwas von ihrer Schärfe zu nehmen.

Chilis aus dem Wasser nehmen, abtropfen lassen und abtrocknen. Mit Käse füllen und in Mehl wälzen.

Zubereitung der Sauce: Die *tomatillos* mit der geviertelten Zwiebel, 6 Knoblauchzehen und Chilis in einen Topf geben, mit heißem Wasser bedecken und aufkochen lassen. Die Hitze reduzieren. 25 Minuten lang kochen, abkühlen lassen, abgießen und das Kochwasser aufbewahren.

Die gekochten Zutaten mit der gehackten Zwiebel und den restlichen Knoblauchzehen im Mixer pürieren.

Öl in einem Topf stark erhitzen und die Sauce hineinrühren, dann die Temperatur reduzieren und die Sauce 30 Minuten lang einkochen lassen. Eventuell nachwürzen. Zu dickflüssig gewordene Sauce mit etwas Kochwasser verdünnen. Warm halten.

Chiles encurtidos
Sauer eingelegte Chilis

1 kg	*chiles jalapeños, manzanos, caribes* oder *amarillos,* in Streifen geschnitten
1 kg	Karotten, geschält, schräg in 2,5 cm dicke Scheiben geschnitten und 8 Minuten lang in Wasser gekocht
4	Knoblauchknollen, halbiert
4	mittelgroße weiße Zwiebeln, geviertelt
3 l	Wasser
2	Tassen kräftiger Essig
1 l	Obstessig (siehe Rezept Seite 128)
1	Tasse Pflanzenöl
15	Lorbeerblätter
2	Bund Majoran
2	Bund Thymian
2	Eßlöffel getrockneter Origano
2	Eßlöffel zerstoßener Pfeffer
	Salz nach Belieben

In einem Suppentopf Wasser, Essig und Obstessig, Öl, Lorbeerblätter, Majoran, Thymian, Origano, Pfeffer, Salz, Zwiebeln und Knoblauch zum Kochen bringen.

Chilis und Karotten dazufügen, erneut aufkochen lassen und den Topf vom Herd nehmen. Verschließen und über Nacht ziehen lassen. In einem sterilisierten, fest verschließbaren Gefäß sind die eingelegten Chilis unbegrenzt haltbar.

Ansicht der Kaffeeplantage von Cañamelar

Calabaza criolla
Kreolischer Kürbis-Salat

In der Gegend von Santa Maria Ixcatepec in Veracruz wird eine Vielzahl unterschiedlicher Kürbissorten geerntet.

Für die Vinaigrette

2	Tassen in Ringe geschnittene Frühlingszwiebeln
3	Knoblauchzehen, gepreßt
I	Eßlöffel Zucker
I½–2	Eßlöffel Salz, nach Belieben
I	Eßlöffel frisch gemahlener Pfeffer
¾	Tasse Essig
¾	Tasse Distelöl
I	Tasse Olivenöl

Für den Kürbis-Salat

I kg	grüne Kürbisse, geschält und gewürfelt
3	große *chayotes* (Eierkürbisse), geschält und gewürfelt
6	Karotten, geschält und gehackt
2	Tassen Palmherzen, frisch oder aus der Dose, in Scheiben geschnitten
I	Eßlöffel Limonensaft
4 l	Wasser
	Salz nach Belieben

Zum Garnieren

⅓	Tasse gehacktes Frühlingszwiebelgrün oder gehackter Schnittlauch
I½	Tassen zerkrümelter Feta
6	*chiles chipotles*, aus der Dose

Zubereitung der Vinaigrette: In einer Schüssel Zwiebeln, Knoblauch, Zucker, Salz, Pfeffer und Essig gut vermischen, dabei Distelöl und Olivenöl in dünnem, gleichmäßigem Strahl hineinlaufen lassen. 3 Stunden lang kühl stellen.

Inzwischen die Salatzutaten zubereiten: Wasser und Salz in einem großen Topf aufkochen lassen, die Kürbisstücke hineingeben, 8 Minuten lang kochen lassen und mit einem Schaumlöffel herausheben. Die *chayotes* in das kochende Wasser geben und etwa 15 Minuten lang garen, bis sie zart (mit Biß), aber nicht zu weich sind. Abtropfen lassen.

Nun die Karotten ca. 8 Minuten kochen, herausnehmen und abtropfen lassen. Abschließend die Palmherzen 15 Minuten lang kochen lassen (Palmherzen aus der Dose nur kurz erhitzen).

Vinaigrette über die noch warmen Gemüse gießen und abkühlen lassen.

Zum Servieren die Gemüse auf einer Platte anrichten und mit Frühlingszwiebelgrün oder Schnittlauch bestreuen und mit Käse und Chilis garnieren. Dazu passen zerkleinertes Hähnchenfleisch, in Streifen geschnittener Romana-Salat und Avocados.
Ergibt 8 Portionen

Frijoles de olla
Gekochte Bohnen

Bohnen werden traditionsgemäß in Tontöpfen gekocht, was ihnen ein besonderes Aroma verleiht.

600 g getrocknete schwarze Bohnen, gewaschen und über Nacht eingeweicht
ca. 4 l Wasser
2 weiße Zwiebeln, halbiert
3 Knoblauchknollen, halbiert, oder 10 Knoblauchzehen
Salz nach Belieben
30 *epazote*- oder Korianderblätter

Wasser in einem großen Suppen- oder Tontopf zum Kochen bringen. Bohnen, Zwiebeln und Knoblauch hineingeben und etwa 1½ Stunden lang leise köcheln lassen, bis die Bohnen zart sind. Nach 1 Stunde salzen.

1 Tasse voll Bohnen mit etwas Kochwasser im Mixer pürieren und mit den restlichen Bohnen vermischen, dann die *epazote*- oder Korianderblätter einrühren.

Die Bohnen entweder mit gehackten Frühlingszwiebeln, *chiles serranos,* gehackten Korianderblättern und Tomaten garnieren oder mit frischer Sahne und geriebenem Käse servieren.
Ergibt 8 Portionen

Frijoles negros estilo Veracruz
Gebratenes Bohnenpüree ›Veracruz‹

In Veracruz sind die Bohnen für dieses Gericht in jedem Haushalt vorrätig.

Für die Bohnen
1 Rezepteinheit ›Frijoles de olla‹ (siehe Rezept auf dieser Seite)
¾ Tasse Schmalz oder Pflanzenöl
1 große weiße Zwiebel, fein gehackt
Salz nach Belieben

Zum Garnieren
500 g Schinkenspeck
1½ Tassen zerkrümelter Feta
3 *chiles jalapeños,* gehackt
Totopos (knusprig gebratene Tortilla-Streifen)

Zubereitung der Bohnen: ›Frijoles de olla‹ nach Rezept zubereiten. Schmalz in einer schweren Pfanne erhitzen und die gehackte Zwiebel darin stark bräunen. Nach und nach die Bohnen dazugeben und braten. Eventuell nachwürzen. Abkühlen lassen und 1 Tag lang kühl stellen.

Vor dem Servieren die Garnierung zubereiten: Wasser in einem Topf zum Kochen bringen, den Schinkenspeck darin 10 Minuten lang kochen, dann herausnehmen, abtropfen lassen und in einer Pfanne auslassen. Das Fett aufbewahren, den Speck auf Küchenkrepp abtropfen lassen und zerfasern. Zur Seite stellen.

Das ausgelassene Fett erhitzen, eßlöffelweise die Bohnen hineingeben und mit dem Löffelrücken zerdrücken. Das Püree auf starker Hitze einkochen lassen, dabei ständig rühren und die Pfanne schwenken, damit es nicht ansetzt.

Zum Servieren das recht trockene Püree zu einer Rolle geformt auf einer Platte anrichten, mit zerfasertem Schinkenspeck, Feta und Chilis bestreuen und mit Totopos garnieren. Eier, geröstetes Fleisch oder Chilaquiles dazu reichen.
Ergibt 8 Portionen

Huevos revueltos estilo del Rancho San José
Rührei ›Rancho San José‹

Diese Variante des traditionellen Rührreis wird in Veracruz zum Frühstück oder als leichtes Abendessen serviert.

18	große frische Eier
½	Tasse feingehackte *chiles serranos* oder *jalapeños*
⅔	Tasse feingehackte weiße Zwiebel
⅓	Tasse feingehackte *epazote*- oder Korianderblätter
¾	Tasse Pflanzenöl
	Salz nach Belieben
3	Tassen ›Frijoles de olla‹ (siehe Rezept Seite 187)

Eine Bratpfanne erhitzen und Öl hineingeben. Die Eier verquirlen und Chilis, Zwiebel, *epazote*- oder Korianderblätter und

Salz dazufügen. Die Mischung in das heiße Öl gießen und das stockende Ei vorsichtig mit einer Gabel zusammenschieben.

Zum Servieren die Bohnen in einer flachen Schale anrichten, die Rühreier in die Mitte geben und Bocoles (siehe Rezept Seite 173) dazu reichen.
Ergibt 8 Portionen

Rührei ›Rancho San José‹ werden auf Frijoles de olla (siehe Rezept Seite 187) und zu frischen masa-›Kuchen‹ (siehe Rezept Seite 173), Enchiladas und Dörrfleisch (siehe Rezept Seite 190) serviert.

Pavo en escabeche
Marinierter Truthahn

Dieses Rezept aus Tabasco ist die Variante einer Spezialität, die ursprünglich in Yucatán und Campeche beheimatet ist.

Für die Zubereitung des Truthahns

1	Truthahn, ca. 7–7½ kg, küchenfertig
1	Stange Lauch, in Ringe geschnitten
2	weiße Rüben, in Scheiben geschnitten
4	Karotten, in Scheiben geschnitten
2	weiße Zwiebeln, geviertelt
6–8	Stangen Bleichsellerie, grob gehackt
1	Eßlöffel Pimentkörner
1	Eßlöffel schwarze Pfefferkörner
	Salz nach Belieben
	Wasser

Für die Marinade

1½	Tassen Olivenöl
6	weiße Zwiebeln, in Scheiben geschnitten und blanchiert
6	Knoblauchzehen, zerdrückt
6	Lorbeerblätter, zerkrümelt
1½–2	Eßlöffel getrockneter Origano
1	Eßlöffel Pimentkörner
1	Eßlöffel Pfefferkörner
	Salz nach Belieben
2	Eßlöffel Zucker
1½–2	Tassen Essig
½	Tasse Truthahnbrühe

Zubereitung des Truthahns: Den Truthahn mit Lauch, weißen Rüben, Karotten, Zwiebeln, Bleichsellerie, Salz, Piment- und Pfefferkörnern in einen großen Suppentopf geben und mit Wasser bedecken; zum Kochen bringen, die Hitze reduzieren und 3 Stunden lang simmern lassen, bis der Truthahn sehr zart ist. Den Topf vom Herd nehmen und den Truthahn in der Brühe abkühlen lassen.

Zubereitung der Marinade: Öl in einem schweren Topf erhitzen. Zwiebeln, Knoblauch, Lorbeerblätter, Origano, Piment- und Pfefferkörner, Salz und Zucker hineingeben. 4–5 Minuten schmoren, bis die Zwiebeln glasig sind, dann Essig und Brühe angießen. Aufkochen lassen, vom Herd nehmen und zugedeckt 20 Minuten lang ziehen lassen.

Den Truthahn tranchieren und die Stücke in einer flachen Schale mit der heißen Marinade übergießen. 1–2 Stunden oder über Nacht ziehen lassen.

Zum Servieren das marinierte Truthahnfleisch auslösen und entweder für Sandwiches in Scheiben schneiden oder für Tacos, Taquitos (kleine Tacos) oder Tostaditas (kleine Tostadas) zerfasern.

Ergibt 12 Portionen

Garnachas
Gebratene Tortillas mit Schweinefleisch

Garnachas de Rinconada, die in ganz Veracruz berühmt sind, werden überall an Straßenständen zubereitet.

Für die Tortillas

750 g frische *masa* oder aus *masa harina* zubereitete
    masa (siehe Seite 10)
½   Tasse heißes Wasser
    Salz nach Belieben
    Pflanzenöl zum Braten

Für die Sauce

3   Fleischtomaten, geröstet (siehe Seite 21)
2   Knoblauchzehen, gepreßt
½   weiße Zwiebel, gehackt

2   *chiles chipotles,* gebraten oder aus der Dose, oder *chiles jalapeños* aus der Dose
½   Tasse Wasser
    Salz nach Belieben

Für die Füllung

500 g Schweinefleisch, in Würfel geschnitten
4   Knoblauchzehen
½   weiße Zwiebel, fein gehackt
2 l   Wasser
    Salz nach Belieben

Zum Garnieren

2   weiße Zwiebeln, fein gehackt
2   Kartoffeln, gekocht und gewürfelt

Zubereitung der Tortillas: *Masa* mit heißem Wasser und etwas Salz kneten. Ihre Konsistenz sollte leicht feucht, glatt, aber nicht klebrig sein. Den Teig 20 Minuten lang ruhen lassen.

In einer Tortilla-Presse 24 Tortillas von ca. 7,5 cm Durchmesser formen. Ein *comal* oder eine schwere Pfanne langsam erhitzen, die Tortillas von beiden Seiten knusprig rösten und warm stellen.

Zubereitung der Sauce: Knoblauch und Salz in einem Mörser oder Mixer pürieren. Zwiebeln, Chilis und Tomaten zufügen und ebenfalls pürieren. Die Sauce mit etwas Wasser verdünnen und eventuell nachwürzen.

Zubereitung des Schweinefleischs: Das Fleisch in Wasser mit Knoblauch, Zwiebeln und Salz etwa 1½ Stunden lang kochen und in der Brühe abkühlen lassen. Anschließend das Fleisch zerfasern.

Zum Servieren Öl in einer schweren Pfanne erhitzen, die Tortillas kurz darin braten und auf einer Platte anrichten. Mit Sauce und etwas heißem Öl beträufeln, zerfasertes Schweinefleisch darauf verteilen und mit gehackten Zwiebeln und Kartoffeln garnieren. Zum Schluß noch einmal mit heißem Öl beträufeln und sehr heiß servieren.

Eine Variante dieser Sauce wird mit je einer Messerspitze gemahlenem Kreuzkümmel, Nelken, Piment und *chile guajillo* zubereitet.

Ergibt 24 Garnachas

Carne al pastor Cañamelar
Gebratenes Lendenstück vom Schwein ›Cañamelar‹

Dieses Rezept für ein saftiges gebratenes Lendenstück vom Schwein stammt von dem Besitzer der Hacienda Cañamelar in der Nähe von Xalapa.

1 ½ kg Lendenstück vom Schwein
     Salz und Pfeffer nach Belieben

Für die Marinade

8   *chiles guajillos,* geröstet (siehe Seite 21)
1 ½ Tassen milder Essig oder Obstessig
    (siehe Rezept Seite 128)
⅔   Tasse Pflanzenöl
2   Tassen Ananassaft aus der Dose
6   Knoblauchzehen
1   Teelöffel frisch gemahlener Pfeffer
    Salz nach Belieben

Zubereitung des Schweinefleischs: Mit einem scharfen Messer das Schweinefleisch flach einschneiden, mit Salz und Pfeffer einreiben, in eine Schüssel legen und zur Seite stellen.

Zubereitung der Marinade: Chilis mit Essig, Öl, Ananassaft, Knoblauch, Pfeffer und Salz im Mixer pürieren. Die Marinade über das Schweinefleisch gießen und 1 Stunde lang bei Zimmertemperatur ziehen lassen.

Den Ofen auf 175° C (Gasherd Stufe 2) vorheizen.

Das Schweinefleisch in eine Auflaufform legen, die Marinade darübergießen und 2 Stunden lang backen. Aus dem Ofen nehmen, das Fleisch im Bratensaft abkühlen lassen, dann in sehr kleine Würfel schneiden oder zerfasern. Das zerkleinerte Fleisch für 20–30 Minuten wieder in den Backofen geben, damit es knusprig brät.

Zum Servieren das Schweinefleisch auf einer Platte anrichten und mexikanischen Reis, Guacamole und Tortillas dazu reichen. Das Fleisch kann auch als Füllung für kleine Tacos verwendet werden.

Ergibt 8 Portionen

Cecina estilo Xalapa
Dörrfleisch aus Xalapa

Dörrfleisch wird je nach Region unterschiedlich zubereitet. In Xalapa würzt man das Rindfleisch mit Salz oder mit einer Paste aus pürierten Chilis, Kreuzkümmel, Knoblauch, Salz und Pfeffer. Mit dieser Würzmischung bestrichen, trocknet das Fleisch mehrere Tage lang, bis es ›gereift‹ ist. Es wird zum Frühstück mit gebratenen Eiern oder als Hauptgang zum Mittag- oder Abendessen verzehrt.

Für das Dörrfleisch

16   dünne Scheiben Hüftsteak, vom Metzger zugeschnitten
    Saft von 20 Limonen
    Salz nach Belieben
    Pflanzenöl

Zum Garnieren

1   Rezepteinheit ›Guacamole‹ (siehe Seite 33)
    Limonen, halbiert
24   Radieschen, in Blütenform geschnitten

Die Fleischscheiben mit einem Holzschlegel flachklopfen.

Das Fleisch mit Salz einreiben, in eine flache Schale schichten und mit Limonensaft übergießen. 2 Tage lang in die Sonne stellen (nachts hereinholen). Als Alternative kann das Fleisch 2 Tage lang im Kühlschrank mariniert werden.

Eine schwere Pfanne 15 Minuten lang vorheizen, dann mit Öl beträufeln und das Fleisch darin von jeder Seite 3–4 Minuten bräunen (darauf achtgeben, daß es nicht zu lange brät).

Zum Servieren jeweils 2 Fleischscheiben auf 8 vorgeheizte Teller legen, etwas Guacamole und Limonenhälften dazugeben und mit Radieschen garnieren. Dazu passen als Beilagen frisch zubereitete Tortillas, gebackenes Bohnenpüree (siehe Rezept Seite 187) oder Bocoles (siehe Rezept Seite 173).

Ergibt 8 Portionen

Café de olla
Mexikanischer Kaffee

Mexikanischer Kaffee, mit *piloncillo* (nicht raffinierter brauner Zucker) gesüßt, ist eines der beliebtesten heißen Getränke n Mexiko. In Veracruz, wo frisch gemahlener einheimischer Kaffee verwendet wird, hat das Getränk ein ganz besonderes Aroma.

4 l   Wasser
4   Zimtstangen, je ca. 15 cm lang
⅔   Tasse *piloncillo,* ersatzweise dunkler brauner Zucker
2   Tassen ganz frisch mittelfein gemahlener Kaffee

Wasser in einem 5-Liter-Topf (vorzugsweise Ton) zum Kochen bringen, Zimt und Zucker dazufügen und 20 Minuten lang kochen lassen.

Den Kaffee hineingeben, umrühren und aufkochen lassen. Vom Herd nehmen und zugedeckt 5 Minuten lang ziehen lassen, dann durch ein Sieb abgießen.

Den Kaffee aus kleinen Tonbechern trinken. Kaffee wird oft zu süßen Teigwaren oder Tamales serviert.
Ergibt 8 Portionen

Jugo de pina en el plantío
Ananassaft

Ananassaft schmeckt nicht nur gut, es wird ihm auch eine Kreislauf anregende Wirkung nachgesagt.

8   reife Ananas

Die Ananas mehrmals auf den Boden fallen lassen, damit sie weich und gequetscht werden. Mit einem scharfen Messer um die grüne Krone herum einschneiden, den Deckel abheben und das harte Innere sorgsam herauslösen, ohne den Boden der Schale zu verletzen. Über einer Schüssel die Ananas mit beiden Händen so ausdrücken, daß möglichst viel Saft herausläuft. Den Saft wieder in die Ananasschalen füllen und sofort servieren, bevor der Saft zu fermentieren beginnt.
Ergibt 8 Portionen

Ganz oben: Das starke, würzige Aroma des mexikanischen Kaffees kommt in Verbindung mit frisch gebackenem Brot und Frühstücksgebäck voll zur Geltung.
Oben: Die verschiedenen Stadien der Kaffebohnen, demonstriert auf der Kaffeeplantage von Cañamelar

Buñuelos a la veracruzana
Schmalzkringel

Jede Region hat ihr eigenes Rezept für Schmalzgebäck, doch das in Veracruz zubereitete ist das berühmteste.

Für die Schmalzkringel

2¼	Tassen Weizenmehl
6	mittelgroße Eier
3	Eßlöffel Butter
1	Teelöffel Salz
2	Teelöffel Zucker
1	Teelöffel zerbröselte Zimtstange
1	Teelöffel Anissamen
2	Tassen Wasser
2	Tassen Maisöl oder Sonnenblumenöl
2	Tassen Schmalz

Für den Sirup

3	Tassen *piloncillo,* ersatzweise dunkler brauner Zucker
1½ l	Wasser
4	Zimtstangen, je ca. 7 cm lang
1	Eßlöffel Anissamen

Zum Garnieren

zerbröselte Zimtstangen

Zubereitung der Schmalzkringel: Wasser mit Butter, Salz, Zucker, Zimt und Anis 8 Minuten lang kochen, das ganze Mehl auf einmal hineingeben und mit einem Schneebesen gut verrühren, damit sich keine Klümpchen bilden. Auf schwacher Hitze simmern lassen, dabei ständig mit einem Holzlöffel rühren. Sobald sich der Teig von den Topfwänden löst, vom Herd nehmen und 3 Stunden abkühlen lassen. Mit einem elektrischen Rührgerät die Eier einzeln in den Teig rühren.

Jeweils 2–3 Eßlöffel Teig zwischen den eingefetteten Handflächen zu einer langen, dünnen Rolle formen und zu einem Kringel von 10 cm Durchmesser schließen.

Öl und Schmalz in einer schweren Pfanne mit hohem Rand erhitzen. Das Fett hat die richtige Temperatur, wenn eine kleine Teigprobe darin brodelt. Die Hitze reduzieren und die Schmalzkringel von jeder Seite etwa 3–4 Minuten goldbraun backen. Aus dem Öl nehmen, auf Küchenkrepp abtropfen lassen und bis zum Verzehr warm stellen.

Zubereitung des Sirups: Das Wasser mit Zucker, Zimt und Anis auf mittlerer Hitze ca. 40 Minuten lang zu einem dickflüssigen Sirup einkochen.

Die heißen Schmalzkringel entweder mit Sirup in Dessertschalen servieren oder vor dem Servieren 2 Minuten lang in Sirup tränken. Mit zerbröselter Zimtstange bestreuen.
Ergibt etwa 24 Buñuelos

Die Schmalzkringel können sirupgetränkt und mit Zimtstangen garniert serviert werden.

Die Zutaten für Schmalzkringel aus Veracruz

Chocolate Chontal
Chontal-Schokolade

Xocoatl, heiße Schokolade, war bereits im vorkolonialen Mexiko sehr geschätzt, galt als Trank der Götter und blieb im wesentlichen dem Adel vorbehalten. Man sprach dem Getränk medizinische und aphrodisische Kräfte zu und glaubte, durch den Genuß von Schokolade Energie und Lebenskraft steigern zu können.

6 l   Milch
350 g Schokolade mit Vanillearoma oder mexikanische
       Schokoladentaler (mit Zimtaroma)
300 g mexikanische Schokoladentaler (mit Zimtaroma)

Milch in einem Tontopf aufkochen, die Schokolade hineingeben und so lange rühren, bis sie sich vollständig aufgelöst hat, dann mit einem elektrischen Rührgerät schaumig schlagen.

Zum Servieren die heiße Schokolade in Tonbecher füllen. Kuchen oder Conchas (mexikanische süße Brötchen) dazu reichen.

Ergibt 16 reichliche Portionen

Flan de castañas
Maronenflan

Maronen gedeihen im Gebiet von Tabasco, und die dort ansässigen Indianer bereiten mit den Früchten einen speziellen Tortilla-Teig zu. Im folgenden Rezept wird durch die Zugabe von Maronen aus einem traditionellen spanischen Dessert – dem Flan – eine spezifisch mexikanische Kreation.

Für den Karamel

1½   Tassen Zucker

Für den Flan

2½   Tassen Milch
2½   Tassen Zucker
1   Vanilleschote
4   Eier, leicht verquirlt

4   Eiweiß, zu halbsteifem Schnee geschlagen
4   Eigelb, leicht verquirlt
2   Tassen Kastanienpüree aus der Dose

Zum Garnieren

½   Tasse Sahne oder Crème double
1   Tasse saure Sahne oder Crème fraîche
½   Tasse Zucker
16   Kirschen mit Stielen, in Schokolade getaucht (nach
       Belieben)
1   Tasse geröstete Mandelblätter

Den Backofen auf 175° C (Gasherd Stufe 2) vorheizen.

Zubereitung des Karamels: Zucker in einer schweren Pfanne unter Rühren erhitzen, bis er schmilzt und bernsteinfarben wird. In eine Flan-Form von 20 cm Durchmesser gießen und dabei die Form schwenken, damit der Karamel Boden und Wände gleichmäßig überzieht. Zur Seite stellen.

Zubereitung des Flans: Milch mit Zucker und Vanilleschote in einem schweren Topf zum Kochen bringen und auf schwacher Hitze auf die Hälfte einkochen. Leicht abkühlen lassen, die Vanilleschote entfernen.

Eier, Eischnee, Eigelb und Kastanienpüree in einer Schüssel mit der lauwarmen Milch verrühren und in die Form über den Karamel gießen. Den Flan in heißem Wasserbad ca. 1½ Stunden im vorgeheizten Ofen backen (er ist gar, wenn man ein spitzes Messer einstechen und sauber wieder herausziehen kann). Abkühlen lassen und 4 Stunden lang kalt stellen.

Zubereitung der Garnierung: Süßen und sauren Rahm vermischen und 1 Stunde lang tieffrieren. Anschließend die Sahnemischung schaumig schlagen, den Zucker einrieseln lassen und weiterschlagen, bis sich kleine Spitzen bilden (nicht zu lange schlagen, da sich sonst die beiden Sahnen voneinander trennen könnten).

Zum Servieren den Flan auf eine Platte stürzen, mit geschlagener Sahne verzieren und mit Kirschen und Mandelblättern garnieren. Bis zum Servieren kühl stellen.

Ergibt 8 Portionen

Heiße Chontal-Schokolade wird in Mexiko aus eigens dafür hergestellten Schokoladentalern zubereitet.

Natilla con vainilla de Papantla
Vanillecreme ›Papantla‹

Die Vanillepflanze braucht ausreichend Schatten und gedeiht in Mexiko hauptsächlich in der nördlichen Gebirgsregion von Veracruz, im Gebiet von Papantla und Gutiérrez Zamora. Die Schoten der Kletterpflanze dienten in vorspanischer Zeit als Zahlungsmittel und wurden zum Würzen von Getränken verwendet. Nach der spanischen Eroberung begannen Nonnen in den Klöstern von Veracruz Vanille in Speisen zu verarbeiten und erfanden köstliche mit Vanille aromatisierte Desserts.

1½ l	Milch
1	Vanilleschote
2	Eßlöffel Vanilleextrakt, vorzugsweise mexikanischer
8	Eigelb
1½	Tassen Zucker
⅓	Tasse Maisstärke
2	Eßlöffel geschmolzene Butter

Zum Garnieren

frisch gemahlener Zimt, vorzugsweise mexikanischer, oder geröstete Mandelsplitter

Milch, Vanilleschote und Vanilleextrakt in einem schweren Topf zum Kochen bringen. Abkühlen lassen.

In einer großen Schüssel Eigelb mit Zucker cremig schlagen, die Maisstärke zugeben und sorgfältig verquirlen. Die abgekühlte Milch angießen und gut verrühren.

Die Ei-Milch-Mischung in einen Topf gießen und unter ständigem Rühren auf schwacher Hitze bis kurz unter den Siedepunkt erwärmen und sieden lassen, bis sie an einem Metallöffel haften bleibt.

Den Topf vom Herd nehmen, die Butter anrühren und die Creme abkühlen lassen, bis sich eine Haut bildet, die abgeschöpft wird, bevor die Creme auf Dessertschalen verteilt und 2–3 Stunden gekühlt wird.

Zum Servieren mit Zimt oder gerösteten Mandelsplittern bestreuen. Man kann die Creme auch über gekochte Backpflaumen gießen.
Ergibt 8 Portionen

Leche de mamey
Mameycreme

Wenn Mamey bzw. große Sapote nicht zu bekommen ist, läßt sie sich in diesem Rezept durch Mango ersetzen.

3 l	Milch
2	Zimtstangen, je ca. 10 cm lang
4	Tassen Zucker
9	Eigelb, verquirlt
2	Tassen frische Mandeln, die gebrüht, enthäutet und gemahlen werden
2	Mamey-Früchte oder 6 Mangos, püriert und passiert

Zum Garnieren

½	Tasse frische Mandeln, die gebrüht, enthäutet und fein gehackt werden
3	Eßlöffel Zucker
1½	Eßlöffel gemahlener Zimt

Milch und Zimt in einem schweren Topf aufkochen lassen, vom Herd nehmen und bei Zimmertemperatur abkühlen. Den Zucker dazugeben und die Milch unter ständigem Rühren erneut erhitzen, bis die Mischung leicht dickflüssig wird. Vom Herd nehmen, abkühlen lassen und die Eigelb nacheinander einrühren. Die Creme auf schwacher Hitze (nicht kochen!) so lange rühren, bis der Topfboden dabei sichtbar wird.

Vom Herd nehmen, die gemahlenen Mandeln und das Mameypüree unterziehen, die Creme in eine Servierschüssel füllen und 2 Stunden lang kalt stellen.

Kurz vor dem Servieren mit Mandeln, Zucker und Zimt bestreuen.
Ergibt 8 Portionen

Im Uhrzeigersinn von rechts oben: pitahayas, eine Kakteenfrucht; Früchte des Kakaobaums mit Samen, den eigentlichen Kakaobohnen; Mamey-Früchte, in Tabasco zapote genannt; Kürbisse

MEXICO CITY
UND DER STAAT MEXIKO

Mexico City ist unbestreitbar die heterogenste Stadt in Mexiko. Eine ununterbrochene Flut von Eroberern und Einwanderern haben Kultur und Küche von Mexico City tief und dauerhaft beeinflußt.

Auf dem Gebiet der heutigen überfüllten Großstadt mit ihrem verwirrenden Gemisch unterschiedlicher Ethnien gründeten die Azteken 1325 Tenochtitlán als Zentrum ihres ausgedehnten Herrschaftsbereichs, und schon damals wurden die Bewohner der Stadt mit den Sprachen, der Kunst und den Speisen von Menschen konfrontiert, die es von überall her in die Hauptstadt zog. Bei der Eroberung durch die Spanier 1521 wurde mit der völligen Zerstörung Tenochtitláns auch das gewaltige Aztekenreich zerschlagen, und die Spanier dokumentierten ihren Herrschaftsanspruch, indem sie gewissermaßen auf den Trümmern des Montezuma-Palastes ihr koloniales Verwaltungszentrum errichteten. Mexico City entwickelte sich zu einem der großen kosmopolitischen Knotenpunkte der Neuen Welt.

Die lange Tradition ethnischer und kultureller Vermischung spiegelt sich in Mexico City nicht zuletzt in einem Überangebot nationaler und internationaler Gerichte, was in jüngster Zeit renommierte einheimische Küchenchefs veranlaßte, sich wieder mehr mit der mexikanischen Kochkunst auseinanderzusetzen. So haben sie die leichte, frische *Nueva cocina mexicana* entwickelt, deren Kreationen zwar eklektisch, aber dennoch unver-

wechselbar mexikanisch sind, wie zum Beispiel ein Salat aus Artischocken und Kürbisblüten oder mit *epazote* gefüllte Fischröllchen in Blätterteigschalen.

Nach wie vor liegt jedoch die kulinarische Bedeutung von Mexico City in der breitgefächerten Auswahl traditioneller nationaler Kost, in den Gerichten der Millionen Landbewohner, die aus allen Regionen Mexikos in die Hauptstadt gekommen sind. Unzählige Restaurants aller Kategorien sind auf eine der vielen regionalen Küchen Mexikos spezialisiert. Und in den wohlhabenden Häusern wahren Köchinnen aus dem Hinterland die Tradition der ländlichen mexikanischen Küche.

Nirgends wird die Liebe der Mexikaner zu kleinen, raffinierten Imbissen, Vorspeisen und Zwischenmahlzeiten deutlicher als in Mexico City. An zahllosen Straßenständen kann man Dutzende von Tortilla-Variationen kennenlernen. Sie sind gefüllt, gerollt, doppellagig oder zusammengeklappt. Sie quellen über von Käse, saftigem Fleisch, Gemüsen und Chilis, und sie sind bestrichen mit grüner oder roter Sauce oder mit Guacamole. Und überall kann man Leute beobachten, die, eine unwirtliche verkehrsreiche Straße entlangschlendernd und alles um sich her vergessend, in den Genuß einer Tortilla vertieft sind.

Die beiden größten Märkte von Mexico City, *La merced* und *San Juán,* existierten schon vor der spanischen Eroberung. Sie bieten eine verwirrende Vielfalt von Gemüsen, verschiedene Bohnen- und Maissorten sowie frische Fische, Schalen- und

Krustentiere aus dem Atlantik und aus dem Pazifik an. Große Mengen von leuchtend farbiger *masa* warten auf die Straßenverkäufer, die den vorbereiteten Maisteig in Tamales, Gorditas, Tacos, Quesadillas, Sopes und andere Imbisse verwandeln. Überall sieht man *Chicharrón,* kroß gebratene Schweineschwarte aufgehäuft, die in Sauce getaucht geknabbert wird. Auf Tischen türmen sich duftende gelbe Kürbisblüten, die Hauptzutat für eine köstliche Suppe und für Füllungen von Tacos oder Empanadas. Auch andere zentralmexikanische Delikatessen werden hier angeboten wie etwa *cuitlacoche,* ein Maispilz (der Schrecken nichtmexikanischer Maisbauern). Seit präkolumbischer Zeit wird diese an sich krankhafte Maiswucherung als Delikatesse kultiviert, und die aufgequollenen schwärzlichen Maiskörner werden als nahrhafte und delikate Erweiterung einheimischer Pilzarten betrachtet. Besonders geschätzt wird *cuitlacoche* als Füllung für Crêpes, ein kulinarisches Andenken an die kurze, aber heftige französische Einflußnahme auf die Geschicke der jungen mexikanischen Republik um die Mitte des 19. Jahrhunderts.

Auf den Märkten werden auch endlose Mengen verschiedener Chilis angeboten, sorgfältig angeordnet, um ihre verblüffenden Kontraste in Größe, Form und Farbe hervorzuheben. Chilis werden frisch – zum Beispiel *chiles güeros, serranos, jalapeños, chilacas* und *poblanos* – und getrocknet gehandelt. Darüber hinaus werden in farbenprächtigem Nebeneinander Berge von verschiedenen Chilipulvern und Chiliwürzmischungen feilgeboten.

Der reiche, süßliche Duft reifer tropischer Früchte hängt schwer in der Luft. Besonders beliebt sind Mangos, sowohl als einfache Erfrischung in Würfel geschnitten und auf Spieße gesteckt oder als Zutat zu raffinierten Desserts wie zum Beispiel *Mangos con salsa de fresa y frambuesa* (Mangos in Erdbeer-Himbeer-Sauce).

Die beste Auswahl an frischen und getrockneten Kräutern bietet der Sonoramarkt, wo sie bergeweise verkauft werden: Kräuter zum Würzen (wie zum Beispiel unverzichtbare *epazote*- und Korianderblätter), andere zum Heilen und wieder andere ausschließlich für magische Zwecke. An der Plaza Garibaldi, die nach Mitternacht von Dutzenden von umherziehenden Mariachi-Gruppen bevölkert ist, bieten Straßenhändler auch Suppen an, zum Beispiel *Menuedo* (Kuttelsuppe), die angeblich einen Kater vertreiben soll.

Die echte unverfälschte Küche von Mexico City kann man immer noch in kleinen Wirtschaften und auf den Märkten im Freien finden. Viele dieser Gerichte stammen aus längst vergangenen Tagen, als die Stadt noch inmitten des Texcoco-Sees lag. Von diesem einst ausgedehnten Gewässer, in dem ehemals eine Fülle von Fischen und Süßwasser-Garnelen lebte, sind nur noch kümmerliche Reste verblieben. Mexico Citys *Tortas de camarón* (Sandwiches mit getrockneten Garnelen) erinnern an das aztekische Erbe der Hauptstadt.

Im Süden von Mexico City ist noch ein Teil des Agrargebiets der zerstörten Aztekenhauptstadt Tenochtitlán erhalten: die berühmten, aber inzwischen fälschlich so bezeichneten ›Schwimmenden Gärten‹ von Xochimilco. Um fehlende Anbauflächen in der unmittelbaren Nähe ihrer von Wasser umgebenen Hauptstadt zu schaffen, flochten die Azteken große Flöße aus Schilfrohr, die sie mit Erde bedeckten und mit Gemüse bepflanzten. Wegen des niedrigen Wasserstandes des Texcoco-Sees konnten sich die Wurzeln der Pflanzen mit der Zeit im Grund verankern, und aus den *Chinampas* (schwimmenden Gärten) sind zahlreiche kleine fruchtbare Inseln geworden, die durch ein weitverzweigtes Kanalsystem zugänglich sind. Viele dieser Wasserwege sind infolge der Ausdehnung der Stadt inzwischen verschwunden. Aber noch vor wenigen Jahren erhielten die Bewohner in den südlichen Vierteln von Mexico City ihre Lebensmittel regelmäßig aus Lieferungen über die Kanäle. Die mit einer Stange getriebenen flachen Boote legten an Markttagen mit riesigen Körben voller Früchte, Gemüse, frischem Mais und Bohnen an den Marktplätzen an. Die Kanäle und *Chinampas* von Xochimilco liefern noch heute einiges von dem erlesensten Gemüse und Obst Mexikos und locken jeden Sonntag unzählige Familien aus der Stadt auf die Märkte und in die Restaurants an den Landeplätzen.

Der Staat Mexiko hat ebenfalls eine reiche regionale Küche zu bieten. Die Hauptstadt des Staates, Toluca, ist berühmt für ihre *chorizo*-Wurst aus Schweinefleisch, die es in einer roten und in einer grünen Version gibt, wie auch für ihre Milchprodukte.

Die Marktplätze der Gegend sind übervoll von Ständen, die frisches Gemüse und fertig zubereitete Speisen anbieten, zum Beispiel *Tacos de plaza,* und *Tlacoyos* (ovale Tortillas, gefüllt mit Bohnen oder mit Kichererbsenpüree).

Ensalada de alcachofa con flor de calabaza, cilantro y albahaca

Artischockenböden mit Kürbisblüten in Koriander-Basilikum-Vinaigrette

Die Kombination von frischen Korianderblättern und Basilikum unterstreicht das Aroma der Artischocken, die ungekochten Kürbisblüten verleihen dem Salat eine außergewöhnliche Note.

6	große Artischocken, die Stiele entfernt
	Salz nach Belieben
6 l	Wasser

Für die Vinaigrette

¾	Tasse milder Apfelessig
1	Tasse Olivenöl
1	Tasse Maisöl
3	Knoblauchzehen, fein gehackt
1	Tasse frisches gehacktes Basilikum oder
	⅓ Tasse getrocknetes Basilikum
1	Tasse gehackte frische Korianderblätter
1	Eßlöffel Zucker
1	Teelöffel frisch gemahlener Pfeffer
	Salz nach Belieben

Zum Garnieren

48	Kürbisblüten, gesäubert und die festen äußeren Blätter entfernt

Kürbisblüten werden für Salate, als Crêpe-Füllung oder als Grundzutat für eine schmackhafte Suppe verwendet.

Zubereitung der Artischocken: Wasser in einem großen Topf sprudelnd aufkochen lassen, salzen und die Artischocken darin etwa 40 Minuten lang kochen, bis die Blätter leicht abgezogen werden können. Aus dem Wasser nehmen, abtropfen und abkühlen lassen.

Zubereitung der Vinaigrette: Essig, Oliven- und Maisöl, Knoblauch, Basilikum, Korianderblätter, Zucker, Salz und Pfeffer in einem Mixer 4 Minuten lang pürieren, abschmecken und 1 Stunde lang kühl stellen.

Zum Servieren die Artischockenböden auslösen und auf die Teller verteilen, jeweils 6 Artischockenblätter und 6 Kürbisblüten sternförmig darum anrichten und etwas von der Vinaigrette darübergießen, den Rest getrennt dazu reichen.
Ergibt 8 Portionen

Die Nueva cocina mexicana kreiert Gerichte wie diesen Salat aus Kürbisblüten und Artischockenböden, in einer Vinaigrette mit Korianderblättern und Basilikum angemacht.

Consomé de pollo a la mexicana
Mexikanische Hühnerbrühe

Brühen sind ein Hauptbestandteil der mexikanischen Küche. Durch einfaches Variieren der Zutaten für die Garnierung scheinen sie immer wieder neu und anders. *Caldo tlalpeño* zum Beispiel ist eine Hühnerbrühe mit Reis, Kichererbsen, Karotten, Zucchini, kleingeschnittenem Hühnerfleisch, Avocados und Korianderblättern, die schließlich mit *chiles chipotles* abgeschmeckt wird. *Caldo xochitl* ist eine Hühnerbrühe, in der Kürbisblüten schwimmen. Diese beiden genannten sind nur zwei von zahllosen Variationen.

Für die Brühe

½	Hühnchen (der Länge nach halbiert)
4	Hühnerbeinviertel
500 g	Kalbsschmorfleisch, in Würfel geschnitten
4	Karotten, geschält und in Scheiben geschnitten
½	Stange Lauch, in Ringe geschnitten
6	Knoblauchzehen
1	große weiße Zwiebel, in Ringe geschnitten
½	Stange Bleichsellerie, in Scheiben geschnitten
6 l	Wasser
2	Lorbeerblätter
12	schwarze Pfefferkörner
	Salz nach Belieben

Zum Garnieren

6	Stengel Frühlingszwiebelgrün, gehackt, oder ½ Tasse gehackter Schnittlauch
2	Avocados, geschält und fein gewürfelt
2	Tomaten, fein gewürfelt
10	Stengel frischer Koriander, fein gehackt
3–4	*chiles serranos,* fein gehackt
225 g	Oaxaca oder Mozzarella, fein gewürfelt

Wasser in einem Suppentopf zum Kochen bringen, Huhn, Kalbfleisch, Karotten, Lauch, Knoblauch, Zwiebel, Sellerie, Lorbeerblätter, Pfefferkörner und Salz hineingeben. So lange simmern lassen, bis die Suppe schäumt, den Schaum abschöpfen und die Brühe weitere 1½ Stunden lang köcheln lassen.

Den Topf vom Herd nehmen, die Brühe abkühlen lassen; dann das Fett abschöpfen und die Brühe durch ein Sieb gießen.

Zum Servieren die heiße Brühe in eine Suppenterrine füllen, die gehackten Gemüse und·Kräuter sowie die Käsewürfel hineingeben und sofort auftragen.
Ergibt 8 Portionen

Esquites
Frische Maiskörner

	Körner von 12 Maiskolben
½	Tasse Butter
1	Eßlöffel Schmalz
1½	Tassen feingehackte weiße Zwiebeln
⅓	Tasse feingehackte *chile serrano*
¾	Tasse gehackte *epazote*- oder Korianderblätter
1	Tasse Wasser
	Salz nach Belieben

Zum Garnieren

2	Eßlöffel feingehackte *epazote*- oder Korianderblätter

Butter und Schmalz in einem Topf erhitzen und Zwiebeln und Chili darin schmoren, bis sie weich sind. Maiskörner, *epazote*- oder Korianderblätter, Wasser und Salz zugeben und zugedeckt etwa 20 Minuten auf schwacher Hitze kochen, bis der Mais zart ist.

Zum Servieren die Maiskörner auf einer Platte anrichten und mit gehackten *epazote*- oder Korianderblättern bestreuen. Zu diesem Gericht wird gerne Mexikanischer Reis gereicht.
Ergibt 8 Portionen

Arroz del Monton
Mexikanischer Reis

Mexikanischer Reis wird zu vielen Hauptgängen oder zu Tacos gereicht. Man ißt ihn auch zu kleinen Gerichten wie *Chalupitas*, *Tostadas mineras* und *Quesadillas*.

Für den Reis

2	Tassen weißer Langkornreis
1½	weiße Zwiebeln, halbiert
10	Knoblauchzehen
3	Fleischtomaten (gut 1 kg), geröstet (siehe Seite 21)
	Salz nach Belieben
2	*chiles jalapeños* oder 4 *chiles serranos*
20	Stengel frische Petersilie
2	Tassen Pflanzenöl
2½ l	Wasser und 3 Tassen heißes Wasser

Reis ist ein Grundnahrungsmittel, das zu vielen Gerichten paßt und hier zu Rindfleisch, Schweineschwarte, frischen Maiskörnern und Avocados serviert wird.

Zum Garnieren

4   chiles serranos
      gehackte epazote- oder Korianderblätter

Das Wasser in einem mittelgroßen Topf zum Kochen bringen, vom Herd nehmen und 10 Minuten abkühlen lassen. Den Reis hineingeben und 20–25 Minuten lang einweichen. Abgießen und unter fließendem kalten Wasser abwaschen, bis das Wasser klar bleibt. Den Reis gut abtropfen lassen.

Öl in einem Topf erhitzen und 2 Zwiebelhälften mit 6 Knoblauchzehen darin leicht bräunen. Den abgetropften Reis dazugeben, gut mit dem Öl verrühren und auf schwacher Hitze schmoren, bis der Reis glasig wird, dabei gelegentlich umrühren.

Den Reis vom Herd nehmen, das Öl abtropfen lassen und den Reis wieder in den Topf geben.

Die Tomaten mit ½ Tasse Wasser, ½ Zwiebel und 4 Knoblauchzehen im Mixer pürieren, durch ein Sieb passieren und mit dem Reis vermischen. Auf schwacher Hitze so lange schmoren lassen, bis die Flüssigkeit verdampft ist. Nun 3 Tassen heißes Wasser und Salz dazugeben und gut umrühren.

4 Minuten lang kochen lassen. Chilis und Petersilie auf den Reis legen und den Topf gut verschließen. Die Hitze reduzieren, den Reis 40 Minuten lang simmern lassen, vom Herd nehmen und 30 Minuten lang ziehen lassen, ohne den Topfdeckel abzunehmen.

Zum Servieren Chilis und Petersilie entfernen und den Reis auf einer Platte anrichten. Mit hübsch zurechtgeschnittenen Chilis garnieren und mit epazote- oder Korianderblättern bestreuen.
Ergibt 8 Portionen

Sopa de tortilla a la mexicana
Mexikanische Tortilla-Suppe

Tortilla-Suppe gehört zu den Grundlagen der mexikanischen Küche. Die Ausgangsbrühe ist immer die gleiche, nur die vielen verschiedenen Zutaten führen zu mitunter überraschenden Ergebnissen.

6 l   Hühnerbrühe (siehe Rezept Seite 202)

Für die Suppe

2   chiles pasillas, gewaschen, geputzt (siehe Seite 21) und in Öl gebraten, und 2 lange chiles pasillas, ebenfalls in Öl gebraten
2   chiles anchos, gewaschen, geputzt (siehe Seite 21) und in Öl gebraten
4   mittelgroße Tomaten, gebrüht und enthäutet
1   weiße Zwiebel, in Ringe geschnitten
4   Knoblauchzehen, gehackt
⅔   Tasse Oliven- oder Maisöl
2   Stengel frischer Koriander oder epazote
     Salz nach Belieben

Zum Garnieren

2   Tassen Pflanzenöl
24   Tortillas, in dünne Streifen geschnitten und 24 Stunden getrocknet
8   chiles pasillas, in etwas Öl gebraten
2   Avocados, fein gewürfelt
2   Tassen zerkrümelter Frischkäse, zum Beispiel Feta
1   Tasse Crème fraîche oder saure Sahne, vermischt mit ¼ Tasse Milch und Sahne zu gleichen Teilen

Tortilla-Suppe besteht aus einer gewürzten Brühe, die über gebratene Tortilla-Streifen gegeben und mit einer Reihe von Zutaten wie Chilis, Avocadoscheiben, Käse und Crème fraîche angereichert wird.

Zubereitung der Brühe: Die Brühe nach Rezept zubereiten, abkühlen lassen und das Fett abschöpfen. Wieder erhitzen und am Siedepunkt halten.

Inzwischen die Zutaten für die Suppe vorbereiten: 2 chiles pasillas und anchos mit Tomaten, Zwiebeln und Knoblauch im Mixer pürieren und durch ein Sieb passieren. Öl in einem Suppentopf erhitzen und die pürierte Chilimischung so lange darin schmoren, bis sie dicklich wird. Epazote dazugeben, die kochende Brühe angießen und die langen chiles pasillas hineingeben. Mit Salz abschmecken und 25 Minuten lang simmern lassen.

Zubereitung der Garnierung: Öl in einer Pfanne erhitzen und die Tortilla-Streifen darin knusprig braten. Auf Küchenkrepp abtropfen lassen und salzen.

Zum Servieren die Suppe in eine Terrine füllen. Die Tortilla-Streifen auf Suppenschalen verteilen und die heiße Suppe darübergießen. Chilis, Avocados, Käse und Sauerrahm in getrennten Schalen dazu reichen, damit sich jeder die Suppe nach seinem Geschmack würzen kann.
Ergibt 8 Portionen

Ensalada de espinaca estilo Coyoacan
Spinatsalat ›Coyoacan‹

Dieser Salat kombiniert mehrere Zutaten, die wesentliche Bestandteile der mexikanischen Küche sind – Käse, Sesamsamen und Spinat.

Für die Vinaigrette
2½	Tassen Apfelessig oder Weinessig
1	Eßlöffel frisch gemahlener Pfeffer
20	Knoblauchzehen, gehackt
6	Lorbeerblätter
1	Teelöffel zerstoßene Pimentkörner
4	frische Thymianzweige oder 1 Teelöffel getrockneter Thymian

Für den Salat
32	mittelgroße Spinatblätter
½	Tasse Olivenöl
2	Eßlöffel Butter
8	Frühlingszwiebeln, in dünne Ringe geschnitten
16	*chiles serranos,* in Streifen geschnitten
	Salz und frisch gemahlener Pfeffer nach Belieben

Zum Garnieren
8	Eiertomaten, in Scheiben geschnitten
500 g	Briekäse, in 16 Scheiben geschnitten
2	Eßlöffel geröstete Sesamsamen

Zum Spinatsalat ›Coyoacan‹ gehören auch Scheiben von Briekäse.

Zubereitung der Vinaigrette: Alle Zutaten in einen Krug geben und 2 Tage lang bei Zimmertemperatur ziehen lassen.

Zubereitung des Salats: Die Spinatblätter waschen, gut abtrocknen und 1 Stunde lang kalt stellen.

Öl und Butter in einem Topf erhitzen, die Zwiebeln hineingeben und leicht schmoren. Die Chilis dazufügen und mit Salz und Pfeffer würzen. Weiterschmoren lassen, bis alle Zutaten leicht gebräunt sind.

Zum Servieren den Spinat auf Salattellern anrichten, mit Tomatenscheiben, dem geschmorten Gemüse und mit Käsescheiben garnieren. Die Vinaigrette gut vermischen und über den Salat träufeln, mit Sesamsamen bestreuen und sofort auftragen.
Ergibt 8 Portionen

Truchas en caldillo
Forellen in Brühe

Dieses Rezept stammt aus der ›Taberna de León‹, einem der bekanntesten Restaurants in dem Ferienort Valle de Bravo. Die Küchenchefin Monica Patiño ist bekannt für ihre raffinierten Kreationen.

Für die Zubereitung der Forellen

6	Forellen, je 150 g, küchenfertig und in 3 Stücke zerteilt
2	Eßlöffel feingehackter Knoblauch
1½	Tassen feingehackte weiße Zwiebeln
2	*chiles guajillos,* in dünne Streifen geschnitten
3	Innenwände von *chiles guajillos* (die Chilis öffnen und mit einem scharfen Messer die ›Venen‹ heraustrennen)
20	*epazote-* oder Korianderblätter
5⅓	Eßlöffel Schmalz
½	Tasse Essig
	Salz nach Belieben

Zum Garnieren

8	Innenwände von *chiles guajillos*
24	*epazote-* oder Korianderblätter
4	Limonen, halbiert

Schmalz in einem schweren Topf erhitzen und die Zwiebeln mit Knoblauch darin schmoren, bis sie leicht gebräunt sind. Die Forellen hineingeben und leicht anbraten. Chilis, ›Venen‹ und *epazote-* bzw. Korianderblätter dazugeben und mit heißem Wasser bedecken. Essig angießen, salzen und auf mittlerer Hitze 40 Minuten lang simmern lassen. Darauf achten, daß der Fisch nicht zu lange gekocht wird.

Zum Servieren die Brühe in die Suppenschüsseln füllen und jeweils 2 Fischstücke hineinlegen. Jede Schale mit Chili-›Venen‹, *epazote-* oder Korianderblättern und Limonen garnieren. Frisch zubereitete Tortillas oder Brot dazu reichen.
Ergibt 8 Portionen

Forellen werden in einer kräftigen Brühe mit epazote *pochiert, bis die Fische gar sind.*

Aguacates rellenos al estilo Calixtlahuaca
Gefüllte Avocados ›Calixtlahuaca‹

Für die Avocados

4	mittelgroße Avocados, geschält, halbiert und entkernt
½	Tasse Essig
1	Eßlöffel Limonensaft
½	Tasse Oliven- oder Pflanzenöl
	Salz und Pfeffer nach Belieben

Für die Füllung

750 g	*cuitlacoche* (Maispilz), fein gehackt, ersatzweise kleine weiße Champignons
1	weiße Zwiebel, sehr fein gehackt
5	Knoblauchzehen, gepreßt
¼	Tasse Olivenöl
5⅓	Eßlöffel Butter
¼	Tasse gehackte *epazote-* oder Korianderblätter
3	*chiles serranos,* fein gehackt
	Salz und Pfeffer nach Belieben

Zum Garnieren

8	Blätter Romana-Salat, gewaschen, trockengetupft und gekühlt
16	Scheiben Frischkäse, zum Beispiel Mozzarella
16	Tomatenscheiben
8	*epazote*-Blätter

Zubereitung der Avocados: Essig, Limonensaft, Salz und Pfeffer in eine Glasschüssel geben, Öl langsam hineinlaufen lassen und dabei alle Zutaten mit einem Schneebesen gut vermischen. Die Avocadohälften in eine flache Schale legen, die Marinade darübergießen und 1 Stunde lang in den Kühlschrank stellen.

Inzwischen die Füllung zubereiten: Öl und Butter in einem mittelgroßen Topf erhitzen, Zwiebeln, Knoblauch, *cuitlacoche* (oder Champignons), *epazote* (oder Korianderblätter) und Chilis hineingeben. Salzen und pfeffern und unter gelegentlichem Rühren 35–40 Minuten lang schmoren lassen. Vom Herd nehmen und abkühlen lassen.

Zum Servieren je 1 Salatblatt auf 8 Teller legen, die Avocadohälften darauflegen und mit Käse und Tomaten garnieren. Die Avocados mit *cuitlacoche*-Mischung füllen und mit *epazote*-Blättern bedecken.

Als Beilage Tostadas und mexikanischen Reis (siehe Rezept Seite 202 f.) dazu reichen.
Ergibt 8 Portionen

Mit Knoblauch und Chilis geschmorte Pilze werden als Appetithäppchen gereicht.

Hongos al ajillo
Pilze in Knoblauch

In Mexiko gibt es eine große Vielfalt an Pilzen, die nach folgendem Grundrezept zubereitet werden können. Die verwendeten Zutaten unterstreichen dabei das spezifische Aroma der jeweiligen Pilzsorte.

32	große Pilze (gut 1 ½ kg), in dicke Streifen geschnitten, oder 1¾ kg kleine Pilze
1 l	Olivenöl
8	große Knoblauchzehen und 2 Eßlöffel gehackter Knoblauch

Die Märkte im Staat Mexiko bieten eine Fülle von Pilzen an.

1	Tasse feingehackte weiße Zwiebeln
10	*chiles guajillos,* in Streifen geschnitten Salz nach Belieben
1	Teelöffel frisch gemahlener Pfeffer

Öl in einem schweren Topf erhitzen, die Knoblauchzehen darin bräunen und dann herausnehmen. Gehackten Knoblauch, Zwiebeln und Chilis in dem Öl 4 Minuten lang schmoren lassen, die Pilze dazugeben und ca. 25 Minuten auf schwacher Hitze garen. Mit Salz und Pfeffer abschmecken.

Die Pilze in Portionsschalen servieren.
Ergibt 8 Portionen

Crepas
Crêpes

Französische Crêpes haben in der zweiten Hälfte des vergangenen Jahrhunderts Eingang in die mexikanische Küche gefunden, wo sie mit Füllungen aus einheimischen Zutaten wie Kürbisblüten und *cuitlacoche* serviert werden. Crêpes als Dessert sind mit karamelisierter Ziegenmilch oder mit Marmelade gefüllt.

10	Eier
1	Teelöffel Salz
2	Tassen Weizenmehl
3½–4	Tassen Milch
1	Tasse Butter, die Hälfte davon geschmolzen und wieder abgekühlt

Eier, Salz, Mehl und Milch portionsweise im Mixer 4 Minuten lang verrühren. Den Teig in eine Schüssel füllen, die geschmolzene Butter hineinrühren und 1 Stunde lang stehenlassen.

Eine schwere Pfanne von 30 cm Durchmesser langsam aufheizen und mit Butter einfetten. 1 Eßlöffel Teig in die Pfanne geben und die Pfanne schwenken, damit sich der Teig gleichmäßig verteilt. So lange backen, bis die Ränder des Crêpe zu trocknen beginnen, dann vorsichtig mit einem Spatel wenden und auch die Rückseite goldbraun backen. Aus der Pfanne nehmen und auf einen Teller legen. Bevor ein neuer Crêpe zubereitet wird, die Pfanne wieder einfetten und erhitzen.
Ergibt etwa 40 Crêpes

Crepas de flor de calabaza con queso Gruyère fundido y crema
Crêpes mit Kürbisblüten und Gruyère

Kürbisblüten sind ein charakteristischer Bestandteil der mexikanischen Küche. Sie werden als Füllung für Quesadillas und Crêpes und in Suppen verwendet.

24   Crêpes (siehe Rezept Seite 209)

Für die Füllung

I kg   Kürbisblüten, gesäubert, die festen, äußeren
       Blätter entfernt und gehackt
       Kerne von 3 Maiskolben, 8 Minuten lang in
       Salzwasser gekocht und abgetropft
3   Fleischtomaten (ca. 750 g), gebrüht, enthäutet,
       entkernt und gewürfelt
4   *chiles poblanos,* vorbehandelt (siehe Seite 16),
       in Essig-Wasser eingeweicht und in Streifen
       geschnitten
4   Knoblauchzehen, fein gehackt
I   mittelgroße weiße Zwiebel, fein gehackt
⅓   Tasse Olivenöl
5⅓   Eßlöffel Butter
½   Eßlöffel frisch gemahlener Pfeffer
       Salz nach Belieben

Zum Überbacken

I ¼   Tassen saure Sahne oder Crême fraîche,
       vermischt mit 1 ¾ Tassen Milch und Sahne
       zu gleichen Teilen
400 g Gruyère, gerieben
150 g Parmesan, gerieben

Zubereitung der Crêpes: Crêpes nach Rezept zubereiten und zur Seite stellen.

Den Backofen auf 175° C (Gasherd Stufe 2) vorheizen.

Zubereitung der Füllung: Öl und Butter in einem Topf erhitzen und Zwiebeln mit Knoblauch darin schmoren, bis sie weich sind. Kürbisblüten, Maiskerne, Fleischtomaten, Chilistreifen, Salz und Pfeffer dazugeben und ca. 40 Minuten lang auf schwacher Hitze schmoren.

1 ½ Eßlöffel Füllung auf jede Crêpe geben und zweimal zusammenfalten, damit ein Dreieck entsteht. Die gefüllten Crêpes in eine große Auflaufform legen.

Die Sauerrahm-Mischung mit Salz und Pfeffer verrühren, die Crêpes damit übergießen und mit Käse bestreuen. 40 Minuten lang backen, bis der Käse goldbraun ist.

Die überbackenen Crêpes heiß, direkt aus der Auflaufform servieren und grünen Salat dazu reichen.
Ergibt 24 Crêpes

Crepas de cuitlacoche
Crêpes mit *cuitlacoche*

Frischer *cuitlacoche* (Maispilz) wird außerhalb Mexikos, wenn überhaupt, nur schwer erhältlich sein, allenfalls bekommt man ihn als Konserve. Ansonsten kann er durch frische Champignons ersetzt werden.

32   Crêpes (siehe Rezept Seite 209)

Für die Füllung

I kg   *cuitlacoche,* frisch oder aus der Dose,
       fein gehackt, ersatzweise 1 kg frische
       Champignons
3   Fleischtomaten, fein gehackt
2   weiße Zwiebeln, sehr fein gehackt
6   Knoblauchzehen, gepreßt
I   oder 2 *chiles cuaresmeños* oder *jalapeños,*
       fein gehackt
4   *chiles poblanos,* in dünne Streifen geschnitten
½   Tasse Olivenöl
¾   Tasse feingehackte *epazote-* oder Korianderblätter
¾   Tasse feingehackte Korianderblätter

Für die Béchamelsauce

¾ Tasse Butter
3 Knoblauchzehen, gepreßt
½ weiße Zwiebel, sehr fein gehackt
6 Eßlöffel Weizenmehl
3 Tassen heiße Milch
2½ Tassen Crème fraîche
1½ Tassen trockener Weißwein
2 Lorbeerblätter
1 Teelöffel gemahlener Thymian
1 Teelöffel geriebener Muskat
   Salz nach Belieben

Zum Überbacken

250 g Gruyère, gerieben
250 g Manchego oder Emmentaler, gerieben

Zubereitung der Crêpes: Die Crêpes nach Rezept zubereiten und zur Seite stellen.

Zubereitung der Füllung: Öl in einer Pfanne erhitzen und Zwiebeln mit Knoblauch darin schmoren. Cuitlacoche, Fleischtomaten und Chilis hinzugeben und auf schwacher Hitze etwa 40 Minuten schmoren, dabei gelegentlich umrühren. Salzen und pfeffern und weitere 30 Minuten köcheln, bis ein Großteil der Flüssigkeit verdampft ist. Die gehackten Kräuter unterrühren und die Füllung zum Abkühlen beiseite stellen.

Zubereitung der Béchamelsauce: Butter in einem Topf schmelzen und Knoblauch mit Zwiebeln darin schmoren. Das Mehl hineinrühren und auf schwacher Hitze leicht braun schwitzen. Den Topf vom Herd nehmen und mit einem Schneebesen unter ständigem Rühren die heiße Milch in die Mehlschwitze schlagen. Crème fraîche, Wein, Lorbeerblätter, Thymian und Muskat dazugeben, salzen und auf schwacher Hitze 45 Minuten lang ziehen lassen, dabei gelegentlich umrühren.

Den Backofen auf 175° C (Gasherd Stufe 2) vorheizen.

1½ Eßlöffel Füllung auf jede Crêpe geben und zweimal zusammenfalten, damit ein Dreieck entsteht. Die Crêpes in eine große Auflaufform oder auf einzelne feuerfeste Teller legen, die Sauce darübergießen und mit Käse bestreuen.

45 Minuten lang backen, bis der Käse goldbraun ist, und sofort servieren.

Die Füllung kann eingefroren und ebenso gut für Quesadillas verwendet werden. Auch die gefüllten Crêpes können eingefroren werden. Zum Servieren gibt man sie aufgetaut für 45 Minuten in einen auf 175° C (Gasherd Stufe 2) vorgeheizten Backofen.
Ergibt 32 Crêpes

Cuitlacoche, *ein Pilz, der während der Regenzeit auf frischen Maiskolben wächst, wird für eine schmackhafte Füllung von Crêpes verwendet.*

Crepas rellenas de hongo al cilantro
Crêpes mit Pilzen und Korianderblättern

Mit Pilzen gefüllte Crêpes sind in Mexiko sehr beliebt, und jede Gegend hat ihre bevorzugten Pilzsorten, die das Aroma des Gerichtes verändern.

24   Crêpes (siehe Rezept Seite 209)

Für die Füllung

1 kg	frische Pilze, fein gehackt
4	Knoblauchzehen, fein gehackt
1	weiße Zwiebel, sehr fein gehackt
4	*chiles serranos* oder *de árbol,* in etwas Öl gebraten, und fein gehackt
½	Tasse Olivenöl
5⅓	Eßlöffel Butter
3	Eßlöffel feingehackte Korianderblätter
	Salz und Pfeffer nach Belieben

Für die Sauce

500 g	frische Pilze, fein gehackt
½	weiße Zwiebel, sehr fein gehackt
7	Knoblauchzehen, 4 davon fein gehackt
½	Tasse Pflanzenöl
1	Tasse feingehackte Korianderblätter
1	Tasse feingehackte Petersilie
	Salz und Pfeffer nach Belieben
1½	Tassen Milch
1	Tasse Crème fraîche oder saure Sahne
1½	Tassen Milch und Sahne zu gleichen Teilen
300 g	Manchego oder Chihuahua, gerieben, ersatzweise Emmentaler oder frischer Gouda

Zum Überbacken

200 g   Raclette-Käse, gerieben

Zubereitung der Crêpes: Die Crêpes nach Rezept zubereiten und zur Seite stellen.

Zubereitung der Füllung: Öl und Butter in einem Topf erhitzen und Knoblauch mit Zwiebeln darin schmoren. Pilze, Chilis und Korianderblätter dazugeben und mit Salz und Pfeffer abschmecken. Die Farce etwa 45 Minuten auf schwacher Hitze köcheln, bis die Mischung dicklich wird. Vom Herd nehmen und abkühlen lassen.

Zubereitung der Sauce: Öl in einem Topf erhitzen und die Zwiebeln mit dem feingehackten Knoblauch darin schmoren, bis sie hellbraun sind. Die Pilze dazugeben und auf mittlerer Hitze 25 Minuten lang schmoren.

Den restlichen Knoblauch mit Korianderblättern, Petersilie, Salz, Pfeffer, Milch, Crème fraîche und Milch-Sahne-Mischung im Mixer pürieren. Diese Mischung zur Sauce in den Topf geben, umrühren und auf schwacher Hitze 40 Minuten lang köcheln lassen. Die Sauce vom Herd nehmen, den Käse einrühren und abschmecken.

Den Backofen auf 175° C (Gasherd Stufe 2) vorheizen.

Die Füllung auf die Crêpes geben und zusammenrollen. Eine ca. 20 × 30 cm große Auflaufform mit Öl auspinseln, eine Lage Crêpes hineinsortieren, Sauce darübergießen, eine weitere Schicht Crêpes hineinlegen und mit Sauce bedecken. Auf diese Weise fortfahren, bis alle Crêpes verbraucht sind. Mit geriebenem Käse bestreuen und 40–45 Minuten lang backen.

Die überbackenen Crêpes heiß servieren. Dazu paßt grüner Salat.

Ergibt 24 Crêpes

Quesadillas de comal de Santiago Tianguistengo
Quesadillas ›Santiago Tianguistengo‹

Diese Quesadillas werden auf dem Markt in Santiago Tianguistengo zubereitet und verkauft. Es gibt sie mit so vielen unterschiedlichen Füllungen, daß jeder Geschmack befriedigt wird. Die Auswahl reicht von Frischkäse und mit *epazote* gekochten Pilzen über geröstete Schweineschwarte in roter Sauce bis hin zu Kartoffeln mit Wurst.

Für die Tortillas
gut 1 kg getrocknete weiße oder blaue Maiskörner
10 l	Wasser
2	Tassen gemahlener Kalkstein
	Salz nach Belieben

Für die Füllung
1	Rezepteinheit Kürbisblütenfüllung (siehe Seite 210)
1	Rezepteinheit *cuitlacoche*-Füllung (siehe Seite 210)
1	Rezepteinheit Pilzfüllung (siehe Seite 212)
1	Rezepteinheit Kartoffelpüreefüllung (siehe Rezept auf dieser Seite)

Zum Garnieren
1	Rezepteinheit rote Sauce (siehe Seite 74)
1	Rezepteinheit ›Grüne Sauce‹ (siehe Seite 104)

Die Maiskörner in einem großen Suppentopf mit Wasser, Kalkstein und Salz auf schwacher Hitze kochen, bis die Häutchen der Kerne runzelig werden und sich leicht entfernen lassen. Vom Herd nehmen und abkühlen lassen. Die Maiskörner enthäuten, unter klarem Wasser abspülen und abtropfen lassen. Die Körner in einer Mühle mahlen und mit genügend Wasser zu einer geschmeidigen, elastischen *masa* kneten. Ersatzweise kann gekaufte *masa* oder aus *masa harina* hergestellte verwendet werden.

Einen Kocher, der mit Kohlen oder Gas betrieben wird, erhitzen und ein *comal* darauf oder eine schwere Pfanne auf dem Herd erhitzen, Tortillas formen (siehe Seite 10) und auf dem *comal* oder in der Pfanne backen. Die Füllungen aufwärmen. 2 Eßlöffel Füllung auf die untere Hälfte einer Tortilla geben, die obere Hälfte darauffalten und die Teigränder festdrücken. Auf diese Weise weitere Quesadillas mit den verschiedenen Füllungen zubereiten und auf dem *comal* bzw. in der Pfanne rösten, bis sie durchgewärmt sind.

Die Quesadillas heiß mit roter oder Grüner Sauce servieren.
Ergibt etwa 60 Quesadillas

Papa cocida (para quesadillas de comal)
Kartoffelpüreefüllung (für gebackene Quesadillas)

8	mittelgroße rote Kartoffeln, ungeschält
	Salz nach Belieben
2½ l	Wasser
2	Tassen kleingeschnittener Mozzarella

Die Kartoffeln in das kochende Wasser geben, salzen und etwa 30 Minuten auf mittlerer Hitze kochen, bis sie weich sind (die Kochzeit hängt von der Größe der Kartoffeln ab). Abgießen, pellen und gut pürieren. Mit Käse vermischen.
Reicht für 18 Quesadillas

Acociles
Süßwasser-Garnelen

Acociles sind ganz junge Süßwasser-Garnelen, die man in stillen Lagunen und kleineren Nebenflüssen im Tal von Mexiko findet.

Für die Zubereitung der Garnelen

500 g frische *acociles* oder winzige Garnelen
1½ weiße Zwiebeln, fein gehackt
4 *chiles serranos,* fein gehackt
½ Tasse Schmalz oder Butter
Saft von 4 Limonen
Salz nach Belieben

Zum Garnieren

3 reife Avocados, püriert und mit Salz gewürzt
1 Rezepteinheit ›Grüne Sauce‹ (siehe Seite 104)

Schmalz in einer Pfanne erhitzen und Zwiebeln mit Chilis darin leicht bräunen. *Acociles* und Limonensaft dazugeben und mit Salz abschmecken. Auf schwacher Hitze schmoren, bis die *acociles* zu bräunen beginnen.

Zum Servieren die *acociles* in einer Tonschale anrichten und Avocadopüree, frisch zubereitete blaue und gelbe Mais-Tortillas und Grüne Sauce dazu reichen.
Ergibt 8 Portionen

Conchas de pescado
Fischröllchen in Blätterteigschalen

Dieses elegante Gericht ist eine Kreation der *Nueva cocina mexicana* und verbindet traditionelle Elemente der mexikanischen Küche mit der internationalen Haute cuisine.

Für die Fischbrühe

4 Hähnchenbeine und 4 Hähnchenflügel
2 Fischköpfe
3 l Wasser
2 Tassen trockener Weißwein
½ Stange Lauch
1 weiße Rübe
4 Karotten
1 weiße Zwiebel
½ Knoblauchknolle
15 Stengel frische Petersilie
1 Teelöffel frisch gemahlener Pfeffer
Salz nach Belieben

Für die Gemüseeinlage

8 Tassen kleingezupfte Brunnenkresse oder 1 kg frischer Spinat, gewaschen und gehackt
1 mittelgroße weiße Zwiebel, sehr fein gehackt
4 Knoblauchzehen, fein gehackt
⅓ Tasse Olivenöl
5⅓ Eßlöffel Butter
Salz und Pfeffer nach Belieben

Für die Füllung

500 g Pilze, gewaschen und fein gehackt
2 *chiles de árbol* oder *serranos,* in etwas Öl gebraten und fein gehackt
½ weiße Zwiebel, sehr fein gehackt
4 Knoblauchzehen, fein gehackt
⅓ Tasse Olivenöl
5⅓ Eßlöffel Butter
Salz und Pfeffer nach Belieben

Für die Blätterteigschalen

1 kg tiefgefrorener Blätterteig

Für die Zubereitung des Fischs

1 kg	Fischfilets, vorzugsweise vom Schnapper oder Seebarsch, in 48 dünne Streifen geschnitten
48	*epazote*- oder Korianderblätter Salz und Pfeffer nach Belieben
3	Tassen Fischbrühe
½	Tasse kleine Butterwürfel

Für die Sauce

3	Tassen Fischbrühe, die auf ¾ Tasse reduziert wird
2	Tassen Milch und Sahne zu gleichen Teilen
2	Tassen Crème fraîche
¾	Tasse Parmesan Salz nach Belieben
1½	Eßlöffel Maisstärke, die in ½ Tasse Fischbrühe aufgelöst wird
1	Tasse kleine Butterwürfel

Zum Garnieren

½	Tasse Butter
8	große Karotten, geschält und in ganz feine Streifen geschnitten Salz und Pfeffer nach Belieben
8	*epazote*- oder Korianderblätter und 24 *epazote*- oder Korianderblätter, gehackt

Zubereitung der Fischbrühe: Wasser in einem Suppentopf zum Kochen bringen und Hähnchenstücke, Fischköpfe, Wein, Lauch, weiße Rübe, Karotten, Zwiebel, Knoblauch und Petersilie hineingeben. Leicht mit Salz und Pfeffer würzen, die Hitze reduzieren und 1½ Stunden lang simmern lassen. Vom Herd nehmen, durchseihen und zur Seite stellen.

Zubereitung der Gemüseeinlage: Öl und Butter in einem Topf erhitzen, Zwiebeln und Knoblauch dazugeben, die Brunnenkresse bzw. den Spinat hineinrühren und mit Salz und Pfeffer abschmecken. 20 Minuten lang kochen lassen, bis alle Flüssigkeit verdampft ist.

Zubereitung der Füllung: Öl und Butter in einer Pfanne erhitzen. Pilze, Chilis, Zwiebel und Knoblauch hineingeben und mit Salz und Pfeffer abschmecken. Etwa 30 Minuten unter gelegentlichem Umrühren auf schwacher Hitze schmoren, bis die Mischung dicklich wird.

Zubereitung der Blätterteigschalen: Die Teigplatten auftauen und auf einer bemehlten Fläche 3 mm dünn ausrollen. 8 Jakobsmuschelschalen auf der Außenseite einfetten und mit dem Teig bedecken. Überstehenden Teig an die Innenseiten der Schalen drücken. Die Schalen für 2 Stunden einfrieren. Den Backofen auf 175° C (Gasherd Stufe 2) vorheizen, die Schalen auf einem Backblech verteilen und 25 Minuten lang backen, bis sie goldbraun sind. Aus dem Ofen nehmen und den Blätterteig vorsichtig von den Schalen lösen. Zur Seite stellen.

Zubereitung des Fischs: Eine Auflaufform ausfetten. Die Fischstreifen salzen und pfeffern, mit je 1 *epazote*-Blatt belegen und mit je ½ Teelöffel Pilzfüllung aufrollen. Die Fischröllchen in die Auflaufform stellen, die Fischbrühe darübergießen und Butterflöckchen darauf verteilen. Etwa 6–8 Minuten bei 175° C (Gasherd Stufe 2) backen (die Backzeit hängt von der Dicke der Filets ab). Den Bratensud aufbewahren.

Zubereitung der Sauce: Die reduzierte Fischbrühe erhitzen, ½ Tasse Bratensud angießen und Milch-Sahne-Mischung sowie Crème fraîche hineinrühren. 40 Minuten lang simmern lassen, dann den Käse dazugeben und eventuell nachwürzen.

Die aufgelöste Maisstärke in die Sauce schlagen, weitere 8 Minuten köcheln lassen und die Butter einrühren. Die Sauce in einen Simmertopf füllen oder in ein Wasserbad setzen, vorsichtig die Fischrollen in die Sauce legen und 10 Minuten darin ziehen lassen.

Zubereitung der Garnierung: Butter in einem Topf erhitzen und die Karottenstreifen darin auf schwacher Hitze kurz schmoren, bis sie zart sind. Mit Salz und Pfeffer abschmecken.

Zum Servieren jeweils 1 Blätterteigschale auf die Teller legen, mit Brunnenkresse auskleiden und jeweils 6 Fischröllchen darauf betten. Mit 1 *epazote*-Blatt und etwas von den Karottenstreifen garnieren. Sauce darüberlöffeln und großzügig mit gehackten *epazote*-Blättern bestreuen. Restliche Sauce in einer Saucière dazu reichen.
Ergibt 8 Portionen

Seite 216: Fischröllchen in Blätterteigschalen ist eine raffinierte neue Kreation aus Mexico City.
Seite 217: Fisch-Tamales werden in Maishülsenblätter gewickelt und über Dampf gegart.

Pescado en tamal
Fisch-Tamales

Die Fisch-Tamales, die im ›San Angel Inn‹ im gleichnamigen Vorort von Mexico City serviert werden, variieren ein traditionelles Rezept aus vorspanischer Zeit, als das Garen über Dampf noch die Regel war.

8	Weißfische, vorzugsweise aus Patzcuaro, je ca. 225 g, küchenfertig und entgrätet, oder 8 dünne Scheiben Seebarschfilet Salz und Pfeffer nach Belieben
56	frische Maishülsenblätter, 8 davon in dünne Streifen geschnitten

Für die Füllung

3	Knoblauchzehen, fein gehackt
3	mittelgroße weiße Zwiebeln, diagonal in Scheiben geschnitten
6	*chiles poblanos* oder *California (Anaheim)-chiles*, vorbehandelt (siehe Seite 16), in Streifen geschnitten und in Salzwasser eingeweicht
¾	Tasse Butter
2	Eßlöffel Olivenöl
½	Teelöffel frisch gemahlene Pimentkörner
½	Tasse Crème fraîche Salz und Pfeffer nach Belieben

Für die Sauce

8	*chiles poblanos,* vorbehandelt (siehe Seite 16), in Streifen geschnitten und in Salzwasser eingeweicht
2	Knoblauchzehen
2	mittelgroße weiße Zwiebeln, diagonal in Scheiben geschnitten
½	Tasse Olivenöl
1½	Tassen Fischbrühe (siehe Rezept Seite 214), auf die Hälfte reduziert
1	Tasse Crème fraîche oder saure Sahne
1½	Tassen Milch und Sahne zu gleichen Teilen
1	Eßlöffel Maisstärke, die in etwas Wasser aufgelöst wird
½	Tasse Butter
1	Teelöffel frisch gemahlener Pfeffer Salz nach Belieben

Zubereitung der Füllung: Butter und Öl in einem Topf erhitzen, den Knoblauch darin leicht bräunen, die Zwiebeln dazufügen und glasig schmoren. Chilistreifen hineingeben und auf schwacher Hitze 20 Minuten lang kochen. Mit Salz, Pfeffer und Piment abschmecken, Crème fraîche dazugeben und unter Rühren kochen, bis die Mischung dick und cremig ist. Vom Herd nehmen.

Zubereitung der Sauce: Öl in einem Topf erhitzen, Knoblauch darin bräunen und entfernen. Zwiebeln in dem Öl bräunen, dann die Chilistreifen dazugeben und unter gelegentlichem Rühren 25 Minuten lang schwach kochen lassen. Die reduzierte Fischbrühe angießen, Crème fraîche, Milch-Sahne-Mischung und die aufgelöste Maisstärke einrühren. Salzen und pfeffern.

Die Sauce unter Rühren etwa 15 Minuten lang auf schwacher Hitze einkochen, vom Herd nehmen und im Wasserbad warm halten. Butter dazugeben und umrühren.

Zubereitung der Fische: Die Fische salzen und pfeffern und mit je 2 Eßlöffeln Farce füllen (wenn Filetscheiben verwendet werden, die Füllung daraufstreichen und die Scheiben zusammenrollen).

6 Maishülsen auseinanderdrücken und ausbreiten, die Enden überlappend. Den gefüllten Fisch oder das zusammengerollte Filet darauflegen, mit Sauce bedecken, die Hülsenblätter zu einem Paket zusammenfalten, das mit Hülsenblättern zusammengebunden wird.

Die restlichen Fische bzw. gerollten Filets ebenso verpacken und in den mit Aluminiumfolie ausgelegten Korb eines Dampfkochtopfs legen.

Den Fisch ca. 30 Minuten lang im Dampf garen, bis er weich ist (darauf achten, daß die Pakete nicht mit dem kochenden Wasser in Berührung kommen).

Zum Servieren die Hülsenblätter entfernen und die Fische mit Sauce auf Tellern anrichten. Restliche Sauce in einer Saucière dazu stellen.

Ergibt 8 Tamales

Tortas
Sandwiches

Tortas oder Sandwiches werden in Mexico City an jeder Straßenecke verkauft. Sie sind mit Kalbskoteletts, zerfasertem Hähnchenfleisch, Käse und Avocados, Wurst oder Schinken gefüllt und immer mit *chile jalapeño* oder *chipotle* garniert.

Für die Sandwiches
8	Teleras (weiße Brötchen) oder französische Baguettebrötchen, ca. 10 cm lang, längs aufgeschnitten und etwas von der Brotkrume entfernt
2	Tassen gebratenes Bohnenpüree (siehe Rezept Seite 187)
32	dünne Scheiben gekochter Schinken
24	Scheiben frischer Gouda
16	Tomatenscheiben
2⅔	Tassen in feine Streifen geschnittener Romana-Salat
½	Tasse feingewürfelte Avocado
½	Tasse saure Sahne
16	Streifen eingelegte *chiles jalapeños* (aus der Dose oder nach Rezept Seite 185 zubereitet) Salz nach Belieben

Zum Garnieren
16	Tomatenscheiben
8	Streifen eingelegte *chiles jalapeños*

Die unteren Hälften der Brötchen mit Bohnenpüree bestreichen und mit je 4 Schinkenscheiben, 3 Käsescheiben und 2 Tomatenscheiben bedecken. Salatstreifen, Avocadowürfel und saure Sahne gleichmäßig darauf verteilen, auf jede Brötchenhälfte 2 Chilistreifen legen und salzen. Die oberen Hälften der Brötchen daraufsetzen und zusammendrücken. Die Sandwiches mit einem scharfen Messer halbieren. Auf Tellern mit 2 Tomatenscheiben und 1 Chilistreifen anrichten.
Ergibt 8 Sandwiches

Eine reiche Auswahl an Fleisch- und Wurstwaren für Sandwiches

Seite 220/221: Die ›Schwimmenden Gärten‹ von Xochimilco, ein verzweigtes Kanalsystem im Süden von Mexico City

Chicharron sudado en salsa verde
Schweineschwarte in Grüner Sauce

Schweineschwarte ist in ganz Mexiko sehr geschätzt und wird auf verschiedene Weise zubereitet. Kross gebraten bekommt man sie mit Limonen und einem Glas Tequila als kleinen Imbiß serviert, geschmort wird sie als Füllung für Tacos verwendet. Das folgende Rezept für Chicharrón wird je nach Region mit verschiedenen Chilis und Saucen gewürzt.

750 g Schweineschwarte, in ca. 7 cm große Vierecke
        geschnitten

Für die Sauce

18   mittelgroße *tomatillos,* die Hülsen entfernt
3   weiße Zwiebeln, 1 davon halbiert, der Rest fein gehackt
10   Knoblauchzehen
8   *chiles serranos* oder 3 *chiles jalapeños,* fein gehackt
30   Stengel frischer Koriander und ¾ Tasse feingehackte
     Korianderblätter
2 l Wasser
     Salz nach Belieben

Zum Garnieren

2   Eßlöffel feingehackte Frühlingszwiebeln
2   Eßlöffel feingehackte frische Korianderblätter

Zubereitung der Sauce: Wasser in einem Topf zum Kochen bringen und *tomatillos* mit Zwiebelhälften, 6 Knoblauchzehen und Chilis darin 20 Minuten lang kochen lassen, dann abgießen und das Kochwasser aufbewahren. Die gekochten Zutaten mit 2 Tassen Kochwasser, ¼ der feingehackten Zwiebeln, 4 Knoblauchzehen, Korianderstengeln und Salz 3 Minuten lang im Mixer pürieren.

Einen Simmertopf mit einer Schicht Schweineschwarte auslegen und mit Sauce, gehackten Zwiebeln und gehackten Korianderblättern bedecken. Die Schichten wiederholen. Den Topf schließen und etwa 1½–2 Stunden simmern lassen, bis die Schweineschwarte zart und gut durchgekocht ist.

Zum Servieren die Schweineschwarte mit gehackten Frühlingszwiebeln und Korianderblättern in einer Ton-Kasserolle anrichten und mexikanischen Reis, frisch zubereitete Tortillas und ›Frijoles de olla‹ (siehe Rezept Seite 187) dazu reichen.
Ergibt 8 Portionen

Tacos de plaza

Diese Tacos werden auf den Marktplätzen zubereitet und gegessen. Dazu faltet man das untere Ende der zusammengerollten Tortilla nach oben, damit die Füllung nicht auslaufen kann.

24   Mais-Tortillas (siehe Rezept Seite 10), frisch zubereitet

Für die Füllungen

1½   Tassen Schweinsfüße in Vinaigrette
     (siehe Rezept Seite 90)
1½   Tassen gewürfelte Avocados, mit 225 g gekochter
     Schweineschwarte im Mixer püriert
8   Tomatenscheiben
4   Scheiben weiße Zwiebel
20   Scheiben Frischkäse, zum Beispiel Mozzarella,
     fein gewürfelt
1½   Tassen *nopales*-Salat (siehe Rezept Seite 245)
1½   Tassen Schweinefleisch ›Santa Rosa de Jauregui‹
     (siehe Rezept Seite 155)
1   Tasse Süßwasser-Garnelen (siehe Rezept Seite 214)

Zum Garnieren

1   Rezepteinheit ›Grüne Sauce‹ (siehe Seite 104)
1   Rezepteinheit rote Sauce (siehe Rezept Seite 189)
40   Stengel *papalo* oder frischer Koriander
30   Stengel frischer Koriander
1½   Tassen saure Sahne

Zusammenstellung der Füllungen: Die Schweinsfüße auf eine Platte legen. Mit Avocadopüree, Tomaten und Zwiebeln umlegen und mit Käse bestreuen. Auf getrennten Platten den *nopales*-Salat, das Schweinefleisch und die Garnelen anrichten.

Zusammenstellung der Garnierungen: Rote und Grüne Sauce in *molcajetes* oder Servierschalen gießen. *Papalo,* Korianderblätter und saure Sahne in getrennten Schalen anrichten.

Zum Servieren jeweils 3 warme Tortillas, einander überlappend, auf die Teller legen. 2 Eßlöffel von jeder Füllung auf jede Tortilla geben. Mit Grüner und roter Sauce, *papalo,* Korianderblättern und saurer Sahne garnieren.
Ergibt 8 Portionen

Farbenprächtige Boote befahren die Xochimilco-Kanäle.

Frisch gewonnener Honig wird oft anstelle von Zucker verwendet.

Sorbete de higo
Feigensorbet

Für den Sirup
2½   Tassen Zucker
2   Tassen und 1 Eßlöffel Wasser

Für das Sorbet
750 g frische Feigen, geschält
   Eiswürfel
   grobkörniges Salz

Zum Servieren (nach Belieben)
   Schale einer längs halbierten Wassermelone
16   Feigen, halbiert
   Feigenblätter

Zubereitung des Sirups: Einen Tag vor dem Servieren Zucker und Wasser in einem mittelgroßen Topf auf starker Hitze zum Kochen bringen und mit einem Holzlöffel so lange umrühren, bis sich der Zucker aufgelöst hat. Nun den Sirup ohne Rühren stark aufkochen lassen, vom Herd nehmen, sofort in eine Schüssel gießen und abkühlen lassen.

Zubereitung des Sorbets: Einen Tag vor dem Servieren Feigen im Mixer pürieren, das Püree in einer Glasschüssel mit dem abgekühlten Sirup vermischen und 10 Minuten lang ziehen lassen. Das Eis zerstoßen, mit Salz in eine große Schüssel geben und das Feigenpüree darauf kühlen. Die Mischung rühren, bis sich Eiskristalle bilden und das Sorbet fest zu werden beginnt. Über Nacht einfrieren.

Zum Servieren die Wassermelonenschale auf eine Platte stellen und mit Feigenblättern umlegen. Mit Sorbetkugeln füllen und mit Feigen garnieren.
Ergibt etwa 2 Liter Sorbet

Der Innenhof in dem berühmten Restaurant ›San Angel Inn‹

Im Laufe der Geschichte haben viele fremdländische Lebensmittel und Zubereitungsarten Eingang in die mexikanische Küche gefunden. So auch Mangos, die ursprünglich aus dem Fernen Osten stammen, inzwischen aber in Mexiko kultiviert werden.

Mangos con salsa de fresa y frambuesa
Mangos in Erdbeer-Himbeer-Sauce

Mangos bekommt man in Mexico City das ganze Jahr über, im Mai sind sie jedoch am reifsten (und auch am billigsten). Es gibt verschiedene Sorten, die sich in Größe und Aroma unterscheiden.

8   Mangos, geschält und entkernt

Für die Sauce
500 g   Erdbeeren
500 g   Himbeeren
I   Tasse Zucker, nach Belieben
½   Tasse Orangenlikör

Zum Garnieren
24   Erdbeeren, in Scheiben geschnitten

Die Mangos in Scheiben schneiden und I Stunde lang kühl stellen.

Zubereitung der Sauce: Erdbeeren und Himbeeren mit Zucker und Likör im Mixer pürieren.

Zum Servieren die Mangoscheiben auf Teller verteilen. Mit der Sauce übergießen und mit den Erdbeeren garnieren. Ergibt 8 Portionen

Mangos, zarzamoras y frambuesas
Mangos, Brombeeren und Himbeeren

Brombeeren und Himbeeren werden in der Gegend der Valle de Bravo kultiviert. Im folgenden Rezept sind sie zu einem köstlichen, erfrischenden Dessert kombiniert.

3   Mangos, geschält, halbiert und entkernt
500 g   Brombeeren
500 g   Himbeeren
½   Tasse Orangenlikör
      Zucker nach Belieben

Zum Garnieren
I ½   Tassen Sahne, I Stunde lang tiefgekühlt
I   Tasse saure Sahne, I Stunde lang tiefgekühlt
½   Tasse Zucker
      Pekan-Krokant, gemahlen (siehe Rezept Seite 59)

Zubereitung der Früchte: Eine tiefe Schüssel mit Mangohälften auslegen, mit Zucker bestreuen und mit je einer Schicht Brombeeren und Himbeeren bedecken. Likör darübergießen und die Schichten wiederholen, bis alle Zutaten verbraucht sind. 2 Stunden lang kühl stellen.

Inzwischen die Garnierung zubereiten: Sahne und saure Sahne verrühren und halbsteif schlagen. Zucker dazugeben, erneut kurz schlagen, dann kalt stellen.

Zum Servieren die geschichteten Früchte mit geschlagener Sahne garnieren und mit Pekan-Krokant bestreuen. Sofort auftragen. Ergibt 8 Portionen

Mangos in Erdbeer-Himbeer-Sauce: ein einfaches, aber raffiniertes Dessert

Schloßkuchen mit weißer Schokolade gibt es nur bei besonderen Gelegenheiten.

Pastel de chocolate blanco del castillo
Schloßkuchen mit weißer Schokolade

Maximilian, Erzherzog von Österreich, und seine Gemahlin Charlotte, eine belgische Prinzessin, haben während ihrer kurzen Regentschaft Mitte des 19. Jahrhunderts französische Kochkunst und österreichische Feinbäckerei nach Mexico City gebracht.

Für den Teig

10	Eier, getrennt
1½	Tassen Zucker
1¼	Tassen geschmolzene und abgekühlte Butter
2	Tassen gemahlene Pekan-Nüsse
2	Tassen frische Mandeln, die gebrüht, enthäutet und gemahlen werden
⅓	Tasse Weizenmehl
¼–½	Teelöffel Mandelaroma
	Mark von 1½ Vanilleschoten

Für den Sirup

1½	Tassen Wasser
¾	Tasse Zucker
¾	Tasse Kirschwasser oder Rum

Für die Glasur

8	Eigelb
1⅔	Tassen Zucker
⅔	Tasse Wasser
2¼	Tassen weiche Butter
250 g	weiße Schokolade, gerieben
¼	Teelöffel Mandelaroma
½	Tasse Kirschwasser

Zum Garnieren

300 g weiße Schokoladenraspel

Den Backofen auf 175° C (Gasherd Stufe 2) vorheizen. 2 Kuchenformen von ca. 22 cm Durchmesser einfetten und mit Mehl bestäuben.

Zubereitung des Teigs: Eigelb so lange schlagen, bis sie schaumig und cremefarben werden. Den Zucker einrieseln lassen und weiter schlagen, bis die Masse zäh vom Löffel fließt. Nach und nach die Butter einrühren, dann die gemahlenen Pekan-Nüsse, die Mandeln und das Mehl unter den Teig mischen und mit Mandelaroma und Vanillemark würzen. Darauf achten, daß der Teig nicht zu lange geschlagen wird. Eiweiß zu steifem Schnee schlagen und unterziehen.

Den Teig auf die Backformen verteilen und glattstreichen. Nach ca. 45 Minuten Backzeit aus dem Ofen nehmen, 10 Minuten lang abkühlen lassen und aus den Formen lösen. Vollständig abkühlen lassen und anschließend auf 2 Platten mit hohem Rand legen.

Inzwischen den Sirup zubereiten: Wasser und Zucker in einem Topf erhitzen und auf schwacher Hitze 20 Minuten lang kochen lassen. Den Sirup vom Herd nehmen, den Likör hineinrühren und die abgekühlten Kuchen damit tränken.

Zubereitung der Glasur: Eigelb schlagen, bis sie schaumig und cremefarben sind, und beiseite stellen. Zucker und Wasser in einem Topf erhitzen und so lange rühren, bis sich der Zucker aufgelöst hat. Ohne zu rühren weiter erhitzen, bis der Sirup den Harten-Ball-Grad erreicht hat (125° C auf einem Zucker-Thermometer). Den Sirup etwas abkühlen lassen, dann langsam in einem stetigen dünnen Strahl mit dem Rührgerät unter die Eiermasse schlagen, bis die Mischung völlig ausgekühlt ist.

Nach und nach abwechselnd Butter und Schokolade unterrühren, dann Mandelaroma und Kirschwasser zugeben und schlagen, bis die Masse glatt und zähflüssig ist.

1 Eßlöffel von der Glasur auf einer 30 cm großen Platte verteilen, einen der beiden sirupgetränkten Böden daraufgeben und mit Glasur bedecken. Den zweiten Boden auflegen und Oberfläche und Seiten des Kuchens mit Glasur überziehen und mit einem Spatel glattstreichen. Großzügig mit weißen Schokoladenraspeln verzieren.
Ergibt 8–12 Portionen

Mousse de mandarina
Mandarinen-Mousse

Für die Mousse

5	Eigelb
1½	Tassen Zucker
⅓	Tasse Limonensaft
3	Tassen Mandarinensaft
1	Eßlöffel geriebene Mandarinenschale
1	Eßlöffel geriebene Orangenschale
½	Teelöffel geriebene Limonenschale
2	Päckchen (ca. 20 g) gemahlene Gelatine
1	Messerspitze Salz
1½	Tassen gehacktes Fruchtfleisch von Mandarinen
1½	Tassen Sahne, 1 Stunde tiefgekühlt
1½	Tassen Crème fraîche oder saure Sahne, 1 Stunde tiefgekühlt
3	Eiweiß
⅓	Tasse Zucker

Zum Garnieren

⅓	Tasse Puderzucker
½	Tasse frische Mandeln, die gebrüht, enthäutet, gehackt und geröstet werden
6	Kumquat-Zweige, mit Blättern (nach Belieben)
	Orangenblätter (nach Belieben)

Die Eigelb mit dem Rührgerät schlagen, bis sie schaumig und cremefarben sind. Zucker dazugeben und schlagen, bis die Masse dickflüssig wird. In einem Topf (kein Aluminium!) Zitronensaft und 1½ Tassen Mandarinensaft aufkochen, abkühlen lassen und mit den Eigelb verquirlen. Weitere 10 Minuten schlagen, dabei die geriebenen Schalen zufügen. Die Mischung muß von dicker Konsistenz sein.

Gelatine mit Salz in 1½ Tassen Mandarinensaft 10 Minuten lang quellen lassen. Erhitzen, bis die Gelatine schmilzt. Abkühlen lassen und sorgfältig in die Eigelbmischung rühren. Kühl stellen, bis die Masse fest zu werden beginnt, dann das Fruchtfleisch unterheben. Sahne und Crème fraîche zusammen schlagen, bis sie steif sind, und in die Masse rühren. Zuletzt Eiweiß mit Zucker zu sehr steifem Schnee schlagen und vorsichtig unter die Mousse ziehen.

Eine Souffléform mit 1½ Liter Fassungsvermögen buttern und mit einem hohen Pergamentpapier-›Kragen‹ versehen. Die Mousse vorsichtig in die Souffléform gießen und 6 Stunden oder über Nacht in den Kühlschrank stellen.

Zum Servieren den Papierkragen entfernen, die Mousse mit Zucker und Mandeln bestreuen und mit Kumquats und Orangenblättern dekorieren.
Ergibt 8–12 Portionen

Mandarinen werden für Getränke, Sorbets und diese köstliche Mousse verwendet.

Sorbete de Jamaica
Hibiskusblütensorbet

Hibiskus gedeiht in der Küstenregion von Guerero sehr üppig, und die prächtigen Blüten verleihen vielen Erfrischungsgetränken und Desserts ihr säuerliches Aroma.

Für das Sorbet

500 g	getrocknete Hibiskusblüten
1½ l	Wasser
1½–1¾	Tassen Sirup (siehe Rezept Seite 224)
2	Eiweiß, zu Schnee geschlagen

Zum Garnieren

12	Erdbeeren
8	Minzeblätter
	grüne Weintrauben

Am Tag vor dem Servieren die Hibiskusblüten waschen und 1 Stunde lang einweichen. Dann die Blüten mit Einweichwasser in einen Topf geben (kein Aluminium!), aufkochen, die Hitze reduzieren und 10 Minuten schwach kochen lassen. Abkühlen lassen, durchseihen und 24 Blüten zum Garnieren aufbewahren. 2½ Tassen Kochflüssigkeit abmessen, mit dem Sirup verrühren und den Eischnee unterziehen.

Diese Mischung in der gleichen Weise gefrieren wie das Feigensorbet (siehe Rezept Seite 224).

Zum Servieren Sorbetbällchen übereinanderhäufen und mit Blüten, Erdbeeren, Minzeblättern und Trauben garnieren. Ergibt ca. 1 Liter Sorbet

Das Xochimilco-Areal ist von vielen kleinen Kanälen durchzogen.

Sorbete de mango
Mangosorbet

Ein Mangosorbet kann aus frischen oder aus eingemachten Früchten zubereitet werden. Werden frische Mangos verarbeitet, sollten sie sehr reif sein.

In Chinampas, den ›Schwimmenden Gärten‹ von Xochimilco, werden Blumen und auserlesene Gemüse gezogen und dann mit dem Boot zu den Märkten gebracht.

Für das Sorbet

1½ kg	reife Mangos, geschält, entkernt und grob gewürfelt
2⅔	Tassen Sirup (siehe Rezept Seite 224)

Zum Garnieren

24	Erdbeeren
8	Minzeblätter

Am Tag vor dem Servieren die Mangowürfel im Mixer pürieren und durch ein Sieb passieren. Mit dem Sirup vermischen und in der gleichen Weise gefrieren wie das Feigensorbet (siehe Rezept Seite 224).

Zum Servieren Sorbetbällchen übereinanderhäufen und mit Erdbeeren und Minzeblättern garnieren. Ergibt ca. 2 Liter Sorbet

Sombrero de chocolate
Schokoladenhut

Schokolade ist unverzichtbar in der mexikanischen Küche, und die Verarbeitung der Kakaobohnen hat eine lange Tradition. Je nach Rezept kann dabei der natürliche bittere Geschmack der Schokolade durch Zugabe von Honig gemildert werden.

Für den Schokoladenhut

675 g   Zartbitterschokolade, in Stücken
200 g   Mokkaschokolade, in Stücken
475 g   Vollmilchschokolade, in Stücken

Für die Sauce

9   reife Mangos, geschält, entkernt und in Scheiben geschnitten
1½   Tassen Zucker
⅓   Tasse Orangenlikör
¼   Tasse Tequila
1   Teelöffel Limonensaft
3   Tassen frisch gepreßter Orangen- oder Mandarinensaft

Zum Garnieren

11   Limonensorbet
11   Feigensorbet (siehe Rezept Seite 224)
11   Brombeersorbet
6   Bougainvillea-Zweige oder andere Blumenzweige (nach Belieben)

Zubereitung des Schokoladenhutes: Aus Pergamentpapier 2 Kreise von 38 cm (für die Hutkrempe) und 20 cm (für die Hutspitze) Durchmesser und ein Rechteck von 13 × 38 cm ausschneiden.

Wasser in einem Simmertopf erhitzen, die Schokoladen (bis auf 175 g Vollmilchschokolade) darin schmelzen, dabei gelegentlich umrühren. Wenn die Schokolade eine Temperatur von 30°C auf einem Zucker-Thermometer erreicht hat, den Topf vom Herd nehmen.

Die Hälfte der Schokolade auf eine Oberfläche aus Marmor oder Metall gießen, den Rest im Wasserbad warm halten. Unter ständigem Rühren mit einem Spatel die Schokolade auf der Marmorfläche auf 25° C abkühlen lassen, dann die übrige Schokolade dazugeben und gut vermischen.

Die Schokolade mit einem Spatel in einer ca. 5 mm dünnen Schicht auf die beiden vorbereiteten Pergamentpapierkreise streichen und 3 Stunden fest werden lassen. Die restliche Schokolade während dieser Zeit im Simmertopf warm halten, aber nicht zu stark erhitzen. Etwas von der warmen Schokolade über die gehärteten Schokoladenkreise streichen und den größeren zu einer Hutkrempe formen.

Den Pergamentpapierstreifen zu einem Zylinder schließen und mit Klammern zusammenhalten. Den Zylinder mit geschmolzener Schokolade bestreichen, leicht abkühlen lassen und etwas bürsten, damit eine Oberflächenstruktur entsteht. Aufrecht auf ein Backblech stellen und abkühlen lassen, dann das Papier abziehen.

Auch das Papier von dem großen Kreis abziehen und die ›Hutkrempe‹ auf eine Platte mit einem Durchmesser von 40 cm legen.

Die restlichen 175 g Vollmilchschokolade schmelzen, die ›Hutkrempe‹ damit dünn bepinseln und den Schokoladenzylinder aufrecht daraufstellen. Den Zylinder mit etwas geschmolzener Schokolade überziehen. Das Papier von dem kleinen Schokoladenkreis abziehen und auf den Zylinder setzen.

Zubereitung der Sauce: Alle Zutaten in einem Mixer pürieren und durch ein Sieb passieren.

Zum Servieren die Hutkrempe mit Sorbetbällchen und Bougainvillea-Zweigen dekorieren. (Der Hut kann auch mit Sorbets aus anderen tropischen Früchten gefüllt werden). Die Mangosauce in eine Saucière füllen und zu den Sorbets reichen. Ergibt 24 Portionen

Der Schokoladenhut ist mit Fruchtsorbets, Bougainvillea-Blüten und Erdbeeren geschmückt.

ZENTRALMEXIKO

Nirgendwo in Mexiko fühlten sich die spanischen Eroberer so heimisch wie in der Gegend von Puebla und Tlaxcala. Die Kontakte zur ansässigen Bevölkerung entwickelten sich für spanische Verhältnisse recht gut, und die Spanier überredeten die einheimischen Indianer, sich mit ihnen gegen deren historische Feinde, die Azteken oder *Mexicas*, zu verbünden. Die Hauptstadt von Zentralmexiko, Puebla, ist eine spanische, keine indianische Gründung und geht auf einen von spanischen Franziskanern errichteten Versorgungsposten zurück. Hier hat die Verbindung von spanischer und mittelamerikanischer Kultur eine wunderbar reiche Kirchenarchitektur hervorgebracht, und im Fassadenschmuck entwickelte sich die maurische Fliesenkunst der Spanier unter dem Einfluß einer einheimischen Vorliebe für kräftige Farbgebung zu einem unverwechselbar mexikanischen Stil. Die Fliesenhersteller in Puebla lernten auch, feine Töpferware zu produzieren, die unter dem Namen Talavera (nach dem berühmten spanischen Geschirr) bekannt wurde. Das mexikanische Produkt hat wenig von der vornehmen Eleganz des spanischen Vorbilds mit seinen gedämpften Farben und kunstvoll ausgeführten Szenen, es ist eine ganz freie Kombination von iberischen, islamischen und einheimisch mexikanischen dekorativen Elementen. In

Die Fliesenhersteller aus Puebla, die die berühmten Talavera-Töpferwaren anfertigen, waren einst für ihre bemalten Keramikfliesen berühmt.

ganz Mexiko gilt die Talavera-Töpferware aus Puebla und Tlaxcala als das passendste Geschirr, um darauf typisch mexikanisches Essen anzurichten.

Ein Hauptbestandteil mexikanischer Gerichte ist Mole, jene gehaltvolle Mischung von Gewürzen, Nüssen, Chilis und Schokolade, die nur Uneingeweihte respektlos als ›Sauce‹ bezeichnen würden. Von den vielen Moles, die überall in Mexiko zubereitet werden, ist *Mole poblano* die berühmteste und fast so etwas wie ein Nationalgericht. In ihrer einzigartigen Mischung von Aromen ist sie gewissermaßen die Essenz der traditionellen regionalen Küche von Zentralmexiko.

Wie von vielen Spezialitäten aus Puebla, so liegen die legendären Ursprünge auch der *Mole poblano* in einem Kloster der Kolonialzeit. Die Nonnen, Töchter von Aristokraten aus Puebla, brachten ihre indianischen Dienstboten mit, und so entwickelten sich in der abgeschlossenen Welt des Klosters Keimzellen gastronomischer Verschmelzung. In den höhlenartigen, gefliesten Klosterküchen entstanden ausgefallene Rezepte, in denen traditionelle einheimische mit spanischen Zutaten vermischt wurden, als Grundlage von Gerichten, die noch immer zu den kompliziertesten der mexikanischen Küche zählen. Unter ähnlichen Umständen wandelte sich auch die regionale Küche in den Provinzhauptstädten Pachuca und Tlaxcala, die wie Puebla sehr stolz auf ihre iberische Kultur waren, aber dennoch die Tradition ihres indianischen Hinterlandes nicht verleugneten.

An einem Fastensonntag im 18. Jahrhundert, so geht die Legende, hatte der Bischof von Puebla den spanischen Vizekönig zum Abendessen in das Kloster Santa Rosa eingeladen, das damals in ganz Neuspanien für seine exquisite Küche berühmt war. Die Namen des Bischofs und des Vizekönigs haben die meisten Mexikaner schon längst vergessen, nicht aber den Namen der Sor Andrea de la Asunción, der Köchin, die damals ausersehen war, die vornehmen Besucher mit einem Essen zu beeindrukken, wie sie es noch niemals verzehrt hatten. Sor Andrea wählte frische Gewürze aus ihren Speisekammern aus: Anis, Nelken, Zimt, schwarzen Pfeffer und viele verschiedene Sorten von getrockneten mexikanischen Chilis – *chile ancho, mulato, pasilla* und *chipotle*. Sie fügte gebratenen Knoblauch, *tomatillos*, Tortillas und Sesamsamen dazu, ferner gemahlene Mandeln und Erdnüsse und als entscheidende Geschmacksnote bittere Puebla-Schokolade, eine Zutat, die eine aufregende Neuheit für den europäischen Gaumen darstellen sollte. Sorgfältig gekocht und püriert, wurde die dicke, saucenähnliche Mischung über den mit Kastanien gefüllten Truthahn gegeben, den man im Kloster mit Mais gemästet hatte. Der Bischof und sein königlicher Gast, so berichten alle Chronisten übereinstimmend, waren auf das höchste begeistert. Die Nachricht von diesem Erfolg verbreitete sich schnell in den anderen Klöstern von Puebla, die nun bald alle ihre eigene Variation dieses gehaltvollen neuen Gerichts kreierten – *Mole poblano* war geboren.

Die hohen Berge und üppigen Täler, die Puebla umgeben, gehören zu den großartigsten Landschaften Mexikos. Diese Gegend, ein Zentrum der mehr als zweitausendjährigen mittelamerikanischen Kultur, besitzt einige der schönsten Monumente aus präkolumbischer Zeit, unter ihnen die wunderbaren Maya-Wandmalereien von Cacaxtla und die massive Cholula-Pyramide, der größte Bau dieser Art in der Neuen Welt. Auf den kleinen Feldern rund um diese Ruinen kultivieren die Bauern noch heute die gleichen Nahrungsmittel, die schon Grundlagen für die Gerichte ihrer Vorfahren waren: Mais, Bohnen, Tomaten, Chilis und Amaranth (ein wenig bekanntes, aber nahrhaftes Korn, das heute vor allem in kandierten *Alegrías*, einer proteinhaltigen Alternative zum Popcorn, viel gegessen wird).

Im Norden von Puebla, in den Staaten Tlaxcala und Hidalgo, sind weite Felder mit *maguey*, Agaven, bepflanzt, die jahrhundertelang als Grundbestandteil für Nahrung und Kleidung gezogen wurden. Die Pflanze selbst wird nicht gegessen, wohl aber die Kolonien von eßbaren Raupen *(gusanos)*, die von ihr leben. In einem beliebten Gericht werden sie gebraten und in Tortilla-Schalen serviert. Die Blattfasern der Agave werden zu rauhem, aber haltbarem Sisal verarbeitet und ihre Dornen zu Nadeln. Die Hauptattraktion der Agave ist jedoch ihr Saft, der Rohstoff für das leicht fermentierte mostartige Getränk, das *Pulque* genannt wird. Auch in der Küche findet *Pulque* vielseitige Verwendung, so zum Beispiel in der Marinade für eine raffinierte Vorspeise aus gebratenem Schweinefleisch, *Lomo de puerco en pulque*. Aber auch andere Teile der Agave sind in der Küche von Bedeutung. Die für das berühmte *Mixiote* verwendeten Fleischarten, zu denen auch Hammel gehört, werden in die Außenhäute der ›Blätter‹ dieser Pflanze gewickelt und auf offenem Feuer gebraten. Auf diese Weise wird das Fleisch sehr zart und saftig und vom Aroma der Agave durchzogen. Auch Hähnchen und Fisch werden auf Mixiote-Art zubereitet.

Auch nachdem Mexiko seine Unabhängigkeit von Spanien erkämpft hatte, kamen viele Siedler aus der Alten Welt in diese Gegend. Der kulinarische Einfluß dieser oft nicht-spanischen Emigranten hat sich beispielsweise in den *Pastes* von Pachuca niedergeschlagen. Hier waren es britische Arbeiter in den Silberminen von Hidalgo, die ihre Vorliebe für ›Shepherd's Pie‹ in die regionale Küche einbrachten.

Aber trotz diverser Berührungspunkte mit kulinarischen Spezialitäten anderer Länder sind Küche und Kultur Zentralmexikos mit den zerklüfteten Minengegenden von Hidalgo, den Kaktusfeldern von Tlaxcala und den Obstgärten hoch in der Sierra von Puebla unverwechselbar mexikanisch geblieben. Während *Mole poblano* die agrarische Vielfalt der Region repräsentiert, dokumentiert ein anderes Produkt der Klosterküchen von Puebla die kulinarische Erfindungsgabe der Menschen, die hier leben. *Chiles en nogada* sind in Teig ausgebackene, mit verschiedenen Früchten, Fleisch und Gewürzen gefüllte Chilis, die alle stereotypen Urteile über die mexikanische Küche in Frage stellen. *Chiles en nogada* werden kalt serviert und sind eher süß als scharf. Ein Feinschmecker auf der Suche nach einem überzeugenden Beispiel für mexikanische Haute cuisine könnte nichts Besseres tun, als *Mole poblano* und *Chiles en nogada*, möglichst auf Talavera-Geschirr angerichtet, zu probieren.

Die üppig grüne Landschaft Zentralmexikos bietet Nutztieren genügend Weideplätze.

Sopa de aguacate fria estilo Atlixco
Kalte Avocadosuppe ›Atlixco‹

Atlixco ist in Mexiko eines der Hauptanbaugebiete für Avocados. Was als kalifornische Avocado bekannt ist, ist eine Züchtung aus dieser mexikanischen Frucht.

Für die Brühe

4	Hähnchenbeine
6	Hähnchenflügel
I	weiße Zwiebel, in Scheiben geschnitten
I	Knoblauchzehe, ungeschält halbiert
3	Karotten
6	Stangen Bleichsellerie
5 l	Wasser
2	Lorbeerblätter
6	frische Minzeblätter oder ¼ Teelöffel getrocknete Minze
6	schwarze Pfefferkörner
	Salz nach Belieben

Für die Suppe

I	weiße Zwiebel, püriert
2	Knoblauchzehen, püriert
½	Stange Lauch, püriert
I	Karotte, püriert
6	reife Avocados, geschält
½	Tasse Butter
½	Tasse Olivenöl
2	Eßlöffel Limonensaft
I	Tasse Crème fraîche, Sahne oder Crème double
I	Tasse Joghurt, geschlagen
	Salz nach Belieben

Zum Garnieren

¼	Tasse feingehackte weiße Zwiebel
2	Eßlöffel feingehackte frische Korianderblätter

Zubereitung der Brühe: Wasser in einem Suppentopf zum Kochen bringen und die Hähnchenstücke mit Zwiebel, Knoblauch, Karotten, Bleichsellerie, Lorbeerblättern, Minze, Pfefferkörnern und Salz hineingeben. Auf schwacher Hitze kochen, den Schaum abschöpfen und die Brühe 1½ Stunden simmern lassen. 1 Stunde lang abkühlen, dann durchseihen, das Fett abschöpfen und kühl stellen.

Zubereitung der Suppe: Butter in einem Topf schmelzen und die pürierten Gemüse mit 3 Tassen Brühe etwa 25 Minuten auf schwacher Hitze reduzieren. Abkühlen lassen und inzwischen die Avocados mit 6 Tassen Brühe im Mixer pürieren (eventuell portionsweise) und durch ein Sieb passieren. Das Püree mit Rahm und Joghurt vermischen, in die Gemüsecreme rühren und mit Salz abschmecken; Limonensaft und Olivenöl dazugeben. Falls die Suppe zu dickflüssig ist, mit etwas Brühe verdünnen. 1 Stunde lang kalt stellen.

Zum Servieren die kalte Avocadosuppe in Schalen füllen und in einem Bett aus zerstoßenem Eis auftragen. Mit Zwiebeln und Korianderblättern garnieren.
Ergibt 8 Portionen

Hongos al epazote estilo el Chico
Pilze mit *epazote* ›El Chico‹

1½ kg	frische kleine Pilze, geputzt und in Scheiben geschnitten
2	Tassen feingehackte weiße Zwiebeln
½	Tasse feingehackte *chiles serranos*
½	Tasse Butter
½	Tasse Olivenöl
½	Tasse feingehackte *epazote*
	Salz nach Belieben

Butter und Öl in einem Topf langsam erhitzen. Zwiebeln, Chilis und *epazote* darin kurz schmoren, die Pilze dazugeben, mit Salz abschmecken und weitere 25 Minuten schmoren lassen.

Zum Servieren die heißen Pilze auf einer Platte anrichten und frisch zubereitete Mais-Tortillas dazu reichen.
Ergibt 8 Portionen

Ensalada estilo Tepeaca
Salat ›Tepeaca‹

Die Stadt Tepeaca liegt im Puebla-Tal, in der Nähe des Ferienortes Tehuacán. Der Marktplatz am Fuße des erloschenen Vulkans Orizaba ist eines der wichtigsten Handelszentren im ganzen Staat. Händler und Bauern kommen jeden Freitag von weit her, um ihre Waren zu verkaufen und Frauen tragen ihr Marktgut, wie Frühlingszwiebeln, Radieschen, verschiedene Kohlsorten, Blumenkohl und Chilis, auf dem Rücken zu den Ständen.

Für die Vinaigrette
⅔	Tasse Obstessig (siehe Rezept Seite 128)
1½	Tassen Olivenöl oder Pflanzenöl
½	Eßlöffel gemahlener Thymian
½	Eßlöffel getrockneter Origano
⅓	Eßlöffel geröstete und gemahlene Avocadoblätter (nach Belieben)
4	Knoblauchzehen
2	Eßlöffel gehackte weiße Zwiebeln Salz nach Belieben
1	Teelöffel frisch gemahlener Pfeffer

Für den Salat
1½ kg	*chivitos* oder Löwenzahnblätter
2	Bund *papalo* oder frischer Koriander, gehackt
2	Bund Brunnenkresse, gehackt
1	Bund Radieschen, in Scheiben geschnitten
8	Scheiben Ziegenkäse mit Aschenrinde

Zubereitung der Vinaigrette: Essig, Thymian, Origano, Avocadoblätter, Knoblauch, Zwiebeln, Salz und Pfeffer 30 Sekunden lang in einem Mixer pürieren und bei verringerter Geschwindigkeit das Öl langsam hineinlaufen lassen. Nachwürzen und 2 Stunden kalt stellen.

Zubereitung des Salats: *Chivitos* bzw. Löwenzahn auf einer Platte anrichten, zunächst mit *papalo* und Brunnenkresse dann abwechselnd mit Radieschen und Käsescheiben umlegen. 1 Stunde lang kühl stellen.

Salat und Vinaigrette getrennt servieren.

Ergibt 8 Portionen

Machucas de la Huasteca
Gebratene Tortilla-Stücke nach Huaxteken-Art

Machucas werden aus typisch mexikanischen Zutaten wie Tortillas, Chilis und *totomoste* (mex.: Maisblätter) zubereitet.

50	kleine Tortillas, ca. 6 cm Durchmesser, geviertelt
16	*totomoste*, ersatzweise Mangold- oder Spinatblätter
15	*chiles serranos*
1½	weiße Zwiebeln, gehackt, und 6 Zwiebelscheiben
3	Knoblauchzehen
4½	Tassen Wasser
2	Tassen Sahne oder Crème double
1½	Tassen Milch und Sahne zu gleichen Teilen Salz nach Belieben
2¾	Tassen Schmalz oder Pflanzenöl

Den Backofen auf 175° C (Gasherd Stufe 2) vorheizen.

2 Tassen Schmalz in einer schweren Pfanne mit hohem Rand sehr heiß werden lassen. Die Tortilla-Stücke darin kroß braten, herausnehmen und auf Küchenkrepp abtropfen lassen. Zur Seite stellen.

Chilis mit 1½ Zwiebeln, Knoblauch, ½ Tasse Wasser, Sahne und Milch-Sahne-Mischung im Mixer pürieren und beiseite stellen. ¾ Tasse Schmalz in einer zweiten Pfanne erhitzen, die Zwiebelscheiben darin bräunen und herausnehmen. Die Chilimischung in der Pfanne 25 Minuten schmoren, die gebratenen Tortillas dazugeben und mit Salz abschmecken. Weitere 10–15 Minuten schmoren, bis die Tortillas die Sauce völlig absorbiert haben.

Inzwischen die *totomoste,* Mangold- oder Spinatblätter in 4 Tassen kochendem Wasser 2 Minuten lang blanchieren, herausnehmen und gut abtropfen lassen.

Auflaufförmchen ausbuttern und mit dem blanchierten Gemüse auslegen. Die Machucas hineingeben und die überstehenden Blätter über der Füllung zusammenlegen. 25 Minuten lang backen.

Zum Servieren die Machucas aus den Förmchen lösen. Auf einzelnen Tellern mit gebratenem Bohnenpüree und geschmortem Rindfleisch (Lendenstück) anrichten. Sofort auftragen.

Ergibt 8 Portionen

Sopa de nopales
Kaktus-›Blätter‹ in Hühnerbrühe

Diese schmackhafte Suppe ist eine Spezialität von Tlaxcala.

Für die Brühe

1	Suppenhuhn, ca. 2½ kg, küchenfertig
3	Frühlingszwiebeln mit Grün
1	Knoblauchknolle, ungeschält halbiert
10	Stangen Bleichsellerie
6 l	Wasser
	Salz und Pfeffer nach Belieben

Für die nopales

16	große *nopales,* in ca. 5 cm breite Streifen geschnitten
½	weiße Zwiebel, in Scheiben geschnitten, und 1½ Tassen dünne Zwiebelringe
¼	Knoblauchknolle, ungeschält
	Haut von 10 Tomaten
4	Maishülsen, getrocknet (nach Belieben)
3 l	Wasser
	Salz nach Belieben
⅓	Tasse Olivenöl
8	*chiles chipotles,* in etwas Öl gebraten und abgetropft

Zum Garnieren

2	Tassen gewürfelter Frischkäse (z. B. Mozzarella)
⅔	Tasse zerkrümelter Frischkäse (z. B. milder Feta)

Zubereitung der Brühe: Wasser in einem Suppentopf zum Kochen bringen. Das Huhn, Zwiebeln, Knoblauch und Bleichsellerie hineingeben, salzen und pfeffern. Den sich bildenden Schaum abschöpfen und die Brühe ca. 1½ Stunden weiterkochen lassen, bis das Huhn gar ist. In der Brühe abkühlen lassen, dann herausnehmen. Das Fett abschöpfen, die Brühe durchseihen und zur Seite stellen. (Das Huhn kann für Taco-Füllungen verwendet werden.)

Zubereitung der *nopales:* Wasser in einem Ton- oder Keramiktopf zum Kochen bringen, und die *nopales* mit Salz, Zwiebelscheiben, Knoblauchknolle, Tomatenhaut und Maishülsen 15 Minuten lang kochen lassen, bis sie weich sind. Abgießen und zur Seite stellen.

Nopales, die ›Blätter‹ des Feigenkaktus, werden in einer würzigen Hühnerbrühe gekocht und als Suppe mit gebratener Schweineschwarte serviert.

Öl in einem Tontopf erhitzen, die Zwiebelringe hineingeben und glasig dünsten. Die gekochten *nopales* und Chilis dazufügen und umrühren. Die Hühnerbrühe angießen und die Suppe 25 Minuten simmern lassen.

Zum Servieren die Suppe in einzelne Schalen füllen. Mit gewürfeltem und zerkrümeltem Käse garnieren und sofort auftragen. Auch gebratener Speck oder Schinken paßt sehr gut dazu.
Ergibt 8 Portionen

Nopales curtidos
Eingelegte Kaktus-›Blätter‹

Der Trend nach frischer, gesunder und vollwertiger Ernährung macht sich auch in der mexikanischen Küche bemerkbar, in der zunehmend traditionelle Gerichte wie eingelegte *nopales* ›erleichtert‹ werden.

Für die nopales

16	frische *nopales* oder 6 Tassen *nopales* aus der Dose
1	Knoblauchknolle, in Stücken
	Grün von 6 Frühlingszwiebeln
4	*tomatillo*-Hülsen oder Maishülsen
4 l	Wasser
¼	Teelöffel Natron
	Salz nach Belieben

Für die Vinaigrette

1	Tasse Apfelessig
2½	Tassen Distel-, Mais- und Olivenöl, zu gleichen Teilen
1	Teelöffel frisch gemahlener Pfeffer
1	Teelöffel schwarze Pfefferkörner
20	frische oder 8 getrocknete Lorbeerblätter
20	Stengel frischer Majoran oder 1 Eßlöffel getrockneter Majoran
20	frische Thymianzweige oder 1 Eßlöffel getrockneter Thymian
1	Eßlöffel getrockneter Origano
32	Frühlingszwiebeln, halbiert
1	Knoblauchknolle, ungeschält in Scheiben geschnitten
	Salz nach Belieben
	Zucker nach Belieben

Zubereitung der *nopales:* Wasser in einem großen Topf aufkochen lassen und die *nopales* darin mit Knoblauch, Frühlingszwiebelgrün, *tomatillo*-Hülsen, Natron und Salz etwa 35 Minuten lang kochen lassen, bis sie gar sind (die Kochzeit hängt von Frische und Größe der ›Blätter‹ ab). Abgießen und 1 Tasse Kochwasser aufbewahren.

Zubereitung der Vinaigrette: Essig in einer Schüssel mit Salz und Zucker verrühren, bis sich die Kristalle aufgelöst haben.

Die Kathedrale von Tlaxcala wurde im 18. Jahrhundert erbaut.

Pfeffer, Pfefferkörner, Lorbeerblätter, Majoran, Thymian, Origano, Zwiebeln und Knoblauch sowie die Öle und das aufbewahrte Kochwasser hineingeben und gut verrühren. Die Vinaigrette über die *nopales* gießen und 2 Tage lang im Kühlschrank marinieren.

Zum Servieren die *nopales* übereinanderschichten und nach Wunsch mit Zwiebeln, Knoblauch und frischen Kräutern garnieren. Die Vinaigrette darübergießen.
Ergibt 8 Portionen

Seite 242/243: Den Cardona-*Kaktus erkennt man an den kleinen roten, stacheligen Früchten, die an den Kanten seiner ›Blätter‹ wachsen.*

Kaktus-›Blätter‹, Knoblauch, Tomaten und frische Kräuter sind die Zutaten für einen schmackhaften Salat.

Nopales en ensalada
Salat aus Kaktus-›Blättern‹

Für den Salat

20	*nopales,* in ca. 1 cm breite Streifen geschnitten
4	Knoblauchzehen
½	weiße Zwiebel
4	frische Maishülsen (nach Belieben)
10	*tomatillo*-Hülsen
2½ l	Wasser
	Salz nach Belieben
⅔	Tasse Apfelessig
1	Tasse Olivenöl
3	Scheiben diagonal geschnittene weiße Zwiebel

Marinierte Kaktus-›Blätter‹ sind eine würzige Vorspeise.

Zum Garnieren

2	Avocados, in Scheiben geschnitten
2	Tomaten, in Scheiben geschnitten
1½	Tassen gehackte frische Korianderblätter
6	*chiles de árbol* oder jede andere getrocknete kleine rote Chili, in Öl gebraten und geputzt (siehe Seite 16)
2	Tassen Frischkäse, sehr fein zerkrümelt

Wasser in einem Topf zum Kochen bringen und die *nopal*-Streifen darin mit Salz, Zwiebeln, Mais- und *tomatillo*-Hülsen etwa 30–40 Minuten lang kochen, bis sie gar sind. Abgießen und die noch heißen *nopales* in einer Glasschüssel mit Essig, Öl, Salz und Zwiebelscheiben vorsichtig vermischen.

   Zum Servieren die *nopales* auf einer Platte anrichten und mit Avocados, Tomatenscheiben, Korianderblättern, Chilis und Käse garnieren. Frisch zubereitete Mais-Tortillas dazu reichen.
Ergibt 8 Portionen

Arroz verde con langostinos
Grüner Reis mit Scampi

Dieses Gericht aus Puebla und Veracruz erhält sein spezielles Aroma von *chiles poblanos* und grünen Paprikaschoten.

2½	Tassen weißer Langkornreis
8	Scampi (Kaisergranate)
8	Schnapper- oder Riesenzackenbarschfilets, je ca. 8 cm breit und 1 cm dick, ersatzweise Seebarschfilets
1 kg	Venusmuscheln, gewässert und gereinigt
12	Knoblauchzehen
2½	weiße Zwiebeln, 1 davon halbiert, der Rest grob gehackt
4	*chiles poblanos,* geputzt (siehe Seite 16) und gehackt
3	grüne Paprikaschoten, geputzt und grob gehackt
2	Tassen Pflanzenöl
3½	Tassen heißes Wasser
	Salz nach Belieben

Zum Garnieren

4	grüne oder rote Paprikaschoten, vorbehandelt (siehe Seite 16) und in Ringe geschnitten

Den Reis 15 Minuten in heißem Wasser einweichen, abgießen, unter fließendem Wasser waschen und gut abtropfen lassen.

Öl in einer schweren Pfanne erhitzen und 6 Knoblauchzehen mit der halbierten Zwiebel darin bräunen.

Den Reis dazugeben und unter ständigem Rühren glasig dünsten. Anschließend abgießen und den Reis wieder zurück in die Pfanne geben.

6 Knoblauchzehen mit den gehackten Zwiebeln, Chilis und Paprikaschoten im Mixer pürieren und mit dem Reis verrühren. Etwa 10 Minuten auf schwacher Hitze schmoren, dann heißes Wasser angießen und salzen.

Die Fischfilets, Venusmuscheln und Scampi dazugeben, nachwürzen und bei zugedeckter Pfanne 45 Minuten köcheln lassen. Den Reis vom Herd nehmen und noch 25 Minuten zugedeckt stehenlassen.

Zum Servieren den Reis auf einer großen Platte anrichten, die Scampi obenauf legen und mit Paprikaringen garnieren. Ergibt 8–12 Portionen

Mixiotes estilo Cacaxtla
Schweinshaxe in Agavenhaut ›Cacaxtla‹

8	Schweinshaxen
	Außenhäute von 8 Agaven-›Blättern‹, 30 cm lang, oder 8 Stücke Pergamentpapier, 30 × 30 cm

Für die Sauce

200–225 g	dünne *chiles guajillos,* vorbehandelt (siehe Seite 21)
8	Eiertomaten, geröstet (siehe Seite 21)
12	Knoblauchzehen
1½	weiße Zwiebeln, grob gehackt
½	Tasse Schmalz
¾	Eßlöffel Kreuzkümmel
1	Zimtstange, 10 cm lang, geröstet
1	Teelöffel frisch gemahlener Pfeffer
	Salz nach Belieben

Zubereitung der Sauce: Die Chilis mit etwas Einweichwasser (falls nötig) im Mixer pürieren, dann Schmalz, Tomaten, Knoblauch, Zwiebeln, Kreuzkümmel, Zimt, Salz und Pfeffer dazugeben und ebenfalls pürieren.

Zubereitung der Schweinshaxen: 1 Schweinshaxe auf die Mitte einer Blatthaut legen, großzügig mit roter Sauce überziehen und die Haut wie zu einem Beutel zusammenbinden. Überstehende Ränder abschneiden. Die restlichen Haxen in gleicher Weise einpacken und verschnüren.

Wasser in den Unterteil eines Dampfkochtopfs gießen, den Dämpfeinsatz hineingeben und mit Aluminiumfolie auslegen, die mit einer Gabel an mehreren Stellen perforiert wird. Die eingewickelten Haxen hineinstellen und mit einer Blätterschicht (oder mit Folie) und einem Geschirrtuch bedecken. Den Deckel auflegen, das Wasser zum Kochen bringen und die Schweinshaxen 2 Stunden lang im Dampf garen, bis sie weich sind. Falls nötig, während des Dämpfens heißes Wasser nachfüllen, und darauf achten, daß es nicht bis an die Haxen sprudelt.

Zum Servieren die Haxen halb ausgewickelt auf Tellern anrichten. Bohnen und gelbe oder blaue Mais-Tortillas dazu reichen.
Ergibt 8 Portionen

Chalupitas de San Francisco
Chalupitas ›San Francisco‹

Diese gefüllten Tortillas kann man in San Francisco in Puebla zu jeder Tageszeit genießen.

Für die Zubereitung des Fleischs

1 kg	Lendenstück vom Schwein, ausgelöst und in Würfel geschnitten
1	weiße Zwiebel
1	Knoblauchknolle, halbiert
5 l	Wasser
	Salz nach Belieben

Für die chipotle-Sauce

2	*chiles chipotles*, vorbehandelt (siehe Seite 21)
2	*chiles moritas*, vorbehandelt (siehe Seite 21), ersatzweise 2 zusätzliche *chiles chipotles*
4	Tomaten, geröstet (siehe Seite 21)
3	Knoblauchzehen
½	weiße Zwiebel
1	Tasse Wasser

Für die Grüne Sauce

15	*tomatillos*, die Hülsen entfernt
6	Knoblauchzehen
1	weiße Zwiebel, halbiert und 1 Hälfte in Scheiben geschnitten
7	*chiles serranos*
1½ l	Wasser
1½	Tassen frische Korianderblätter
	Salz nach Belieben

Für den Teig

750 g	frische *masa* oder aus *masa harina* zubereitete *masa* (siehe Seite 10)
1	Teelöffel Salz
4	Tassen Schmalz

Zum Garnieren

1½	Tassen feingehackte weiße Zwiebeln

Zubereitung des Schweinefleischs: Wasser in einem Topf zum Kochen bringen, Schweinefleisch, Zwiebeln, Knoblauch und Salz hineingeben, erneut aufkochen lassen, die Hitze reduzieren und zugedeckt ca. 2 Stunden köcheln, bis das Fleisch weich ist. In der Brühe abkühlen lassen, dann herausnehmen und zerfasern.

Zubereitung der *chipotle*-Sauce: Knoblauch und Zwiebeln im Mixer pürieren, salzen und mit den Chilis, Tomaten und etwas Wasser erneut pürieren. Die Sauce sollte nicht zu dickflüssig sein, daher eventuell etwas Wasser dazugeben. Mit Salz abschmecken.

Zubereitung der Grünen Sauce: Wasser in einem Topf zum Kochen bringen und *tomatillos*, 4 Knoblauchzehen, Zwiebelscheiben und 6 Chilis darin 25 Minuten köcheln, dann abgießen und das Kochwasser aufbewahren.

Das gekochte Gemüse mit 2 Knoblauchzehen, ½ Zwiebel, 1 Chili und Korianderblättern im Mixer pürieren. Mit etwas Kochwasser zu einer dickflüssigen Sauce verdünnen und salzen.

Zubereitung des Teigs: *Masa* in einer Schüssel mit etwas warmem Wasser und Salz kneten, bis der Teig elastisch ist und nicht mehr klebt. 20 Minuten ruhen lassen. Inzwischen ein *comal* oder eine schwere Pfanne erhitzen.

Walnußgroße Teigbällchen in einer Tortilla-Presse flachdrücken (siehe Seite 10) und die Tortillas von beiden Seiten backen. (Die Tortillas können einen Tag im voraus zubereitet und in einem Frischhaltebeutel im Kühlschrank aufbewahrt werden.)

Um die Chalupitas auf traditionelle Weise zuzubereiten, ein Holzkohlenfeuer in einem Holzkohlebecken entzünden und darauf ein *comal* erhitzen. Schmalz in einer Pfanne heiß werden lassen, etwas davon auf das *comal* gießen und die Tortillas darin braten.

Auf jede Tortilla 1 Eßlöffel *chipotle*- oder Grüne Sauce geben und feingehackte Zwiebel, zerfasertes Schweinefleisch und noch mehr Zwiebeln aufschichten, etwas Schmalz darüberträufeln und die Chalupita braten, bis sie leicht kroß wird. Abwechselnd rote oder grüne Chalupitas auf einer Platte anrichten und sofort servieren.

Die Chalupitas können auch in einer schweren Pfanne gebraten werden.

Ergibt etwa 20 Chalupitas

Lomo de puerco en pulque
Lendenstück vom Schwein in Pulque

Dieses Rezept für mariniertes Schweinslendenstück stammt von Jacqueline Saenz, Professorin und Kunstsammlerin in Mexico City. Die abgebildeten Artefakte gehören zu ihrer kostbaren Sammlung präkolumbischer Kunstwerke der Zeit zwischen 900 und 1500.

Für die Marinade

I	große weiße Zwiebel, püriert
6	mittelgroße Knoblauchzehen, püriert oder gepreßt
2	Tassen Pulque, ersatzweise 2 Tassen Bier
I	Eßlöffel frisch gemahlener Pfeffer
	Salz nach Belieben

Für die Zubereitung des Fleischs

I ½ kg Lendenstück vom Schwein
    Schweinskotelett am Stück, in gleicher Länge wie das Lendenstück
½   Tasse Pflanzenöl oder Schmalz
3   Tassen Hühnerbrühe (siehe Rezept Seite 202)

Für die Sauce

6   *chiles anchos,* vorbehandelt (siehe Seite 21) und 1 Stunde in heißem Wasser eingeweicht
4   *chiles mulatos,* vorbehandelt (siehe Seite 21) und 1 Stunde in heißem Wasser eingeweicht
4   *chiles guajillos,* vorbehandelt (siehe Seite 21) und 1 Stunde in heißem Wasser eingeweicht
4   *chiles pasillas,* vorbehandelt (siehe Seite 21) und 1 Stunde in heißem Wasser eingeweicht
I   *chile chipotle,* vorbehandelt (siehe Seite 21) und 1 Stunde in heißem Wasser eingeweicht
I ½   weiße Zwiebeln, grob gehackt, und 2 weiße Zwiebeln, in Ringe geschnitten
6   Knoblauchzehen, grob gehackt und 1 Knoblauchknolle
¾   Tasse Olivenöl oder Schmalz
6   Nelken, geröstet (siehe Seite 21)
I   Zimtstange, geröstet (siehe Seite 21)
I   Teelöffel Pfeffer

6   Lorbeerblätter
2   frische Thymianzweige
2   Stengel frischer Majoran
I   Teelöffel getrockneter Origano
I   Teelöffel frisch gemahlene Pimentkörner
I   Tasse *piloncillo,* ersatzweise dunkler brauner Zucker
    Salz nach Belieben

Zum Garnieren

16   Radieschen, in Blütenform geschnitten
16   Frühlingszwiebeln, in Blütenform geschnitten
2   Eßlöffel Sesamsamen

Zubereitung der Marinade: Zwiebeln und Knoblauch mit Pulque, Salz und Pfeffer vermischen und beide Fleischstücke in der Marinade 24 Stunden lang in den Kühlschrank stellen.

Zubereitung der Sauce: Chilis, gehackte Zwiebeln, Knoblauch, Nelken, Zimt und Pfeffer im Mixer pürieren.

Öl in einem Topf erhitzen, Zwiebelringe und Knoblauchknolle darin bräunen und die pürierte Chilimischung dazugeben. Mit Lorbeerblättern, Thymian, Majoran, Origano, Zucker, Piment, Salz und Pfeffer würzen und die Sauce auf schwacher Hitze einkochen lassen, bis sie dickflüssig wird, dann im Mixer pürieren. In der Sauce das Lendenstück 1 Stunde lang bei Zimmertemperatur ziehen lassen, dann herausnehmen und trockentupfen.

Öl in einem großen Schmortopf erhitzen und die Fleischstücke darin von allen Seiten gut anbraten. Mit der pürierten Sauce und der Hühnerbrühe ablöschen und das Fleisch zugedeckt etwa 2 Stunden lang kochen, bis es weich ist. Sollte die Sauce zu dick geworden sein, kann sie mit etwas Hühnerbrühe verdünnt werden. Die Fleischstücke 20 Minuten lang abkühlen lassen und dann in dünne Scheiben schneiden.

Zum Servieren das Fleisch auf einer Platte anrichten, etwas Sauce darübergießen und mit Radieschen, Zwiebeln und Sesamsamen garnieren.

Die restliche heiße Sauce in einer *molcajete* oder einer Sauciere servieren. Als Beilagen frisch zubereitete Mais-Tortillas und gebratene Kochbananen dazu reichen.
Ergibt 8–12 Portionen

Lendenstück vom Schwein wird mit Pulque mariniert und serviert. Im Hintergrund einige Stücke aus der Sammlung präkolumbischer Kunst der Familie Saenz.

Pipián verde
Schweinefleisch in grüner Pipián-Sauce

Pipián oder Frikassee in einer Sauce aus gemahlenen Nüssen, Samen und Gewürzen ist ein Gericht, dessen Ursprung in vorspanische Zeit zurückreicht. Im Kloster Santa Rosa wurde es dann durch die Zugabe von Schweinefleisch noch verfeinert.

Für die Zubereitung des Fleischs

2 kg	Lendenstück vom Schwein, ausgelöst und in Würfel geschnitten
1	Knoblauchknolle, ungeschält halbiert
4	Frühlingszwiebeln
5 l	Wasser
	Salz nach Belieben

Für die Sauce

500 g	frische ungesalzene Kürbiskerne (aus dem Reformhaus)
250 g	frische Erdnüsse
¾	Tasse Sesamsamen
2½	weiße Zwiebeln, 1 Zwiebelhälfte davon geviertelt, der Rest in Scheiben geschnitten
8	Knoblauchzehen
12	*tomatillos*, die Hülsen entfernt
8	*chiles serranos*
2	Tassen Wasser
2	Tassen Schmalz oder Pflanzenöl
4	Blätter Romana-Salat
4	Radieschenblätter
1	Bund frischer Koriander oder 2 Blätter *Hierba santa*, die Stiele entfernt und das Grün grob gehackt

Zum Garnieren

16	Stengel frischer Koriander

Zubereitung des Fleischs: Wasser in einem Suppentopf zum Kochen bringen, das Fleisch mit Knoblauch und Frühlingszwiebeln hineingeben und salzen. Erneut aufkochen, die Hitze reduzieren und das Fleisch etwa 2 Stunden sieden lassen, bis es weich ist. In der Brühe abkühlen lassen.

Inzwischen die Sauce zubereiten: Eine schwere Pfanne erhitzen, etwas Schmalz darin heiß werden lassen und die Kürbiskerne darin braten, herausnehmen und auf Küchenkrepp abtropfen lassen. Weiteres Schmalz erhitzen und darin Erdnüsse und Sesamsamen braten. Herausnehmen und ebenfalls auf Küchenkrepp abtropfen lassen. Erneut Schmalz hinein-

Schweinefleisch in grüner Pipián-Sauce

geben und die Zwiebelscheiben (2 zurückbehalten) mit 4 Knoblauchzehen darin bräunen, dann herausnehmen.

In einem Topf Wasser zum Kochen bringen und die Zwiebelviertel, 4 Knoblauchzehen, *tomatillos* und Chilis 25 Minuten lang simmern lassen, dann abgießen. Das gekochte Gemüse mit Kürbiskernen, Erdnüssen, Sesamsamen, gebräunten Zwiebelringen und Knoblauch, sowie Salat-, Radieschen- und Korianderblättern pürieren. Die Sauce durch ein Sieb passieren und beiseite stellen.

Öl in einem Topf erhitzen und die 2 Zwiebelscheiben darin bräunen. Die Pipián-Sauce dazugeben und ca. 15 Minuten lang köcheln lassen. Mit etwas Fleischbrühe die Sauce auf die gewünschte Konsistenz verdünnen, das Schweinefleisch hineingeben, salzen und etwa 40 Minuten lang in der Sauce ziehen lassen.

Zum Servieren das Schweinefleisch in der Pipián-Sauce auf einzelnen Tellern anrichten und mit frischen Korianderblättern garnieren.
Ergibt 8 Portionen

Gewürztes Fleisch wird in die feste Außenhaut von Agaven-›Blättern‹ gewickelt und über Dampf gegart.

Mixiotes de pollo estilo Papatla
Hähnchenbrust in Agavenhaut ›Papatla‹

4	Hähnchenbrüste, halbiert
	Außenhäute von 8 Agaven-›Blättern‹, 20 cm lang, oder 8 Stücke Pergamentpapier, 20 × 20 cm
48	*tomatillos,* die Hülsen entfernt, gewürfelt
4–6	*chiles serranos,* gehackt
4	Tassen feingehackte weiße Zwiebeln
1	Tasse Pflanzenöl oder Schmalz
2	Tassen gehackte frische Korianderblätter
8	Stiele *epazote*
	Salz und Pfeffer nach Belieben

Den Backofen auf 175° C (Gasherd Stufe 2) vorheizen.

Ein tiefes Backblech mit Wasser füllen und auf der untersten Schiene in den Ofen schieben. Den Bratrost auf mittlere Schiebeleiste geben, mit Aluminiumfolie auslegen und diese perforieren. 1 Hähnchenbrusthälfte auf 1 Stück Agavenhaut legen, salzen, pfeffern, mit etwas von den Gemüsen und Kräutern bedecken und mit Öl beträufeln. Die Haut wie zu einem Beutel zusammenbinden und überstehende Ränder beschneiden. Die anderen 7 Hähnchenbrusthälften mit den restlichen Zutaten ebenso verpacken.

Die Mixiotes auf dem Bratrost verteilen, mit Aluminiumfolie bedecken und etwa 40 Minuten lang im Backofen über Dampf garen, bis die Hähnchenbrüste weich sind.

Zum Servieren die Mixiotes auf 8 Teller verteilen und aufschneiden. Als Beilage frisch zubereitete warme Tortillas dazu reichen.
Ergibt 8 Portionen

Mole poblano
Mole ›Puebla‹

Das Wort *mole* ist eine Ableitung des Nahuatl-Worts *mulli* für ›Sauce‹. Diese ganz besondere Sauce ist während der Kolonialzeit in einem Kloster in Puebla entstanden. Sor Andrea de la Asunción, eine Nonne dieses Klosters, hat sie kreiert, nachdem sie die Speisekammern auf der Suche nach Chilis und brauchbaren Gewürzen und Kräutern geplündert hatte. Die neue Sauce wurde dem Vizekönig, Conde Paredes y Marques de la Laguna serviert, der bei Bischof Don Manuel Fernández de Santa Cruz zu Gast war. Zum Dank ließ der Vizekönig die Klosterküche mit den wunderschönen handgemalten Keramikfliesen verkleiden, für die Puebla berühmt ist. Noch heute serviert man Mole poblano zu besonderen Gelegenheiten, und ihre Zubereitung wird von San Pascual Bailón, dem Schutzpatron der Küche, überwacht!

Für die Zubereitung der Gewürze
2–3   Tassen Schmalz
4   weiße Zwiebeln, halbiert, 2 Zwiebelhälften davon geröstet (siehe Seite 21) und grob gehackt, 1 in Scheiben geschnitten
8   Knoblauchzehen und 1 Knoblauchknolle, geröstet (siehe Seite 21) und enthäutet
3   Tomaten, geröstet (siehe Seite 21)
10   *tomatillos,* geröstet (siehe Seite 21)
¾   Tasse Sesamsamen
¾   Tasse frische Mandeln
¾   Tasse frische Erdnüsse
¾   Tasse Rosinen
1   Tasse entsteinte Backpflaumen
1½   reife Kochbananen, geschält und in 5 mm dicke Scheiben geschnitten
1   Teelöffel Koriandersamen
1   Teelöffel Anis
2   Zimtstangen, je ca. 6 cm lang
1   Croissant vom Vortag, kleingeschnitten
2   dunkelgeröstete Tortillas, kleingeschnitten
1½ l   heiße Hühnerbrühe (siehe Rezept Seite 202)
   Salz nach Belieben

Für die Zubereitung der Chilis
30   *chiles mulatos,* vorbehandelt (siehe Seite 21)
16   *chiles anchos,* vorbehandelt (siehe Seite 21)
6   lange *chiles pasillas,* vorbehandelt (siehe Seite 21)
1   *chile chipotle,* vorbehandelt (siehe Seite 21)
1½   weiße Zwiebeln, halbiert
6   Knoblauchzehen
   Salz nach Belieben
225 g   mexikanische Schokoladentaler (mit Zimt gewürzt), in Stückchen
½   Tasse Zucker
2–2½ l   heiße Hühnerbrühe

Für die Zubereitung der Hähnchen
6   Hähnchenschenkel
12   Hähnchenbrüste, halbiert, oder 2 Truthähne, je ca. 4½ kg, küchenfertig und in Stücke zerteilt
5 l   Wasser
2   große weiße Zwiebeln, halbiert
1   Knoblauchknolle, halbiert
3   Karotten, geschält
½   Stange Bleichsellerie
6   Lorbeerblätter
   Salz nach Belieben

Zum Garnieren
2   Tassen geröstete Sesamsamen

Zubereitung der Gewürze: Etwas Schmalz in einem Schmortopf erhitzen, 5 Zwiebelhälften darin glasig und leicht braun dünsten, dann Knoblauchzehen dazugeben und bräunen.

Den Knoblauch herausnehmen und aufbewahren. Etwas Schmalz zugeben und gehackte Zwiebeln, Knoblauchknolle, Tomaten und *tomatillos* darin braten, herausnehmen und aufbewahren.

Weiteres Schmalz hineingeben und Sesamsamen, Mandeln, Erdnüsse, Rosinen, Backpflaumen, Kochbananen, Koriandersamen, Anis und Zimt darin braten. Herausnehmen und mit allen anderen gebratenen Zutaten auf Küchenkrepp abtropfen lassen.

Die gebratenen Zutaten mit Croissant- und Tortilla-Stücken und Brühe im Mixer sehr sorgfältig pürieren (am besten portionsweise).

Das restliche Schmalz erhitzen und die Zwiebelscheiben darin bräunen, die pürierten Zutaten dazugeben und salzen. 1 Stunde lang auf schwacher Hitze simmern lassen und dabei gelegentlich umrühren.

Inzwischen die Chilis zubereiten: *Chiles mulatos, anchos, pasillas* und *chipotle* mit Zwiebeln, Knoblauch und etwas aufbewahrtem Einweichwasser im Mixer pürieren und durch ein Sieb passieren. Die Chilimischung salzen und ganz langsam in die simmernde Gewürzmischung rühren, dabei nach jeder Zugabe 10 Minuten verstreichen lassen. Die Mole weiter erhitzen und gelegentlich umrühren. Schokolade und Zucker darin schmelzen und eventuell nachsalzen.

Die Mole 2–3 Stunden lang köcheln lassen, dabei den Topf mit einem Deckel oder mit Aluminiumfolie bedecken, um das Spritzen zu verhindern. (Die Sauce kann auch im Freien über einem Holz- oder Holzkohlefeuer zubereitet werden. Dort schadet das Spritzen nichts, und sie bekommt ein rauchiges Aroma.) Die Mole ist fertig, wenn sie zähflüssig geworden ist und sich eine dicke Fettschicht abgesetzt hat. Abschmecken und eventuell nachsalzen.

Zubereitung der Hähnchenstücke: Wasser in einem großen Suppentopf erhitzen, die Hähnchenstücke mit Zwiebeln, Knoblauch, Karotten, Bleichsellerie, Lorbeerblättern und Salz hineingeben und auf schwacher Hitze 30 Minuten lang kochen. Das Fleisch in der Brühe abkühlen, dann in der Mole weitere 30 Minuten lang köcheln lassen.

Die Mole in einem Tontopf servieren und mit gerösteten Sesamsamen bestreuen oder auf einzelnen Tellern anrichten und Sesamsamen über die mit Mole überzogenen Hähnchenstücke streuen. Das Gericht wird oft von rotem Reis, ›Frijoles des olla‹ und frisch zubereiteten Tortillas begleitet.

Dieses Rezept ergibt mehr Mole, als für eine Mahlzeit gebraucht wird. Die restliche Sauce kann ebenso gut zum Würzen von gebratenen oder pochierten Eiern wie als Füllung von Enmoladas, Hähnchenpastete oder Hähnchencrêpes mit Käse und Sahne verwendet werden. Mole paßt ausgezeichnet zu Reis und läßt sich gut einfrieren.
Ergibt 24 Portionen

La barbacoa en blanco estilo Tlaxcala
Gegrilltes Lammfleisch ›Tlaxcala‹

5 kg   Lammfleisch, in Stücke zerteilt
      Außenhäute von 10 Agaven-›Blättern‹ oder 10 Bananenblätter, gewaschen, Spitzen entfernt und geröstet, oder 8 Stücke Aluminiumfolie, 20 × 20 cm
2   Tassen Schmalz
      Salz und Pfeffer nach Belieben

Den Backofen auf 200°C (Gasherd Stufe 3–4) vorheizen. Ein tiefes Backblech mit kaltem Wasser füllen und auf der untersten Schiene in den Ofen schieben.

2 Blätter auf ein großes Blech legen und quer dazu 2 weitere darüberlegen. Die Lammfleischstücke darauf verteilen und mit Schmalz bestreichen. Mit Salz und Pfeffer bestreuen und mit einer ebenfalls kreuzweise angeordneten Blätterschicht das Fleisch sorgfältig bedecken. Das ganze Paket mit einer Schnur fest auf das Backblech binden und mit Aluminiumfolie umwickeln.

Die Ofenhitze auf 175°C (Gasherd Stufe 2) reduzieren und das Fleisch ca. 6 Stunden lang backen, bis es zu zerfallen beginnt.

Zum Servieren das Fleisch mit den Blättern auf einer Platte anrichten. Rote und Grüne Sauce, ›Frijoles de olla‹ und Mais-Tortillas dazu reichen.
Ergibt 8 Portionen

Oben: Grillfeuer unter freiem Himmel in Tlaxcala
Seite 254/255: Mole poblana wird nach alter Sitte über Holzfeuer gekocht und mit Sesamsamen garniert. Die würzige Sauce kann mit rotem Reis gegessen werden und wird zu Truthahn, Hähnchen oder Enchiladas gereicht.

Salsa de chile de árbol con tomatillo
Chile de árbol-Sauce mit tomatillos

Die *tomatillos* aus dem Staat Tlaxcala werden für verschiedene scharfe Saucen verwendet, die einer Vielzahl von Gerichten ihre Würze verleihen.

30	sehr kleine *tomatillos,* die Hülsen entfernt, geröstet (siehe Seite 21)
6	Knoblauchzehen, 4 davon geröstet (siehe Seite 21)
4–6	*chiles de árbol,* gebraten
¼	Tasse gehackte weiße Zwiebeln
	Salz nach Belieben

Tomatillos mit geröstetem und rohem Knoblauch in einer *molcajete* zerstampfen, mit Salz abschmecken und die Chilis dazurühren. Etwas Wasser untermischen, die dickliche Sauce salzen und die Zwiebeln einarbeiten.

Die *chile de árbol*-Sauce in der *molcajete* servieren. Gewöhnlich werden Avocados, Käse oder Hähnchen-Tacos, kleine Stücke gebratenes Schweinefleisch und geschmortes oder gegrilltes Fleisch, Geflügel oder Fisch dazu gereicht.
Ergibt 8 Portionen

Dieser Brunnen auf dem Hauptplatz von Tlaxcala ist ein Geschenk König Philipps III. von Spanien an Mexiko.

Chiles en nogada
Gefüllte Chili-Beignets in Walnußsauce

Dieses berühmte Gericht aus Puebla erinnert an die Unabhängigkeitserklärung des ›Plans von Iguala‹ 1821, der Gleichberechtigung aller Mexikaner fordert, und präsentiert sich daher in den Farben der mexikanischen Flagge – Grün, Weiß und Rot.

32	mittelgroße *chiles poblanos,* vorbehandelt (siehe Seite 16)
2	Tassen Weizenmehl

Für die Füllung

22	Knoblauchzehen, 10 davon feingehackt
2	große weiße Zwiebeln, sehr fein gehackt
450 g	Schweinefleisch, durch den Fleischwolf gedreht
450 g	Kalbfleisch, durch den Fleischwolf gedreht
450 g	Rindfleisch, durch den Fleischwolf gedreht
450 g	Schinken, durch den Fleischwolf gedreht
1	Tasse Rosinen oder Korinthen
2½	Tassen entsteinte und feingehackte Backpflaumen
1½	Tassen feingehackte kandierte Zitronenschale
1	Tasse feingehackte getrocknete Aprikosen
6	große Birnen, fein gewürfelt
6	Pfirsiche, fein gewürfelt
4	Äpfel, fein gewürfelt
2	Tassen feingewürfelte Ananas
1	Kochbanane, fein gehackt
6	große Tomaten (ca. 1½ kg), gebrüht, enthäutet, entkernt und fein gewürfelt
½	Tasse Butter
1	Tasse Olivenöl
1	Tasse trockener Sherry
1	Tasse trockener Weißwein
1	Eßlöffel gemahlener Zimt
½	Teelöffel gemahlene Nelken
½	Teelöffel geriebene Muskatnuß
10	Lorbeerblätter
6	frische Thymianzweige
6	Stengel frischer Majoran
1½	Eßlöffel frisch gemahlener Pfeffer
	Salz nach Belieben

Für den Teig

20	Eier, getrennt
2	Eßlöffel Salz
6	Eßlöffel Weizenmehl
	Pflanzenöl zum Ausbacken

Für die Sauce (wenn frische Walnüsse verwendet werden)

200	frische Walnüsse, ohne Schalen
80	frische Mandeln, ohne Schalen
400 g	Doppelrahmfrischkäse
200 g	Ziegenkäse
75 g	Mozzarella
1	Scheibe Brot, die Kruste entfernt, in etwas Milch eingeweicht
2	Tassen Crème double oder 1 Tasse Crème double, vermischt mit 1 Tasse Milch und Sahne zu gleichen Teilen
1	Tasse Milch
1	Eßlöffel feingehackte weiße Zwiebel
2	Eßlöffel Zucker
1	Teelöffel gemahlener Zimt
½	Tasse trockener Sherry
	Salz nach Belieben

Für die Sauce (wenn getrocknete Walnüsse verwendet werden)

4	Tassen getrocknete Walnüsse, über Nacht in kaltes Wasser eingeweicht
3	Tassen frische Mandeln, ohne Schalen
400 g	Doppelrahmfrischkäse
200 g	Ziegenkäse
2	Tassen Crème double
1	Tasse Milch und Sahne zu gleichen Teilen
2	Tassen Milch
1	Eßlöffel feingehackte weiße Zwiebel
¾	Eßlöffel gemahlener Zimt
½	Tasse trockener Sherry
	Salz nach Belieben

Zum Garnieren

	Kerne von 6 Granatäpfeln
1	Bund Petersilie, gehackt

Zubereitung der Füllung: Butter und Öl in einem Topf erhitzen, 12 Knoblauchzehen darin bräunen und herausnehmen. Anschließend feingehackten Knoblauch mit Zwiebeln darin bräunen, das durchgedrehte Fleisch dazugeben und so lange schmoren, bis es nicht mehr rot ist. Rosinen, Backpflaumen, Zitronenschale, Aprikosen, Birnen, Pfirsiche, Äpfel, Ananas, Kochbanane und Tomaten hineinrühren und etwa 30 Minuten lang köcheln, bis die Mischung dicklich wird.

Sherry, Weißwein, Zimt, Nelken, Muskat, Lorbeerblätter, Thymian, Majoran und Pfeffer dazugeben, mit Salz abschmekken und unter ständigem Rühren etwa 1½ Stunden simmern lassen, bis die Farce eingedickt ist. Abkühlen lassen.

Die vorbereiteten Chilis mit der abgekühlten Farce füllen, in Mehl wälzen und auf ein Tablett legen. Kalt stellen.

Zubereitung des Teigs: Den Teig in 3 Portionen zubereiten, da er sonst nicht schaumig bleibt. ⅓ der Eiweiß mit etwas Salz steif schlagen und ⅓ der Eigelb verquirlen. Die Eigelb zusammen mit 2 Eßlöffeln Mehl vorsichtig unter den Eischnee ziehen.

Inzwischen Öl in einer schweren Pfanne mit hohem Rand erhitzen. Die in Mehl gewälzten Chilis nacheinander in den Teig tauchen und auf mittlerer Hitze ausbacken. Nicht zu viele Chilis auf einmal in die Pfanne geben. Herausnehmen und auf Küchenkrepp abtropfen lassen.

Zubereitung der Sauce: Die Walnüsse in einem Topf 5 Minuten mit kochendem Wasser überbrühen, aus dem Wasser nehmen und die dunklen Häute entfernen (oder über Nacht in kaltem Wasser einweichen und anschließend schälen). Die Mandeln mit Wasser bedeckt 25 Minuten lang kochen lassen, abschrecken und die dunklen Häute abziehen. Walnüsse und Mandeln mahlen und mit Doppelrahmfrischkäse, Ziegenkäse, Mozzarella, Brot, Rahm, Milch, Zwiebel, Zucker, Zimt, Sherry und Salz im Mixer zu einer dicklichen Creme pürieren und kalt stellen.

Wenn getrocknete Walnüsse verwendet werden, die Nüsse waschen und in gleicher Weise weiterverarbeiten wie frische.

Zum Servieren die abgekühlten Chili-Beignets auf einer Platte anrichten, mit Walnußsauce überziehen, mit Granatapfelkernen bestreuen und mit Petersilie garnieren.

Wenn von der Farce etwas übrigbleibt, kann der Rest zum Füllen von Empanadas, Quesadillas, Tacos oder Geflügel verwendet oder eingefroren werden.
Ergibt 16 Portionen

Seite 258/259: Gefüllte Chili-Beignets in Walnußsauce und mit Granatapfelkernen garniert gehören zu den Höhepunkten der Küche von Puebla.

Rompope
Mexikanischer Eierlikör

Auch diese Spezialität wurde in der Klosterküche von Santa Clara in Puebla kreiert. Das folgende Rezept bietet eine besonders aromatische Version dieses beliebten Likörs.

knapp 2 l Milch
½ Teelöffel Natron

2 Zimtstangen, je ca. 15 cm lang
3 Tassen und 2 Eßlöffel Zucker
12 Eigelb
1 Tasse Äthylalkohol (90 %)

In einem schweren Topf Milch mit Natron und Zimt zum Kochen bringen, vom Herd nehmen und abkühlen lassen. Erneut aufkochen und abermals abkühlen lassen. Den Zucker

Rompope, Eierlikör nach einem Rezept aus Pueblo

Geschmorte Ameiseneier ›Pachuquilla‹ sind eine exotische Füllung für Omeletts und Tacos.

dazugeben und so lange rühren, bis er sich aufgelöst hat. Eigelb schlagen, unter die Milchmischung ziehen und langsam erhitzen, dabei ständig mit einem Holzlöffel rühren, bis der Eierlikör so dickflüssig wird, daß der Boden des Topfes beim Rühren zu sehen ist. Den Likör vom Herd nehmen und abkühlen lassen.

Den Alkohol hineinrühren und den Likör in 2 sterilisierte 1-Liter-Flaschen füllen.

Rompope in Schnapsgläsern servieren und frische Brombeeren oder Himbeeren dazu reichen.
Ergibt etwa 2 Liter

Los escamoles estilo Pachuquilla
Geschmorte Ameiseneier ›Pachuquilla‹

Die Küche in Hidalgo ist berühmt für ihre besonders exotischen Zutaten wie hier zum Beispiel Ameiseneier. Die *escamoles* können unterschiedlich zubereitet werden, besonders gern gegessen werden sie einfach mit Kräutern in Butter geschwenkt oder als Omelettfüllung.

6	Tassen Ameiseneier, ersatzweise 6 Tassen roter Kaviar
2	Tassen feingehackte weiße Zwiebeln
½	Tasse feingehackte *chiles serranos*
½	Tasse feingehackte *epazote-* oder Korianderblätter
⅔	Tasse Butter
⅓	Tasse Olivenöl
	Salz und Pfeffer nach Belieben

Butter und Öl in einer Pfanne erhitzen und die Zwiebeln mit Chilis und *epazote-* bzw. Korianderblättern darin schmoren. Die Ameiseneier dazugeben, auf schwacher Hitze 10 Minuten lang schwenken und mit Salz und Pfeffer abschmecken.

Zum Servieren die Ameiseneier in einer Tonschale anrichten und Guacamole, Grüne Sauce und frisch zubereitete Mais-Tortillas für Tacos dazu reichen.
Ergibt 8 Portionen

Gusanos de maguey estilo Pachuca
Agavenraupen ›Pachuca‹

Eine weitere außergewöhnliche Spezialität der Küche von Hidalgo sind *gusanos,* Raupen, die sich hauptsächlich von Agaven ernähren. Bis vor einigen Jahren wurden sie in Kokons an jeder Straßenecke verkauft, heute werden sie als Delikatesse gehandelt.

4	Tassen *gusanos*
5	Tassen Pflanzenöl
8	Tortillas

Zum Garnieren
8	walnußgroße Bällchen aus frischer *masa*
8	Limonen, in Scheiben geschnitten
16	frische Kaktusblüten (nach Belieben)

1 Tasse Öl in einer schweren Pfanne erhitzen und die *gusanos* darin knusprig braten, herausnehmen und auf Küchenkrepp abtropfen lassen.

4 Tassen Öl in einem tiefen Topf oder einem tiefen Bräter erhitzen. Die Tortillas in ein kleines Drahtsieb drücken und eine nach der anderen in Öl zu einer krossen Schale braten. Aus dem Sieb auf Küchenkrepp stürzen und gut abtropfen lassen.

Die Tortilla-Schalen mit der frischen *masa* auf einzelne Teller ›kleben‹, mit den gebratenen *gusanos* füllen und mit Limonenscheiben und Kaktusblüten garnieren. Diese elegante Vorspeise wird mit Guacamole und Grüner Sauce serviert und meistens von einem Glas Tequila oder Pulque begleitet.

Gusanos eignen sich auch gut zum Füllen von Tacos.
Ergibt 8 Portionen

Das Portal der Hacienda von Ixtafiayuca

Mousse de almendra y ciruela pasa
Geschichtetes Dessert aus Mandel- und Pflaumencreme

Die Küche von Hidalgo kennt viele gehaltvolle Dessertrezepte, dieses europäisch inspirierte ist eines davon.

Für die Pflaumencreme

500 g entsteinte Backpflaumen
1¾ Tassen Rotwein
2 Stücke Orangenschale, ca. 6 × 6 cm groß, oder
    1 Zimtstange, ca. 15 cm lang
6 Eßlöffel Pflaumenmarmelade
1½ Päckchen gemahlene weiße Gelatine

Für die Mandelcreme

2½ Tassen frisch gemahlene Mandeln
6 Eigelb, leicht verquirlt

2 Tassen und 1 Eßlöffel Zucker
2½ Tassen Milch
1 Vanilleschote
½ Teelöffel Mandelaroma
3 Päckchen gemahlene weiße Gelatine
1 Tasse Sahne, 1 Stunde lang tiefgekühlt
1 Tasse saure Sahne, 1 Stunde lang tiefgekühlt

Zum Garnieren

gelbe und weiße Chrysanthemen (nach Belieben)

Zubereitung der Pflaumencreme: Pflaumen mit Wein, Orangenschalen und Marmelade etwa 25 Minuten schwach kochen lassen, bis die Mischung eindickt, vom Herd nehmen und die Schalen entfernen. Die Gelatine in ½ Tasse Wasser quellen lassen, auf schwacher Hitze auflösen und sorgfältig mit der Pflaumenmischung verrühren.

Die Kirche des Klosters San Gabriel dient als Hintergrund für eine Fülle verschiedener Süßigkeiten aus Puebla.

Eine Puddingform von ca. 22 cm Durchmesser mit Öl auspinseln, die Pflaumenmischung hineingeben und 40 Minuten lang kühl stellen.

Inzwischen die Mandelcreme zubereiten: Milch mit Eigelb, Zucker und Mandeln verschlagen, die Vanilleschote und Mandelaroma dazugeben und auf schwacher Hitze unter ständigem Rühren bis kurz unter den Siedepunkt erwärmen. Vom Herd nehmen und leicht abkühlen lassen. Die Gelatine in 1 Tasse Wasser quellen lassen, erwärmen, bis sie sich auflöst und sorgfältig in die Mandelmischung einrühren. Die Creme 30 Minuten kalt stellen, bis sie fest zu werden beginnt, dann Sahne und saure Sahne vermischen, steif schlagen und vorsichtig unter die Mandelmischung ziehen. In die Puddingform über die Pflaumencreme gießen und 4 Stunden oder über Nacht kalt stellen.

Unmittelbar vor dem Servieren die Puddingform kurz in warmes Wasser tauchen, das Dessert auf eine Platte stürzen und mit Chrysanthemen dekorieren.
Ergibt 8 Portionen

Leche quemada
Karamelpudding

Puebla ist eine der führenden Regionen Mexikos auf dem Gebiet der Milchproduktion, und so verwundert es nicht, daß einige der feinsten Puddingrezepte hier entstanden sind.

Für den Pudding

2½ l	Kuh- oder Ziegenmilch
2¾	Tassen Zucker
10	Eigelb, verquirlt
2	Eßlöffel Maisstärke, die in ½ Tasse Wasser aufgelöst wird
¼	Teelöffel Natron
2	Zimtstangen, je ca. 5 cm lang
1½	Tassen gehackte Walnüsse

Für den Karamel

6–8	Eßlöffel Zucker
5⅓	Eßlöffel geschmolzene Butter

Zum Garnieren

⅔	Tasse gehackte und gemahlene Walnüsse

Die Milch in einem Topf mit Natron und Zimt stark aufkochen lassen, vom Herd nehmen und abkühlen lassen. Diesen Vorgang dreimal wiederholen. Nun den Zucker dazugeben und so lange rühren, bis er sich aufgelöst hat. Die Milchmischung wieder auf schwacher Flamme erhitzen, den entstehenden Pudding unter ständigem Rühren eindicken lassen, vom Herd nehmen und abkühlen lassen. Eigelb mit der aufgelösten Maisstärke zusammenschlagen und in den Pudding rühren. Abermals erhitzen und ohne Unterlaß rühren, bis der Pudding sehr dickflüssig ist und beim Rühren der Topfboden sichtbar wird. Der Pudding wird dabei dunkelkaramelfarben. Schließlich die Walnüsse zufügen und unter Rühren nochmals 5–10 Minuten sehr schwach kochen lassen.

Den Pudding in eine flache Auflaufform füllen, großzügig mit Zucker bestreuen, mit geschmolzener Butter beträufeln und im Backofen unter starker Oberhitze karamelisieren lassen. Reichlich mit gehackten Walnüssen bestreuen und vor dem Servieren 4–5 Stunden kalt stellen.
Ergibt 8 Portionen

KAPITEL 8

DER SÜDEN

Mexikaner aus anderen Landesteilen, die Yucatán besuchen, fühlen sich dort zuweilen wie Ausländer, denn auf der isoliert liegenden Halbinsel mit ihrer einzigartigen Landschaft werden eine eigene Sprache und Kultur gepflegt. Die Staaten Yucatán, Campeche und Quintana Roo entwickelten ein beinahe nationales Identitätsgefühl, und die Bewohner der Yucatán-Halbinsel betonen gern, daß es hier nicht nur anders ist als sonst irgendwo in Mexiko, sondern auch völlig anders als irgendwo sonst auf der Welt.

Das gilt auch für die regionale Küche. Im Gegensatz zur Küche in den anderen Landesteilen Mexikos wurde die yucatekische bis in neuere Zeit hinein stark von kubanischen und Gerichten anderer karibischer Inseln sowie Europas und Asiens beeinflußt. Denn bedingt durch die exponierte Lage hatte Yucatán die besten Verbindungen zu fernen Ländern, die über die Karibik und den Golf von Mexiko erreichbar waren. So stammt der in Yucatán beliebteste Chili, der *chile habanero*, angeblich aus Java, und einige der besten Restaurants in Mérida, der Hauptstadt des Staates Yucatán, sind libanesisch. Die traditionellen einheimischen Speisen der Region spiegeln jedoch unverkennbar das Erbe der Maya wider, deren hochentwickelte Zivilisation zur Zeit der spanischen Eroberung schon verfallen war.

Die Maya waren geschickte, kundige Bauern, die trotz der kargen Bodenbeschaffenheit und der schwierigen Witterungs-

verhältnisse mit ausgeprägten Regen- und Trockenzeiten optimale Ernteerträge erwirtschafteten. Sie praktizierten Brandrodungsfeldbau, wobei zu Beginn der Trockenzeit die Felder gerodet wurden, am Ende der Trockenperiode das getrocknete Gehölz verbrannt und am Anfang der Regenzeit die Saat ausgebracht wurde (um die genauen Zeitpunkte für die jeweiligen Landarbeiten bestimmen zu können, entwickelten die Maya aus Gestirnsbeobachtungen einen exakten Kalender). Hauptanbauprodukt und Ernährungsgrundlage war Mais, der mit einem Grabstock in gleichmäßigen Abständen in die Erde gesetzt wurde.

Mais wird heute wie damals zu *masa* verarbeitet, aus der, neben vielem anderen, auch die typischen *Tamalitos*, kleine Tamales, hergestellt werden. Gefüllt mit gemahlenen Kürbiskernen, werden sie in *chaya*-Blätter, vergleichbar unserem Spinat oder Mangold, gerollt und über Dampf gegart. Dazu gehört eine der klassischen Saucen Yucatáns: *Chiltomate*, deren Grundzutaten aus Tomaten, geröstetem Knoblauch, *epazote* (Mexikanisches Teekraut), gerösteten Zwiebeln und *chiles habaneros* bestehen.

Kenner der mexikanischen Küche würden die Lebensmittelmärkte Yucatáns mit verbundenen Augen einzig aufgrund des durchdringenden Aromas charakteristischer Gewürze identifizieren können, zu denen Origano, Koriander, *recados* (Gewürzmischungen) und *epazote* zählen. Das Kraut stammt ursprünglich aus Spanien und wurde, obgleich es auch in anderen Gegenden Verwendung findet, nirgendwo so wichtig wie in Yucatán. *Epazote* ist ein wesentlicher Bestandteil der berühmten *Papadzules* von Yucatán, der frischen Mais-Tortillas, die mit einer Füllung aus hartgekochten Eiern zusammengerollt und mit einer Kürbiskern-*epazote*-Sauce überzogen werden.

Ein weiterer wesentlicher Bestandteil der Küche von Yucatán sind die *recados,* Gewürzmischungen, die sich unter anderem aus Piment, schwarzem Pfeffer, Chilis, Origano, Kreuzkümmel und geröstetem Knoblauch zusammensetzen. Der am häufigsten verwendete *recado* ist *achiote.* Er basiert auf dem roten Samen des Orlean-Strauchs (Bixa orellana), und man verwendet ihn, um am Spieß gebratenes Fleisch wie *Cochinita* oder das für Yucatán typische, in einer Grube gegarte Schweinefleisch zu würzen und ihm Farbe zu verleihen.

Die zweite wichtige Gewürzmischung in der Küche Yucatáns ist *recado de chilmole.* Er besteht aus getrockneten und schwarz gerösteten *chiles xcatiks,* einer Chilischote, die es nur in Yucatán gibt. Der schwarze und stechend scharfe *chilmole,* der außerdem gerösteten Knoblauch, Origano und Piment enthält, wird vorwiegend zum Würzen von Fleischbällchen verwendet.

Fleischgerichte spielen in der traditionellen Küche Yucatáns eine vergleichsweise bedeutende Rolle. Die dichten Wälder im Landesinnern, die tropischen Regenwälder im Süden, dichtes Buschwerk und Agavenplantagen im Norden der Halbinsel bieten Lebensräume für eine vielfältige exotische Tierwelt, die den Charakter der Region, ihre Mythologie und auch ihre Speisezettel prägt.

Besonders beliebt sind Geflügelgerichte, und einige der ältesten überlieferten Rezepte basieren auf Wildhühnern und wildem Truthahn. Dennoch war in Yucatán, ebenso wie in ganz Mexiko, Nutztierhaltung unbekannt, abgesehen von der Bienenzucht, und wurde erst durch die Spanier eingeführt.

Die Küsten der Halbinsel Yucatán versorgen die Bewohner mit einem abwechslungsreichen Angebot an Speisefischen, Schalen- und Krustentieren. Noch immer bringen die Fischer so reichhaltige Fänge ein, wie sie Bischof Diego de Landa schon vor vier Jahrhunderten in seiner »Relación de las cosas de Yucatán« gepriesen hat. Der spanische Bischof, der auch die yucatekische Angewohnheit lobte, »den Fisch so zu würzen und zuzubereiten, daß er zugleich schmackhaft und bekömmlich wird«, schätzte besonders die einheimischen Brassen, Hechte, Rochen und Tintenfische, die heute noch sämtlich in *Ceviche* von Quintana Roo vorkommen können.

Der Golf von Mexiko liefert die Meeresfrüchte für die Fisch-Cocktails von Campeche, die aus Austern, Krabben oder Garnelen bestehen oder aus einer Kombination von allen dreien in einer teuflisch scharfen Tomatensauce mit Chilis und Limonensaft. Außerordentlich vielseitig ist das Angebot unterschiedlicher Garnelenarten, angefangen bei ganz winzigen bis hin zu den verschiedenen Riesengarnelen, für die Cuidad del Carmen berühmt ist.

Der für die regionale Küche von Campeche bedeutendste Fisch ist jedoch der *cazón,* ein kleiner Hai, der in *Pan de cazón* zur Spezialität dieser Gegend geworden ist. Das raffinierte Gericht besteht aus Schichten von Tortillas, die mit gebratenem Bohnenpüree und mit *cazón* gefüllt sind, der erst mit Zwiebeln und *epazote* gekocht und dann mit *Chiltomate*-Sauce und *chile habanero* garniert wird.

Die einzigartige Landschaft der Halbinsel, die geologisch gesehen aus einer flachen, porösen Kalksteinplatte besteht, mit ihren charakteristischen *cenotes* (Naturbrunnen aus Einbrüchen über unterirdischen Flüssen), die herrlichen Strände und die Ruinen der Maya machen Yucatán zu einer der meistbesuchten Regionen Mexikos. Das reiche Maya-Erbe wird an den großartigen, teilweise restaurierten Ruinen der Städte Chichén Itzá, Uxmal, Tulum und Coba besonders deutlich, ist doch jede von ihnen steinernes Zeugnis einer technisch hochentwickelten Zivilisation, die vor tausend Jahren aus ungeklärten Gründen untergegangen ist.

Recado de adobo
Adobo-Gewürzmischung

In der Küche von Yucatán werden viele spezielle Gewürzmischungen verwendet, die zahlreichen Gerichten ihre typisch regionale Note verleihen.

1	Eßlöffel Pfeffer
1	Eßlöffel getrockneter Origano
1	kleine Knoblauchknolle, geröstet (siehe Seite 21)
6	kleine Nelken
1	gehäufter Teelöffel gemahlener Kreuzkümmel
1	Teelöffel Koriandersamen
1	Messerspitze Safran
1	Eßlöffel gemahlener Zimt
1	Teelöffel Salz
	Saft von 1 mittelgroßen Pomeranze, ersatzweise ¼ Tasse Grapefruitsaft

Pfeffer, Origano, Knoblauch, Nelken, Kreuzkümmel, Koriandersamen, Safran, Zimt und Salz in einem Mörser, einer elektrischen Küchenmaschine oder einer elektrischen Gewürzmühle mahlen. Den Saft dazufügen, um die Gewürze zu binden. Die Paste etwas trocknen lassen, bevor man sie in einem gut verschließbaren Gefäß im Kühlschrank aufbewahrt.
Ergibt etwa ½ Tasse

Recado de chilmole o relleno negro
Schwarze Gewürzmischung (Chilmole)

Mit dieser Gewürzmischung bekommen Füllungen für Truthähne, Garnelen, Brathähnchen und auch Fleischbällchen ein charakteristisches Aroma.

1 kg	*chiles anchos* oder *costeños,* geputzt (siehe Seite 21)
	hochprozentiger Alkohol
6	große Pimentkörner
½	Teelöffel Kreuzkümmel
1½	Eßlöffel schwarze Pfefferkörner

1½	Eßlöffel Orlean-Samen, die über Nacht in Pomeranzen- oder Grapefruitsaft eingeweicht werden
1	Knoblauchknolle, geröstet (siehe Seite 21) und geschält
1	Eßlöffel getrockneter Origano
2	Eßlöffel Salz

Die Chilis trockentupfen, mit Alkohol beträufeln und in einer schweren erhitzten Pfanne schwarz rösten.

Die Chilis in einem Mixer pürieren. Pimentkörner, Kreuzkümmel, Pfefferkörner, Orlean-Samen, Knoblauch, Origano und Salz in einem Mixer oder einer Gewürzmühle mahlen und gut mit den Chilis vermischen. In einem verschließbaren Gefäß im Kühlschrank aufbewahren.
Ergibt etwa 2 Tassen

Recado para bistec
Gewürzmischung für Steaks

Ungeachtet des Namens wird diese Gewürzmischung auch für Geflügel-, Meeresfrüchte- und Fischmarinaden sowie für verschiedene Brühen verwendet.

¼	Tasse schwarze Pfefferkörner
2	Eßlöffel Pimentkörner
1	Zimtstange, ca. 6 cm lang, zerbröselt
1	Teelöffel Kreuzkümmel
1½	Eßlöffel getrockneter Origano
2	Knoblauchknollen, geröstet (siehe Seite 21), geschält und gepreßt
	Salz nach Belieben

Pfefferkörner, Pimentkörner, Zimt, Kreuzkümmel, Origano, Knoblauch und Salz in einem Mörser zerstoßen oder in einer Gewürzmühle mahlen. Die Paste etwas trocknen lassen, bevor man sie in einem gut verschließbaren Gefäß im Kühlschrank aufbewahrt.

Zum Gebrauch etwas von der Gewürzmischung in Pomeranzensaft, Essig oder in einer Mischung aus Orangen- und Grapefruitsaft zu gleichen Teilen auflösen.
Ergibt etwa 1½ Tassen

Für die typischen Gerichte von Yucatán werden Gewürzmischun-gen, recados, *aus vielen verschiedenen Zutaten hergestellt.*

Die rötlichen Samen des Orlean-Strauches (Anatto, Roucou, Bixa orellana) werden zum Würzen und Färben von gebratenem Fleisch verwendet.

Recado de salpimentado
Pfeffer-und-Salz-Mischung

Diese Gewürzmischung wird für Brühen und Truthahn ver-wendet.

1	Teelöffel schwarze Pfefferkörner
4	Nelken
16	Knoblauchzehen, 8 davon geröstet (siehe Seite 21) und geschält
1½	Eßlöffel getrockneter Origano
2	Zimtstangen, je ca. 5 cm lang
1	Teelöffel Koriandersamen
1½	Eßlöffel Salz
1	große weiße Zwiebel, püriert Blätter von 8 Petersilienzweigen, püriert

Pfefferkörner, Nelken, rohen und gerösteten Knoblauch, Origano, Zimt, Koriandersamen und Salz in einer Gewürz-mühle oder einem Mörser mahlen, mit Zwiebeln und Petersilie vermischen und in einem gut verschließbaren Gefäß im Kühl-schrank aufbewahren.
Ergibt ¼–½ Tasse

Recado de achiote
Gewürzmischung mit Orlean-Samen

Dies ist die wichtigste Gewürzmischung der Küche von Yuca-tán. Man würzt damit auch das berühmte, ursprünglich in einer Grube gebratene Fleisch.

3	Eßlöffel Orlean-Samen
5	Knoblauchzehen
1	Eßlöffel schwarze Pfefferkörner
1	Eßlöffel getrockneter Origano
1	weiße Zwiebel

Die Orlean-Samen 10 Minuten lang in etwas Wasser simmern und über Nacht einweichen lassen, dann abgießen und zusam-men mit Knoblauch, Pfefferkörnern, Origano und Zwiebeln in einer elektrischen Gewürzmühle oder einem Mörser sehr fein mahlen. Die Mischung in einem gut verschließbaren Gefäß im Kühlschrank aufbewahren.
    Zum Gebrauch etwas von der Gewürzmischung in Pome-ranzensaft, Essig oder in einer Mischung aus Orangen- und Grapefruitsaft zu gleichen Teilen auflösen.
Ergibt etwa ½ Tasse

Recado de adobo colorado
Gewürzmischung für rote Marinade

Diese Gewürzmischung verwendet man in Yucatán für gekochtes Schweinefleisch und für jede Art gebratenes Fleisch.

24	Knoblauchzehen, 12 davon geröstet (siehe Seite 21) und geschält
1½	Eßlöffel getrockneter Origano
1½	Eßlöffel Kreuzkümmel
1	Teelöffel Koriandersamen
2	Nelken
2	gehäufte Eßlöffel Orlean-Samen, die in ½ Tasse mildem Essig 1 Stunde lang eingeweicht werden
1	Eßlöffel schwarze Pfefferkörner
4	Pimentkörner
1½	Teelöffel Salz
½	Tasse Pomeranzensaft oder ½ Tasse Orangen- und Grapefruitsaft zu gleichen Teilen

Rohen und gerösteten Knoblauch, Origano, Kreuzkümmel, Koriandersamen, Nelken, Orlean-Samen, Pfefferkörner, Pimentkörner und Salz in einer elektrischen Gewürzmühle oder einem Mörser mahlen. Die Zutaten mit dem Saft vermischen und die Paste zu einem Pfannkuchen formen. Trocknen lassen und in einem gut verschließbaren Gefäß im Kühlschrank aufbewahren.
Ergibt etwa ¾ Tasse

Salpicón de chiles habaneros
Sauce aus *chiles habaneros*

Diese typische Sauce kommt fast überall im südöstlichen Mexiko auf den Tisch.

Für die Sauce

3	*chiles habaneros* oder *güeros,* geröstet (siehe Seite 21)
2	mittelgroße *chiles xcatiks* oder 4 *chiles serranos,* geröstet (siehe Seite 21)
4	Frühlingszwiebeln, fein gehackt
	Saft von 2 Pomeranzen oder 1 Grapefruit
	Saft von 1 Orange

	Saft von 1 Limone
20	Stengel frischer Koriander, gehackt
	Salz nach Belieben

Zum Garnieren

2	kleine Limonen, in dünne Scheiben geschnitten
20	Stengel frischer Koriander, gehackt

Chiles habaneros und *xcatiks* in dünne Streifen schneiden und in einer Ton- oder Glasschüssel mit Frühlingszwiebeln, Pomeranzen-, Orangen- und Limonensaft sowie mit Korianderblättern und Salz vermischen. Die Sauce 2 Stunden lang ziehen lassen.
   Mit Limonen und Korianderblättern garnieren und zu Fleisch- oder Fischgerichten servieren.
Ergibt 1 Tasse

Ensalada de naranja, jícama y cilantro
Orangensalat mit *jícama* und Koriander

Für den Salat

16	kernlose Orangen
2	rote Zwiebeln, fein gehackt
1	große *jícama,* fein gehackt, ersatzweise 2 Tassen Wasserkastanien
1½	Tassen gehackte frische Korianderblätter
	Salz nach Belieben
	chile piquín oder ein anderer sehr scharfer, getrockneter Chili, fein gemahlen, nach Belieben

Zum Garnieren

1	Tasse Korianderblätter
1	rote Zwiebel, in dünne Ringe geschnitten

Die Orangen schälen und in dünne Scheiben schneiden. Die Hälfte der Orangenscheiben auf einer Platte anordnen und mit der Hälfte der Zwiebeln, *jícama* und Korianderblätter belegen. Die Schichten wiederholen, mit Salz und Chili würzen sowie mit Korianderblättern und Zwiebeln garnieren. 2 Stunden lang kühl stellen.
Ergibt 8 Portionen

Ein Speisezimmer in der Hacienda von Yaxcopoil

Huevos motuleños
Tortillas mit Spiegeleiern und Bohnenpüree

Für die Eier

8   Tortillas, frisch zubereitet und noch warm

8   große Eier

2   Tassen gebratenes Bohnenpüree, warm
     (siehe Rezept Seite 187)

6   Tassen Chiltomate-Sauce, warm
     (siehe Rezept Seite 280)

2   Tassen Pflanzen- oder Maisöl
     Salz nach Belieben

Zum Garnieren

2   Tassen gekochte Erbsen

1½   Tassen gewürfelter gekochter Schinken

2   Tassen zerkrümelter Frischkäse

8   *chiles habaneros* oder *serranos,* in etwas Öl
     gebraten

Die Tortillas warm halten. Öl in einer Pfanne erhitzen und die Eier – nur wenige auf einmal – darin braten, herausnehmen und warm stellen. Inzwischen die Tortillas mit Bohnenpüree bestreichen und auf Tellern anrichten. Auf jede Tortilla ein Spiegelei legen, salzen und etwas Sauce darübergießen. Die Erbsen rings um die Eier verteilen und mit Schinken und Käse bestreuen. Zum Schluß jede Portion mit 1 gebratenen Chili garnieren.

Ergibt 8 Portionen

Valladolid, die zweitgrößte Stadt im Staat Yucatán, gibt einem berühmten Hähnchengericht ihren Namen.

Pollo Valladolid
Hähnchen ›Valladolid‹

Für die Zubereitung der Hähnchen

8	Hähnchenbeine und Schenkel
4½ l	Hühnerbrühe (siehe Rezept Seite 202)
½	Tasse und 1 Teelöffel Gewürzmischung für Steaks (siehe Rezept Seite 266)
½	Teelöffel grob gemahlener Pfeffer
8	Pimentkörner
	Salz nach Belieben
	Pflanzenöl

Zum Garnieren

8	*chiles xcatiks* oder *güeros*, oder ein anderer milder frischer Chili
2	große rote Zwiebeln, geviertelt und geröstet (siehe Seite 21)
1	Tasse eingelegte Zwiebeln (siehe Rezept Seite 280)

1 Liter Brühe in einem großen Topf erhitzen. Die Hähnchenteile mit 1 Teelöffel Gewürzmischung, Pfeffer, Pimentkörnern und Salz hineingeben, erneut aufkochen lassen, die Hitze reduzieren und die Suppe 25 Minuten zugedeckt auf schwacher Hitze kochen lassen, bis das Fleisch gar ist.

In der Brühe abkühlen lassen, herausnehmen und die Haut abziehen.

Eine schwere Pfanne langsam erhitzen. Jedes Hähnchenstück mit 1 gehäuften Eßlöffel Gewürzmischung einreiben, mit Öl beträufeln und in der heißen Pfanne von allen Seiten knusprig braten. Die Brühe wieder aufwärmen.

Zum Servieren Brühe auf 8 Suppenschalen verteilen, die Hähnchenstücke hineinlegen und jede Schale mit 1 Chili und gerösteten und eingelegten Zwiebeln garnieren.

Als Beilage frisch zubereitete warme Tortillas dazu reichen.

Ergibt 8 Portionen

Ceviche de caracol marino
Marinierte Seeschnecken

Der Staat Quintana Roo kennt eine eigene Variante des mexikanischen Cocktails aus mariniertem rohem Fisch. Hier bereitet man die beliebte Vorspeise aus Seeschnecken zu, die in der Karibik gefangen und noch auf den Fischerbooten verarbeitet werden.

Für Ceviche

8   große Seeschnecken mit spitzem, spiralförmigem Gehäuse, ausgelöst, geputzt und gehackt
Saft von 16 Limonen

3   rote Zwiebeln, fein gehackt

10   Eiertomaten, fein gehackt

1 ½   Tassen feingehackte frische Korianderblätter

5   *chiles xcatiks* oder *serranos*, gehackt

¾   Tasse Olivenöl

1   Eßlöffel frisch gemahlener Pfeffer
Salz nach Belieben

Zum Garnieren

3   Avocados, geschält, entkernt und gehackt

1   Tasse feingehackte rote Zwiebeln

½   Tasse feingehackte frische Korianderblätter
frisch gemahlener Pfeffer nach Belieben

16   Limonenscheiben
Cracker

Die Seeschnecken in eine Glasschüssel legen, den Limonensaft darübergießen und die Schnecken 2–3 Stunden lang marinieren. Anschließend abtropfen lassen, Zwiebeln, Tomaten, Korianderblätter, Chilis, Öl, Salz und Pfeffer dazugeben und gut vermischt 2 Stunden lang kühl stellen.

Zum Servieren Ceviche auf 8 Portionsschalen verteilen. Mit Avocados, Zwiebeln und Korianderblättern garnieren, mit Pfeffer bestreuen und mit je 2 Limonenscheiben den Rand der Schalen dekorieren. Die Cracker dazu reichen.
Ergibt 8 Portionen

Langosta al epazote y al ajo
Hummer in *epazote* und Knoblauch

Hummer wird in der Karibik viel gegessen, da es ihn dort in Mengen gibt und er auch nicht teuer ist. Das folgende Gericht wird mit einheimischen Gewürzen zubereitet, die das an sich schon köstliche Krustentier zu einem wahren Genuß machen.

Für die Zubereitung des Hummers

8   Hummerschwänze, im Panzer belassen, jedoch die Unterseite entfernt, oder 4 ganze Hummer, längs halbiert

20   Knoblauchzehen, 16 davon geröstet (siehe Seite 21) und geschält, der Rest fein gehackt

⅓   Tasse Pflanzenöl

1 ¼   Tassen Butter

1   Tasse feingehackte *epazote*- oder Korianderblätter

4   *chiles serranos*, fein gehackt
Salz nach Belieben

Zum Garnieren

80   epazote- oder Korianderblätter

24   Kirschtomaten

4   Limonen, halbiert

½   Tasse geklärte Butter

¾   Tasse Pflanzenöl

1   Teelöffel Salz

Zubereitung des Hummers: Den gerösteten und den feingehackten Knoblauch mit *epazote* und Chilis im Mixer pürieren, Öl und Butter dazugeben und vermischen. Mit Salz und Pfeffer abschmecken, die Hummerteile mit der Buttermischung bestreichen und 2 Stunden lang kühl stellen.

Eine schwere Pfanne langsam erhitzen und die Hummerteile darauf 15 Minuten rösten, wenden und weitere 8–10 Minuten lang garen (die Zeit hängt von der Größe des Hummers ab).

Zubereitung der Garnierung: Öl und Salz in einer Pfanne erhitzen und *epazote* darin kroß braten, herausnehmen und auf Küchenkrepp abtropfen lassen.

Zum Servieren die Hummerschwänze auf ein Bett von gebratenen *epazote*-Blättern legen und mit Tomaten und Limonen garnieren. Mit geklärter Butter begießen und heiß servieren.
Ergibt 8 Portionen

Sopa de cangrejo y pescado estilo Mérida
Fischsuppe mit Krabben ›Mérida‹

Dieses Rezept stammt von Doña Monina García Ponce, einer Spezialistin auf dem Gebiet der yucatekischen Küche.

Für die Suppe

1½ kg frischer Thunfisch
4   Krabben, jede in 3 Stücke zerteilt
2   Fischköpfe
6 l   Wasser
1   Knoblauchknolle, halbiert und 1 Hälfte davon geröstet (siehe Seite 21)
1   Teelöffel getrockneter Origano
     Salz nach Belieben

Für die Sauce

2   große weiße Zwiebeln, diagonal in Scheiben geschnitten
3   große Kartoffeln, in dünne Streifen geschnitten
¾   Tasse gehackte Petersilie
8   Eiertomaten, entkernt und grob gewürfelt
8   grüne oder rote Paprikaschoten, geputzt und gewürfelt
¾   Tasse Olivenöl
2   Knoblauchknollen, geröstet (siehe Seite 21) und geschält
6   Lorbeerblätter
1   Eßlöffel Cayennepfeffer
     Salz nach Belieben

Zum Garnieren

4–5 Scheiben Weißbrot, die Rinden entfernt, in 2,5 cm große Würfel geschnitten
2   Knoblauchzehen
½   Tasse Olivenöl
¼   Tasse gehackte Petersilie

Zubereitung der Suppe: Wasser und Salz in einem Suppentopf zum Kochen bringen, Krabben, Fischköpfe, gerösteten und rohen Knoblauch und Origano hineingeben. 45 Minuten lang auf mittlerer Hitze kochen lassen, dann den Fisch dazugeben und 20 Minuten lang schwach kochen. Die Suppe vom Herd nehmen, abkühlen lassen, dann durchseihen. Die Brühe aufbewahren. Fisch und Krabbenfleisch kleinschneiden und zur Seite stellen.

Zubereitung der Sauce: Öl in einer Pfanne erhitzen, die Zwiebeln darin glasig dünsten, dann Kartoffeln, Petersilie, Tomaten, Paprika, Knoblauch, Lorbeerblätter, Cayennepfeffer und Salz dazugeben und etwa 35 Minuten lang schmoren, bis die Zutaten weich sind. Fisch- und Krabbenfleisch hineingeben, die aufbewahrte Brühe erhitzen und nach und nach in die Sauce rühren. Eventuell nachwürzen.

Zubereitung der Garnierung: Brotwürfel mit Knoblauch in Öl kroß braten und auf Küchenkrepp abtropfen lassen.

Zum Servieren die Suppe in eine Terrine füllen und mit Croûtons und Petersilie garnieren.
Ergibt 8 Portionen

Tikin xic pescado
Gegrillter Fisch nach Art der Maya

Schon die Maya haben frisch gefangenen Fisch mit Orlean-Samen mariniert und anschließend über offenem Feuer gebraten.

8   Fische einer festfleischigen Sorte, je ca. 350 g, der Länge nach aufgeschnitten, ausgenommen und entgrätet
     Lorbeerblätter zum Bedecken

Für die Marinade

6   Eßlöffel Orlean-Samen, über Nacht in Wasser eingeweicht und abgetropft
1   Eßlöffel schwarze Pfefferkörner
½   Eßlöffel Pimentkörner
1   Knoblauchknolle, geröstet (siehe Seite 21) und geschält, und 10 Knoblauchzehen
1   Eßlöffel getrockneter Origano
1   Teelöffel Kreuzkümmel
½   Teelöffel Nelken
1   Zimtstange, ca. 4 cm lang, in Stücken
     Salz nach Belieben
1   Tasse Pflanzenöl oder Schmalz
2   Tassen Pomeranzensaft oder eine Mischung aus 1 Tasse Orangensaft, ½ Tasse Grapefruitsaft und ½ Tasse mildem Essig

Ein Schnapper wird geputzt und entgrätet, bevor er nach Maya-Art über offenem Feuer zubereitet wird.

Ein Bananenblatt unter dem Fisch hält beim Grillen die Marinade.

Zum Garnieren

1	Rezepteinheit eingelegte rote Zwiebeln (siehe Seite 277)
8	Tomaten, in Scheiben geschnitten
16	Limonen, halbiert

Zubereitung der Marinade: Orlean-Samen in einem Mörser oder einer Gewürzmühle zerkleinern, Pfeffer- und Pimentkörner, gerösteten und rohen Knoblauch, Origano, Kreuzkümmel, Zimt und Salz dazugeben und zu einer glatten Paste verarbeiten, die anschließend mit Öl vermischt und mit Pomeranzensaft verdünnt wird.

Zubereitung des Fischs: Die Fische in einer flachen Schale mit Marinade begießen, mit Lorbeerblättern bedecken und 3 Stunden oder über Nacht ziehen lassen.

Unter einem Grillrost ein Feuer aus Holzkohle und Mesquite anzünden (oder den Backofen auf 190° C/Gasherd Stufe 3 vorheizen). Den Rost mit einem Bananenblatt oder Aluminiumfolie bedecken, die Fische darauflegen und auf schwacher Hitze garen, bis das Fleisch fast zerfällt. Währenddessen immer wieder mit Marinade einpinseln (oder die Fische 45–60 Minuten in einer Auflaufform backen und ebenfalls häufig mit Marinade bepinseln).

Zum Servieren die Fische auf einer Platte anrichten und mit Zwiebeln, Tomaten und Limonen garnieren. Weißen Reis dazu reichen.

Ergibt 8 Portionen

Cazón en chiles xcatiks
Chilis mit *cazón*-Farce

Cazón ist eine kleine Haifischart (Glatthai), die im südöstlichen Mexiko häufig auf den Tisch kommt. Der Fisch hat ein feines Aroma und wird auf verschiedene Art zubereitet.

Für die Zubereitung des Fischs

1 kg	*cazón*, ersatzweise Seezungen- oder Flunderfilets
10	Stengel *epazote* oder Koriander
2	weiße Zwiebeln, 1 davon geröstet (siehe Seite 21)
1	Knoblauchknolle, halbiert, 1 Hälfte davon geröstet (siehe Seite 21)
1	Eßlöffel schwarze Pfefferkörner
1 l	Wasser

Für die Füllung

2	weiße Zwiebeln, fein gehackt
4	große Eiertomaten, entkernt und gewürfelt
1½	Tassen Pflanzen- oder Olivenöl
3	Knoblauchzehen
¾	Tasse grüne Oliven, gehackt
½	Tasse Kapern
¼	Teelöffel gemahlene Nelken
1	Teelöffel gemahlene Pimentkörner
½	Teelöffel gemahlener Kreuzkümmel
½	Teelöffel gemahlener Zimt
	Salz nach Belieben

Für die Chilis

32	*chiles xcatiks* oder *güeros*, geputzt (siehe Seite 16)
4	Knoblauchzehen, gepreßt
½	Tasse Olivenöl

Für die Marinade

4	Knoblauchzehen
3	mittelgroße weiße Zwiebeln, in dünne Ringe geschnitten
½	Tasse Pflanzenöl
2½	Tassen Weinessig
1	Eßlöffel Pimentkörner
1	Zimtstange, ca. 7 cm lang
2	frische Thymianzweige oder 1 Messerspitze getrockneter Thymian
2	Stengel frischer Majoran oder 1 Messerspitze getrockneter Majoran
2	Lorbeerblätter
10	Stengel frische Petersilie
1	Eßlöffel getrockneter Origano
	Salz nach Belieben
1	Eßlöffel Zucker, nach Belieben

Zum Garnieren

2	rote Zwiebeln, halbiert und diagonal in Scheiben geschnitten
¾	Tasse Pomeranzensaft oder eine Mischung aus ½ Tasse Grapefruitsaft, ⅓ Tasse Orangensaft und Saft von 1 Limone
1	Teelöffel getrockneter Origano
	Salz nach Belieben
20	kleine Radieschen, in Blütenform geschnitten
8	kleine Radieschen, in dünne Scheiben geschnitten

Zubereitung des Fischs: Wasser mit *epazote*, geröstetem und rohem Knoblauch, gerösteten und rohen Zwiebeln und Pfefferkörnern in einem großen Topf zum Kochen bringen und die Hitze reduzieren.

Die Fischfilets auf die Zutaten legen, 20 Minuten lang pochieren und dann in der Brühe abkühlen lassen. Die Filets zerfasern und beiseite stellen.

Zubereitung der Füllung: Öl in einer Pfanne erhitzen, den Knoblauch darin bräunen und entfernen. Die Zwiebeln in dem Fett glasig dünsten, dann Tomaten, Oliven, Kapern, Nelken, Piment, Kreuzkümmel, Zimt und Salz dazugeben und die Sauce etwa 40 Minuten auf mittlerer Hitze kochen, bis sie dicklich wird. Den zerfaserten Fisch hineingeben und die Sauce weiter einkochen lassen. Eventuell nachwürzen.

Zubereitung der Chilis: Öl in einer Pfanne erhitzen, Knoblauch darin bräunen und entfernen. Die Chilis in dem Fett 2 Minuten lang offen, dann 2 Minuten lang zugedeckt schmoren. Die Schoten dürfen nicht zu weich werden.

Die Pfanne vom Herd nehmen und die Chilis darin abkühlen lassen.

Zubereitung der Marinade: Öl in einer Pfanne erhitzen, Knoblauch darin bräunen und entfernen. Die Zwiebeln in dem Fett weich dünsten und Essig, Piment, Zimt, Thymian,

Majoran, Lorbeerblätter, Petersilie, Origano, Salz und Zucker dazugeben. Die Marinade auf schwacher Hitze 35 Minuten lang kochen und anschließend abkühlen lassen.

Zubereitung der Garnierung: Die Zwiebeln in einer Mischung aus Saft, Origano und Salz 1 Stunde lang marinieren.

Die Chilis aus der Pfanne nehmen und mit der Fischfarce füllen. Den Boden einer ca. 20 × 30 cm großen Auflaufform mit einer Schicht Chilis auslegen, die Hälfte der Marinade darübergießen, eine zweite Lage Chilis darauf verteilen und mit der restlichen Marinade übergießen. Mit Zwiebeln und Radieschen garnieren, 2 Stunden lang kalt stellen und gekühlt servieren.

Ergibt 8 Portionen

Diese Frau aus Yucatán trägt eine mit traditionellen Mustern handgestickte Bluse, genannt huipil.

Arroz blanco
Weißer Reis

Reis brachten erst die Spanier nach Mexiko, wo ihn die Bewohner sehr schnell schätzen lernten. Heute ist er neben Tortillas eine der Hauptbeilagen in der mexikanischen Küche.

Für den Reis

2	Tassen weißer Langkornreis
2	Tassen Pflanzenöl
9	Knoblauchzehen, 3 davon gepreßt
1½	mittelgroße weiße Zwiebeln, halbiert, 1 der Zwiebelhälften sehr fein gehackt
3	Tassen kochendes Wasser
	Salz nach Belieben
20	Stengel Petersilie
4	*chiles serranos* oder 2 *chiles jalapeños*

Zum Garnieren

1	kleines Bund Petersilie
3	*chiles serranos* oder 2 *chiles jalapeños*

Den Reis 15 Minuten lang in kaltem Wasser einweichen, abgießen und unter fließendem Wasser waschen. Gut abtropfen lassen.

Öl in einer tiefen Pfanne oder in einem Topf erhitzen, 6 Knoblauchzehen und 1 halbierte Zwiebel darin kurz schmoren, den Reis dazugeben und unter ständigem Rühren goldgelb glasig braten.

Den Reis abgießen, das Öl abtropfen lassen, Zwiebel und Knoblauch entfernen. Die Pfanne oder den Topf auswischen, den Reis wieder hineingeben und mit feingehacktem Knoblauch und Zwiebel auf schwacher Hitze ›trocknen‹. Das kochende Wasser angießen und den Reis 3 Minuten lang kochen lassen, dann salzen, Petersilie und Chilis auflegen und nicht mehr umrühren. Pfanne oder Topf fest verschließen und den Reis 25 Minuten simmern lassen, vom Herd nehmen und 30 Minuten zugedeckt stehenlassen. Die Pfanne oder den Topf schütteln, den Deckel abnehmen und die Petersilie entfernen.

Zum Servieren den Reis auf einer Platte anrichten und mit Petersilie und gekochten und frischen Chilis garnieren.

Ergibt 8 Portionen

Pan de cazón
Tortillas mit *cazón* und Tomatensauce

Diese Spezialität von Campeche geht auf ein traditionelles Gericht der Maya zurück. Die aufgeblähten Tortillas werden aufgeschnitten und mit Bohnenpüree und Haifisch gefüllt, dann übereinandergeschichtet und mit Tomatensauce überzogen.

Für die Zubereitung des Fischs

gut 1 kg	Haifischsteaks oder Filets eines anderen festfleischigen Fischs
8	Stengel *epazote* oder Koriander oder 1 Eßlöffel getrockneter Origano
2	weiße Zwiebeln, in Scheiben geschnitten
6	Knoblauchzehen
8	schwarze Pfefferkörner Salz nach Belieben
2 l	Wasser

Für die Sauce

5	Fleischtomaten oder 14 Eiertomaten, gebrüht, enthäutet, entkernt und fein gewürfelt
1	*chile habanero* oder 4 *chiles serranos* oder *jalapeños*, gehackt
1½	weiße Zwiebeln, fein gehackt
½	Tasse Schmalz oder Pflanzenöl
⅓	Tasse Grapefruitsaft
1	Eßlöffel Zucker
4	Stengel *epazote* oder ½ Eßlöffel getrockneter Origano
1	Teelöffel grob gemahlener Pfeffer Salz nach Belieben

Für die Tortillas

24	frisch zubereitete Tortillas, je ca. 8 cm Durchmesser
4	Tassen gebratenes Bohnenpüree (siehe Rezept Seite 187)
6	Eßlöffel Schmalz

	epazote- oder Korianderblätter oder getrockneter Origano nach Belieben
½	*chile habanero* oder 1 *chile serrano*

Zum Garnieren

8	*chiles habaneros* oder *serranos*

Zubereitung des Fischs: Wasser in einem Suppentopf zum Kochen bringen und mit *epazote*, Zwiebeln, Knoblauch, Pfefferkörnern und Salz 20 Minuten lang simmern lassen. Den Fisch dazugeben und 15 Minuten lang pochieren. Vom Herd nehmen und 10 Minuten lang in der Brühe abkühlen lassen, dann die Fischsteaks herausnehmen, enthäuten und zerfasern. Die Brühe aufbewahren.

Zubereitung der Sauce: Schmalz in einem Topf erhitzen und die Zwiebeln darin 5 Minuten lang schmoren, dann Tomaten, Chilis und Grapefruitsaft dazugeben. Mit Salz, Zucker und Pfeffer abschmecken, *epazote* einrühren und die Sauce etwa 20 Minuten lang auf schwacher Hitze einkochen lassen. Sollte sie zu dickflüssig werden, mit etwas Fischbrühe verdünnen. Die Sauce warm stellen.

Den Backofen auf 175° C (Gasherd Stufe 2) vorheizen und 2 ca. 20 × 30 cm große Auflaufformen einfetten.

Vorbereitung der Tortillas: In einer Pfanne das Bohnenpüree mit Schmalz, *epazote* und Chili etwa 20 Minuten lang schmoren.

Die Tortillas in einer schweren, heißen Pfanne erhitzen, bis sie sich aufblähen (siehe Seite 10), die Blasen am Rand aufschneiden und die Tortillas mit gebratenem Bohnenpüree und zerfasertem Fisch füllen. Die Tortillas wieder etwas zusammendrücken, in die Backformen schichten und jede Lage mit Sauce übergießen, bis jede Backform drei Schichten dieser Art enthält (etwas von der Sauce zum Garnieren aufbewahren).

Pan de cazón 10 Minuten überbacken, mit der aufbewahrten Sauce und Chilis garnieren und in den Formen servieren. Ergibt 8 Portionen

Cochinita pibil
Gedünstetes Schweinefleisch

Pibil bedeutet ›in einer Grube braten‹, eine Methode, mit der Hähnchen, Wild und auch Schweinefleisch zubereitet werden. Dazu wird eine Grube ausgehoben und mit Steinen ausgelegt, auf denen ein Feuer angezündet wird. Eingewickelt in Bananenblätter wird das Fleisch darüber langsam gegart.

Für die Zubereitung des Fleischs

1½ kg	Schweinefleisch am Stück, aus der Lende oder entbeinte Haxe
1	Tasse ›Recado de achiote‹ (siehe Rezept Seite 267)
6	Knoblauchzehen, geröstet (siehe Seite 21) und püriert
1	Eßlöffel getrockneter Origano
1	Eßlöffel frisch gemahlener Pfeffer
¾	Tasse Schmalz oder Pflanzenöl
2	Tassen Pomeranzensaft oder 2 Tassen Orangen- und Grapefruitsaft zu gleichen Teilen
	Salz nach Belieben
1½ l	Wasser
2	Pakete Bananenblätter, geröstet (siehe Seite 21), bis sie biegsam sind, oder 1 Paket Maishülsenblätter, über Nacht in Wasser eingeweicht und abgetropft, oder frische Maishülsenblätter
4	rote Zwiebeln, diagonal in Scheiben geschnitten
16	Lorbeerblätter
1	Eßlöffel getrockneter Thymian
1	Eßlöffel getrockneter Majoran

Für die eingelegten roten Zwiebeln

6	mittelgroße rote Zwiebeln, diagonal in dünne Scheiben geschnitten
¾	Tasse Olivenöl
10	Lorbeerblätter
6	Stengel frischer Majoran oder 1 Teelöffel getrockneter Majoran
1½	Eßlöffel getrockneter Origano
1	Teelöffel grob gemahlener Pfeffer
10	Pimentkörner
	Salz nach Belieben
¾	Tasse Essig

Für die Tacos

32	frische, heiße Tortillas

Zubereitung des Fleischs: ›Recado de achiote‹ mit Knoblauch, Origano und Pfeffer verrühren und mit Schmalz und Saft zu einer homogenen Mischung verarbeiten. Mit Salz abschmekken. Das Fleisch mehrmals einschneiden und mit der Marinade einreiben. 4 Stunden oder über Nacht im Kühlschrank ziehen lassen.

Wasser in einen Dampfkochtopf oder einen anderen großen Topf füllen, der als Dampftopf verwendet werden kann. Den Dämpfeinsatz hineingeben und zuerst mit einem großen Stück weit überstehender Aluminiumfolie, dann mit Bananenblättern auskleiden. Darauf die Hälfte der Zwiebelscheiben ausbreiten, eine Schicht Lorbeerblätter darauflegen und mit Thymian und Majoran bestreuen. Das Schweinefleisch auf die Blätter legen und die Marinade darübergießen. Mit den restlichen Zwiebelscheiben, einer zweiten Schicht Lorbeerblätter und einer Schicht Bananenblätter bedecken und die überstehende Folie darüber zusammenfalten.

Den Topf mit einem Deckel fest verschließen. Das Wasser zum Kochen bringen und das Fleischpaket 2½–3 Stunden im Dampf garen lassen, dabei das Paket gelegentlich wenden, damit das Fleisch gleichmäßig gart. Falls nötig, heißes Wasser nachgießen.

(Alternativ kann das Schweinefleisch auch 2½ Stunden im Backofen bei 175° C/Gasherd Stufe 2 gebacken werden. Auch dann sollte es in Bananenblätter eingewickelt und mit Aluminiumfolie bedeckt werden.)

Den Topf vom Herd nehmen und 1 Stunde lang zugedeckt stehenlassen, dann öffnen. Das Fleisch auspacken (den Bratensaft aufbewahren) und sehr fein schneiden oder zerfasern. Zur Seite stellen.

Inzwischen die eingelegten roten Zwiebeln zubereiten: Zwiebeln mit Salzwasser bedecken und 10 Minuten lang einweichen, dann abtropfen lassen. Öl in einer Pfanne erhitzen, die Zwiebeln dazufügen und mit Lorbeerblättern, Majoran, Origano, Pfeffer, Pimentkörnern und Salz schmoren. Wenn die Zwiebeln weich sind, vom Herd nehmen und den Essig einrühren.

Zum Servieren das zerkleinerte Schweinefleisch mit dem Bratensaft in etwas Schmalz oder Öl aufwärmen. Das Fleisch und eingelegte Zwiebeln auf die Tortillas verteilen, zu Tacos zusammenrollen und auf einer Platte anrichten. Mit den restlichen eingelegten Zwiebeln garnieren und Bohnen als Beilage reichen. Dazu paßt Bier.
Ergibt 32 Tacos

Seite 278: Schweinefleisch, das auf Pibil-Art zubereitet wird, wickelt man in Bananenblätter.
Seite 279: Die Zutaten für Papadzules, eine Spezialität von Yucatán

Papadzules

Tortillas, mit hartgekochten Eiern gefüllt, gerollt und mit Kürbiskern- und Chiltomate-Saucen überzogen, gehören zu den Gerichten, deren Ursprünge sich bis zu den Maya zurückverfolgen lassen.

Für die eingelegten Zwiebeln

3	große rote Zwiebeln, diagonal in dicke Scheiben geschnitten
3	große weiße Zwiebeln, diagonal in dicke Scheiben geschnitten
2	Tassen Apfelessig
1½ l	Wasser
1	Eßlöffel gemahlene Pimentkörner
1	Eßlöffel getrockneter Origano
6	Lorbeerblätter

Papadzules, mit hartgekochten Eiern gefüllte Tortillas, werden mit Kürbiskern- und Chiltomate-Sauce überzogen und mit eingelegten Zwiebeln garniert.

4	Stengel frischer Majoran oder ¼ Teelöffel getrockneter Majoran
4	frische Thymianzweige oder ¼ Teelöffel getrockneter Thymian
6	*chiles xcatiks* oder *güeros*
	Salz nach Belieben

Für die Tortillas

1½ kg	frische *masa* oder aus *masa harina* zubereitete *masa* (siehe Seite 10)
¾	Tasse warmes Wasser
	Salz nach Belieben

Für die Chiltomate-Sauce

8	mittelgroße feste Tomaten oder 16 Eiertomaten, geröstet (siehe Seite 21) und enthäutet
2½	weiße Zwiebeln, 2 davon geröstet (siehe Seite 21) und geschält, der Rest grob gehackt
10	Knoblauchzehen, 8 davon geröstet (siehe Seite 21) und geschält
½	Tasse Olivenöl oder Schmalz
½	Tasse Hühnerbrühe (siehe Rezept Seite 202) oder Wasser
4	*chiles habaneros, xcatiks* oder *güeros*
	Salz nach Belieben

Für die Kürbiskernsauce

6	Tassen frische Kürbiskerne
1 l	Wasser oder Hühnerbrühe (siehe Rezept Seite 202)
6	Stengel *epazote* oder Koriander
1	weiße Zwiebel, geviertelt
½	Knoblauchknolle, ungeschält
2	*chiles habaneros* oder 6 *chiles serranos*
	Salz nach Belieben

Für die Füllung

8	hartgekochte Eier, fein gehackt

Zubereitung der eingelegten Zwiebeln: 2 Tassen Wasser zum Kochen bringen und die Zwiebeln 3 Minuten lang kochen. Gut abtropfen lassen und in eine Glasschüssel füllen. Die übrigen Zutaten miteinander vermischen und die Zwiebeln darin 2 Stunden lang bei Zimmertemperatur oder im Kühlschrank ziehen lassen.

Flamingos über dem Lagartos-Fluß

Zubereitung der Tortillas: *Masa* in eine Schüssel geben, Wasser und Salz dazufügen und zu einem elastischen Teig verkneten, der sich zu einem festen Ball formen läßt. Mit einer Presse Tortillas von ca. 8 cm Durchmesser herstellen, in einer schweren, heißen Pfanne backen (siehe Seite 10) und warm halten.

Zubereitung der Kürbiskernsauce: Eine schwere Pfanne erhitzen und die Kürbiskerne darin rösten. (Vorsicht! sie springen in der Pfanne.) Darauf achten, daß sie nicht anbrennen. In einem Mixer zu einer Paste pürieren und zur Seite stellen.

Wasser mit *epazote,* Zwiebel, Knoblauch, Chilis und Salz etwa 15 Minuten lang kochen, bis es stark aromatisiert ist. Abkühlen lassen und die Gemüse entfernen. Gerade so viel von diesem Wasser zu der Kürbiskernpaste geben, daß sich mit den Händen eine leicht dickliche Sauce daraus mischen läßt. Die Sauce vorsichtig erwärmen, sie gerinnt, wenn sie zu heiß wird.

Zubereitung der Chiltomate-Sauce: Geröstete Tomaten, Zwiebeln und Knoblauch grob zerkleinern und im Mixer zusammen mit gehackter Zwiebel und 2 Knoblauchzehen zu einer glatten Mischung pürieren. Öl in einer Pfanne erhitzen, die Tomatenmischung hineingeben, Chilis zufügen und mit Salz abschmecken. Die Sauce etwa 15 Minuten köcheln und mit Hühnerbrühe verdünnen.

Ein Drittel der Kürbiskernsauce in eine tiefe Schale gießen und die heißen Tortillas nacheinander hineintauchen (eventuell Sauce nachfüllen). 1 Löffel hartgekochte Eier auf jede Tortilla geben und zu einer Enchilada zusammenrollen.

Zum Servieren jeweils 3 Papadzules auf vorgewärmte Teller legen, mit heißer Kürbiskernsauce überziehen, etwas heiße Chiltomate-Sauce darübergeben und mit eingelegten Zwiebeln garnieren.
Ergibt 24 Papadzules

Chocolate de Sureste
Heiße Schokolade

Sie ist eine Spezialität auf der Hacienda von Yaxcopoil, die an der Straße zwischen Campeche und Mérida liegt. Bei den in dieser Gegend lebenden Nachfahren der Maya ist das Getränk sehr beliebt.

1 kg   Kakaobohnen, geröstet, geschält und gemahlen

Die Kakaobohnen auf einem *metate* oder im Mixer zu einer sehr feinen Paste pürieren, zu Plätzchen formen und auf Packpapierstücken trocknen lassen. Eventuell in die noch weiche Schokoladenmasse kleine Muster eindrücken. Für die weiteren Zutaten und die Zubereitung des Getränks siehe Rezept für Chontal-Schokolade (Seite 195).

Als Variante kann die Schokolade auch mit Wasser und Honig anstatt mit Milch und Zucker zubereitet werden. Die heiße Schokolade mit einem *molinillo* oder einem elektrischen Rührgerät schaumig schlagen.
Ergibt 8 Portionen

Blick in eine für Yucatán typische Küche

Horchata
Reisgetränk aus Yucatán

Dieses erfrischende Getränk wird in dem brennend heißen Klima auf der Halbinsel Yucatán zu einer Wohltat. Vor Ort bereitet man es mit frischem Quellwasser oder Regenwasser zu, in unseren Breiten empfiehlt sich eher abgekochtes oder Stilles Wasser.

3   Tassen weißer Langkornreis
        Wasser zum Einweichen und weitere 6 l Wasser
2   Tassen frische, ungeschälte Mandeln
1/3   Tasse frisch gemahlener Zimt
2½   Tassen Zucker, nach Belieben
        Eiswürfel

Den Reis waschen, mit Wasser bedecken und 12 Stunden lang einweichen, dann abtropfen lassen. Die Mandeln waschen, mit Wasser bedecken und 4–6 Stunden lang einweichen, bis sich die dunklen Häute leicht entfernen lassen. Nun Mandeln und Reis getrennt im Mixer zu einer feinen Paste pürieren.

Reis- und Mandelpaste, Zimt, Zucker, Wasser und 16 Eiswürfel in einer großen Glaskaraffe oder einem Krug vermischen. Zum Servieren Eiswürfel in hohe Gläser füllen und mit dem Reisgetränk aufgießen.
Ergibt etwa 7 Liter

Die süße, gehaltvolle heiße Schokolade, die im Südosten serviert wird, ist bei Einheimischen und Besuchern gleichermaßen beliebt.

Pastel Margarita con mazapan de almendra
Marzipanpastete

Dieser ausgefallene Nachtisch aus einheimischen Früchten und Nüssen entstand im 18. Jahrhundert in der Küche eines Nonnenklosters.

Für das Marzipan

2½   Tassen frische ungeschälte Mandeln
3   Tassen Puderzucker
       Eiweiß von 3 kleinen Eiern
1–2 Eßlöffel weiche Butter

Für die Füllung

1⅜ l Milch
3   Zimtstangen, je ca. 15 cm lang
8   Eigelb
1⅓   Tassen Zucker
⅓   Tasse Maisstärke
¼   Tasse Weizenmehl
1   Tasse Kokosraspel, nach Möglichkeit frische
½   Tasse Butter
1½   Tassen Sahne, 30 Minuten lang tiefgekühlt

Zum Garnieren

       gelbe Lebensmittelfarbe
       Puderzucker
       gemahlener Zimt

Zubereitung des Marzipans: Die Mandeln mit kochendem Wasser bedecken und 10 Minuten lang stehenlassen. Abtropfen lassen, die Häute entfernen und die Mandeln 1 Stunde lang auf einem Backblech trocknen lassen. Anschließend in einem Mixer fein mahlen, Puderzucker dazugeben und so lange pürieren, bis sich eine dicke Paste gebildet hat. Nicht zu lange rühren, da sich sonst das Mandelöl absetzt.

Die Mandelpaste in einer Schüssel sorgfältig mit den Eiweiß vermischen. Die Butter dazugeben und gut unterrühren. Das fertige Marzipan zur Seite stellen.

Zubereitung der Füllung: Milch mit Zimt dreimal hintereinander aufkochen und abkühlen lassen. In der Zwischenzeit Eigelb mit Zucker so lange schlagen, bis eine schaumige, cremefarbene Masse entstanden ist. Langsam Maisstärke, Mehl und Kokosraspel einrühren und jeweils gut vermischen. Löffelweise die abgekühlte Milch einarbeiten. Die Mischung unter ständigem Rühren vorsichtig bis unter den Siedepunkt erhitzen und simmern lassen, bis sie die Konsistenz einer dicken Creme angenommen hat. Vom Herd nehmen und die Butter hineinrühren. 2 Stunden lang im Kühlschrank erkalten lassen, dabei ein eingefettetes Pergamentpapier auf die Oberfläche der Creme legen, damit sich keine Haut bildet.

Die Sahne schlagen und unter die gekühlte Creme ziehen.

3 eßlöffelgroße Portionen vom Marzipan abteilen und daraus Blütenblätter von Margeriten formen. 3 Margeritenblüten herstellen, indem man die Blütenblätter mit etwas Eiweiß verbindet und mit der Spitze einer Schere fest zusammendrückt. Die Blüten auf Pergamentpapier legen. 1 Eßlöffel Marzipan abteilen und mit gelber Lebensmittelfarbe vermischen. 3 kleine Kugeln daraus formen und jeweils 1 Kugel in die Mitte jeder Blüte setzen.

Eine ovale Auflaufform von etwa 23 cm Länge einfetten und ein Stück Pergamentpapier nach der Auflaufform zuschneiden. Eine 3 mm dünne Schicht Marzipan auf dem Pergamentpapier ausrollen, die Marzipanschicht umgedreht in die Auflaufform legen und das Papier abziehen. Auf diesem Marzipanboden die Füllung gleichmäßig verstreichen. Eine zweite Schicht Marzipan auf Pergamentpapier ausrollen, umgekehrt auf die Füllung legen und das Papier entfernen. Mit Zucker und Zimt bestreuen und mit den Marzipanmargeriten garnieren. Vor dem Servieren 6 Stunden lang in den Kühlschrank stellen.
Ergibt 8 Portionen

Marzipan wird in Yucatán für verschiedene Desserts verwendet oder zu köstlichem Konfekt verarbeitet.

DANKSAGUNG

All denen, die mit mir an diesem Buch gearbeitet haben, schulde ich Dank. Ohne die rückhaltlose Unterstützung von Antonio Enriquez Savignac, Minister für Tourismus, und Guillermo A. Grimm, Leiter der Abteilung für Förderung und Entwicklung, hätte ich nicht einmal daran denken können, dieses gewaltige Projekt in Angriff zu nehmen. Alejandro Morones und die regionalen Verkehrsämter standen mir zur Seite und haben mich mit den Spezialitäten der einzelnen mexikanischen Regionen vertraut gemacht.

Danken möchte ich auch Renée Lopez für die Assistenz bei den Fotos; Lorenza Caraza für Ausstattung und Foto-Styling; Augustin Monsreal, Maria Lozon, Lynda Finegold und Camille Grossdidier für übersetzerische und verlagstechnische Hilfe in Mexiko; schließlich auch den Sekretären und Sekretärinnen im Ministerium für Tourismus.

Viele Menschen sind in der einen oder anderen Weise am Entstehen dieses Buches beteiligt gewesen. Aus Platzgründen ist es mir leider unmöglich, mich an dieser Stelle bei allen namentlich zu bedanken. Dennoch möchte ich jene Personen und Institutionen nennen, die mir bei der Vorbereitung dieses Buches wertvolle Hilfe geleistet haben:

Der Norden
Baja California Sur
Regionales Verkehrsamt
Jorge Talamás
Restaurant ›Bismark‹
Restaurant ›Pichilingue‹
Restaurant ›Las Palmas‹, Cabo San Lucas
Lucha de Garaizar, Loreto
Kemil Rizk
M. Atamoros
Ruben Jaime

Chihuahua
Staatliches Mexikanisches Verkehrsamt
Patricia Ruiz und Yolanda Vazquez
El Aguila, Molkerei
Santa Cruz Ranch
La Estancia Cinégetico Ranch
›El campo 6 1/2‹ der Mennoniten
Restaurant ›Calesa‹

Monterrey
Staatliches Mexikanisches und Regionales Verkehrsamt
Rafael Chaib
José G. Treviño Castillo
Margarita East de Fernández
Arturo Fernández
Margara Garza Sada de Fernández
Alberto Fernández
Martha Chapa
Catalina de Fernández
Jorge Fernández
Cecilaide Garza Sada
Ismael Garza T.
Restaurant ›El Tio‹

Sonora
Staatliches Mexikanisches Verkehrsamt
Manuel Antillón
El Mezquital del Oro
Carmelita Gutierrez de Pesqueira
Doña María, Villa de Seris
Restaurant ›Palomino‹
Cesar Paulovich

Die nördliche Pazifikküste
Colima
Staatliches Mexikanisches Verkehrsamt
Ricardo J. Malagón y de Parres
Restaurant ›Mésico Lindo‹
Restaurant ›L'Recif‹
Hotel ›Las Hadas‹
Restaurant ›Doña Chayo‹
Guillermo Trujillo Nova

Jalisco
Staatliches Mexikanisches Verkehrsamt
Canirac
Restaurant ›Los Otates‹
Restaurant ›Brass‹
de Dios La Libertad, San Juan
Restaurant ›Tizoc‹
Restaurant ›Los Cazadores‹
La Casa Canela, Tlaquepaque
Restaurant ›Las Palomas‹
Restaurant ›Le Bistro‹

Sinaloa
Javier Gaxiola
Carmen María Bustamante, Regionales Verkehrsamt
Canirac
Daniel Viesca
Restaurant ›Los Arcos‹
Restaurant ›El Paraje‹
Restaurant ›La Pradera‹
Mama Licha
Restaurant ›El Pargo‹
Lupita Rojas
Margarita Rivero Acosta
Fischereigenossenschaft, Escuinapa
Lay S. A. Products
Restaurant ›Los Pelicanos‹
Hotel ›Camino Real‹

Die südliche Pazifikküste
Chiapas
Staatliches Mexikanisches und Regionales Verkehrsamt
José Luis Zebadua

Miguel Angel Reyes
Canirac, San Cristobal de las Cadas
Hotel ›Diego de Masariego‹
Gertrude Duby de Blom
Hotel ›NaBolon‹
Hotel ›Capril‹

Guerrero
Staatliches Mexikanisches Verkehrsamt
Alejandro de la Cerda
Hotel ›Las Brisas‹
Susana Palazuelos
Restaurant ›Tres Fuentes‹
›Betos Restaurant‹, Acapulco
Barra Vieja Beto Godoy

Oaxaca
Staatliches Mexikanisches Verkehrsamt
Jacqueline and Josué Saenz Collection
Ana María Vasquez Colmenare, *La Cocina Oaxaqueña*
Hotel ›Presidente‹ im ehemaligen Santa-Catalina-Kloster
Restaurant ›Mi Casita‹
Margarita East de Fernández
Chabela Vasseur
Jaime Saldivar

Die Bajío-Region
Guanajuato
Staatliches Mexikanisches Verkehrsamt
Restaurant ›Las Bugambilias‹, San Miguel de Allende
Hotel ›Sierra Nevada‹
Hotel ›Parador San Javier‹

Michoacán
Staatliches Mexikanisches Verkehrsamt
Armando Arriaga
Carmen Arriaga de Zavaleta
Regionalmuseum, Patzcuaro
Kunstgewerbemuseum, Morelia
Hotel ›Villa Montaña‹
Hotel ›Posada Don Vasco Patzcuaro‹
Restaurant ›Los Comensales‹

Querétaro
Staatliches Mexikanisches und Regionales Verkehrsamt
Francisco Herrera
Marco Antonio Velazquez Zepeda
Patricia Silva
Fernando Urquiza und seine Familie
El Salto Agustín Urquiza Ranch
La Caperucita, Käserei
El Sauz, Käserei
Querétaro, Käserei
Vogue Magazine, Juni 1986, Rezept für ›Schweinefleisch Santa
Rosa de Jauregui‹ von Patricia Quintana

San Luis Potosí
Staatliches Mexikanisches und Regionales Verkehrsamt
Restaurant ›La Virreina‹
Restaurant ›La Lonja‹
José Garfias
Isabel Montero de Garfias

Die Golf-Region
Tabasco
Regionales Verkehrsamt
Yolanda Osuna
Nilda Al Jordán
Restaurant ›Doña Marí‹ an der Straße nach Puerto Ceiba
Restaurant ›Chon Cupón‹
Chef Ferneti vom Hyatt Hotel
Puerto Ceiba, Fischereigenossenschaft
Schokoladenfabrik Chontal

Veracruz
Staatliches Mexikanisches Verkehrsamt
Canirac
Luis Lara
Restaurant ›Pardiño's‹
Restaurant ›Café Cathedral‹
Carlos Prieto
Familie García Saenz Luna
Chapopote Hacienda

Familie Quintana Fernández
Perez-Quintana-Ranch, San José
Caraza-Barrencechea-Ranch, Cañamelar
Margaria Fernández de Quintana
Laura Caraza
Lorenza Caraza

Mexico City und der Staat Mexiko
Mexico City
Antonio Enriquez Savignac, Minister für Tourismus
Guillermo Grimm, Leiter der Abteilung für Förderung und
   Entwicklung
Alejandro Morones
Fonatur
Kemil Rizk
Eduardo Saenz
Javier Rivas
Rodolfo Pria
Mexicana de Aviación
Aeroméxico
María Orsini, Lebensmittel
Guadalupe San Vicente
Restaurant ›San Angel Inn‹
Restaurant ›Cabayo Bayo‹ (Grupo Loredo)
Lula Beltran
Lila Lomelí
Dolores Torres Ysabal
Susana Luna Parra de Urquiza
Ana Rosa Seoane de Urquiza
Eduardo Rangel
Jacqueline Saenz
Josué Saenz
Janet Solis

Staat Mexiko
Carmen Maza de del Mazo
Monica Patiño
Granadina, Lebensmittel
Restaurant ›Taberna de León‹
Markt von Santiago Tianguistengo
Regionale Verkaufsausstellung für Kunsthandwerk, Toluca

Zentralmexiko
Hidalgo
Jacqueline and Josué Saenz Collection
Rosana Cortina de Quintana
Elvira Harsh de Quintana
Vogue Magazine, Juli 1984, Rezept für ›Eingelegte Kaktus-
›Blätter‹‹ von Patricia Quintana

Puebla
Regionales Verkehrsamt
Salomón Jauli
José Luis Bretón
Restaurant ›Fonda de Santa Clara‹
Restaurant ›San Francisco‹
Museum Santa Rosa
El Lirio, Süßwaren
Lolita Ramón

Tlaxcala
Regionales Verkehrsamt
Felipe Mazarraza
Restaurant ›Hernández‹

Restaurant ›Saldivar‹
Hacienda Ixtafiayuca

Der Süden
Campeche
Malena Cuesta
Dolores Lanz de Echeverria

Quintana Roo
Hotel ›Playa Car‹
Oscar Viera
Roberto Pineda

Yucatán
Staatliches Mexikanisches Verkehrsamt
Jorge Gamboa Patrón
Chacha de García Ponce
María del Mar García Ponce
Familie Barbachano
Pilar García Ponce
Doña Monina García Ponce

VERZEICHNIS
VON ERSATZPRODUKTEN

Einige der in den Rezepten verarbeiteten Zutaten sind in Deutschland nicht oder nur schwer erhältlich. Die folgende Liste nennt in alphabetischer Reihenfolge der Originalzutaten mögliche Ersatzprodukte.

Original mexikanische Produkte (keine amerikanischen Waren der Tex-Mex-Küche) sind in Deutschland über zwei Importfirmen zu beziehen. Beide Firmen verschicken auf Anfrage Versandlisten.

El Sombrero
Inh.:
Carmen Enriquez de Wolharn
Theaterstraße 73
5100 Aachen
(☎) 02 41/2 16 88

Mexiko-Haus
Gaedke GmbH
Wichmannstraße 4,
Haus 8
2000 Hamburg 52
(☎) 0 40/89 46 84

Der Verlag dankt der Mexikanischen Botschaft (offizieller Name: Botschaft der Vereinigten Mexikanischen Staaten) in Bonn und der Deutsch-Mexikanischen Gesellschaft e.V. in Düsseldorf für die freundliche Angabe der genannten Adressen.

achiote → Orlean-Samen

Agaven-›Blätter‹ Die Außenhäute von Agaven-›Blättern‹ für Mixiotes können bestenfalls durch Pergamentpapier oder Bratfolie ersetzt werden.

Amaranth Fuchsschwanz (Amaranthus caudatus); unter der Bezeichnung Quinoa ist diese Getreideart mit hirseähnlichen Körnern im Reformhaus erhältlich.

Asadero → Käse

Bohnen Die mexikanischen Importfirmen führen gebratenes Bohnenpüree in Dosen.

chayote Dieser birnenförmige tropische Kürbis kann hierzulande am ehesten durch Zucchini ersetzt werden.

Chiapas → Käse

Chihuahua → Käse

Chili Die Originalbezeichnungen der unterschiedlichen mexikanischen Chilisorten sind in den Rezepten übernommen worden, um anhand der Beschreibung auf Seite 15f. den am Ort erhältlichen bestmöglichen Ersatz zu wählen. Die genannten Importfirmen führen verschiedene Chilisorten getrocknet oder in Dosen in ihrem Angebot. Zum Beispiel:
chiles anchos (getrocknet)
chiles cascabel (getrocknet)
chiles chipotles (in Dosen)
chiles guajillos (getrocknet)
chiles jalapeños (in Dosen)
chiles mulato (getrocknet)
chiles pasilla (getrocknet)
chiles serranos (in Dosen)

chipilín (Crotalaria longirostrata) Diese krautartige Staude aus der Familie der Leguminosen ist in ganz Mittelamerika verbreitet und war unter der Bezeichnung chipilli schon den Azteken bekannt. Die kleinen hellgrünen Blätter dienen in erster Linie als Gewürz, werden aber auch in der Gegend von Tabasco zu der lokalen Spezialität Tamalitos de chipilín verarbeitet. Die Bezeichnung chipilín bezieht sich sowohl auf die ganze Pflanze als auch nur auf die Blätter und die speziellen Tamalitos. Ersetzt werden kann das Kraut allenfalls durch Brunnenkresse oder Spinat.

chorizo Die ca. 10 cm langen geräucherten Schweinswürstchen sind eventuell in Spezialitätenläden vorrätig.

Ersetzt werden können sie durch getrocknete Mettwürste, die aus dem Darm gelöst, zerkrümelt und mit Knoblauch, edelsüßem und scharfem Paprika nachgewürzt werden.

cilantro   Frischer Koriander (Coriandrum sativum) ist in Deutschland schwer zu beziehen, in den Rezepten jedoch kaum zu ersetzen. Aus Koriandersamen läßt er sich an einem sonnigen, geschützten Standort in gut durchlässigem Boden selbst ziehen. Die einjährige Gewürzpflanze wird 30–90 cm hoch, weist zwei verschiedene Blattarten auf und trägt winzige weiße Blüten. Getrockneten Koriander führen eventuell gutsortierte Gewürzhandlungen.

cuitlacoche   In Dosen erhältlich bei den genannten Importfirmen, ansonsten in den Rezepten durch Champignons zu ersetzen.

epazote   Eventuell führen gutsortierte spezielle Gewürzhandlungen dieses mexikanische Teekraut in getrockneter Form. Ansonsten kann mit frischer Zitronenmelisse, Limonenblättern (in asiatischen Spezialitätenläden gefroren erhältlich) oder mit einer Mischung aus beidem zuzüglich Bohnenkraut und/oder Origano experimentiert werden.

Garnelen, getrocknete   Eventuell in asiatischen Lebensmittelhandlungen erhältlich.

Hierba santa   (auch *Yerba santa; Hoja santa; Yerba de Santamaria; acuyo* oder *momo*). Diese mehrjährige, buschartige Pflanze aus der Familie der Pfeffergewächse wird bis zu 5 m hoch und ist hauptsächlich an der mexikanischen Golfküste verbreitet. Die rundlichen Blätter können einen Durchmesser von bis zu 30 cm erreichen und sind mit ihrem süß-pikanten Geschmack sehr aromatisch. Bevorzugt verwendet werden sie als Gewürz für Fischgerichte. Besonders geschätzt waren die Blätter wegen ihrer je nach Darreichungsform verdauungsfördernden oder schmerzstillenden Wirkung. Außerhalb Mexikos ist *Hierba santa* nicht erhältlich.

jícama   (auch *xicama*) Diese gemüsezwiebelgroße, sehr wasserhaltige weiße Knollenfrucht mit zartem, leicht süßlichem Geschmack ist eventuell in Großmärkten von spezialisierten Händlern zu beziehen. Ersetzen kann man *jícama* durch weiße Rüben oder milden Rettich.

Käse   Die mexikanischen Käsesorten sind in Deutschland nicht erhältlich. Für die im vorliegenden Buch genannten Käse bieten sich folgende Ersatzprodukte an:
Asadero – Hüttenkäse, milder Feta
Chiapas – Butterkäse
Chihuahua/Mennonitenkäse – Gouda, Raclette-Käse
Manchego – Emmentaler
Oaxaca – Mozzarella
queso anejo – Parmesan, Pecorino romano
queso blanco/fresco – Mozzarella, milder Feta, Hüttenkäse

Kochbananen   (Platano roatan) Eventuell in Spezialitätenabteilungen großer Kaufhäuser erhältlich. Ersetzt werden können Kochbananen durch extrem grüne, unreife gewöhnliche Bananen.

Kürbisblüten   Flor de calabaza; in Dosen über mexikanische Nahrungsmittelimporte zu beziehen.

Kürbiskerne   Ungesalzene und geschälte Kürbiskerne sind im Reformhaus erhältlich.

Mais   Die verschiedenen Farben der Maissorten waren bei den Pueblo-Indianern mit den Himmelsrichtungen gleichgesetzt: blau – Norden; gelb – Westen; rot – Süden; weiß – Osten.

Getrocknete enthülste Maiskörner gibt es in Reformhäusern (eventuell sind dort auch Spezialmühlen vorhanden, womit sie geschrotet werden können), ebenso Maisgrieß in zwei verschiedenen Stärken: Polenta (fein) und Kukuruz (grob). Wird das in Deutschland gehandelte Maismehl zu *masa* verarbeitet, muß der Teig einige Stunden ruhen, damit das Mehl quellen kann. Original *masa harina* ist über die genannten Importfirmen zu beziehen, daneben eine speziell für Pozole geeignete Maiszubereitung (in Dosen).

Maishülsen   Getrocknete Maishülsen für Tamales führen die genannten Lebensmittelimportfirmen. Ersetzt werden können die Blätter bestenfalls durch Pergamentpapier oder Baumwolltücher.

Mamey → Sapote, große

Manchego → Käse

masa harina → Mais

Mennonitenkäse → Käse

Mole   Wem die Herstellung der verschiedenen Moles zu aufwendig ist, der kann über die genannten Importeure Fertigprodukte in Gläsern oder spezielle Gewürzpasten bzw. Gewürzpulver beziehen.

nopales   Über die genannten Importfirmen in Dosen zu beziehen.

Oaxaca → Käse

Orlean-Samen   (Bixa orellana; Anatto; span.: achiote; franz.: roucou) Die Samen dieses tropischen Strauchs verleihen Gerichten eine intensive Rotfärbung, die eventuell auch mit Lebensmittelfarbe oder edelsüßem Paprika erzielt werden kann. Wenn die Originalsamen nicht in gutsortierten Apotheken oder Gewürzläden erhältlich sind, ist eine Gewürzmischung mit Orlean-Samen über die genannten Importfirmen zu beziehen.

Palmherzen   In asiatischen Lebensmittelhandlungen als Dosenkonserven erhältlich.

papalo   Vermutlich *papalo cahuite,* ein kleinwüchsiger Baum aus der Gattung Bauhinia, dessen Blätter auch als Gemüse und die Blütenknospen als Kapernersatz dienen.

piloncillo   Der nicht raffinierte, zu kleinen Kegeln geformte mexikanische braune Zucker kann eventuell durch Kandiszucker, dunklen braunen Zucker oder Honig ersetzt werden. In Reformhäusern ist auch ein Produkt aus getrocknetem Zuckerrohrsaft erhältlich.

Pulque   Pulque ist nur begrenzt haltbar und wird daher kaum exportiert. Am ehesten kann sie hier durch helles, leichtes Bier ersetzt werden.

queso anejo → Käse

queso blanco/fresco → Käse

Sapote, große   (Calocarpum sapote oder mammosum) Eine rauhe Außenhaut umschließt leuchtendrotes Fruchtfleisch, das süß und ohne Säure ist. Am ehesten ist diese Frucht durch Kantaloup-Melonen zu ersetzen, wobei allerdings auf die intensive Färbung der großen Sapote verzichtet werden muß. Ebenso wie die schwarze ist auch die große Sapote allenfalls in Spezialhandlungen für exotische Früchte erhältlich.

Sapote, schwarze   (Diospyros ebenaster) Die schwarze Sapote ist eine Baumfrucht in tomatenähnlicher Form. Die glatte, dünne, dunkelgrüne Haut dieser Frucht umschließt braunes Fruchtfleisch von süßlich-herzhaftem Geschmack. Zu ersetzen ist diese Frucht nicht, zu beziehen eventuell in auf exotische Früchte spezialisierten Handlungen der Großmärkte.

tomatillos   (Physalis ixocarpa oder angulata) Dieses in Mexiko gedeihende Nachtschattengewächs gehört ebenso wie die Kapstachelbeere, der es sehr ähnlich sieht, zur Gattung Physalis (griech. Kelch), worin Baumfrüchte mit ungenießbaren schalenartigen Hülsen zusammengefaßt sind. Erhältlich in Deutschland sind *tomatillos* in Dosen, eventuell in Spezialitätenabteilungen großer Kaufhäuser, ganz sicher im Angebot der genannten Importfirmen. Zu ersetzen sind *tomatillos* in den Rezepten nicht, bestenfalls kann man unreife Tomaten verwenden, wobei die jeweils angegebene Menge auf die Hälfte reduziert werden muß.

Zwiebeln   Die in der mexikanischen Küche verwendeten weißen Zwiebeln entsprechen in Form und Größe unseren gewöhnlichen Zwiebeln, sind aber milder im Geschmack. Ersetzt werden können sie durch Gemüsezwiebeln, wobei allerdings in Anbetracht deren Größe die Mengenangaben in den Rezepten (soweit es sich um Stückzahlen handelt) reduziert werden müssen.

REGISTER